사사들과 다윗왕국시대

| 이연길 지음 |

쿰란출판사

이 책 사용 방법

1. 이 책에 인용한 성경은 개역개정판을 사용하였고, 필요시에 새번역을 인용하였음을 밝혀둡니다.
2. 이 책을 읽을 때는 반드시 성경을 먼저 읽어가면서 읽어가기를 권합니다.
3. 그룹에서 성경공부 교재로 사용한다면 한 장(chapter)씩 읽고 토론으로 진행하면 좋을 것입니다.
4. 목회자들이 사용할 때는 성경의 내러티브가 어떻게 전개되고 있는가를 깊이 이해한다면 이야기식 설교를 하는 데 큰 도움이 되리라고 확신합니다.
5. 이 책을 읽어가면서 하나님이 어떠한 분인가를 이해하도록 노력하면 좋을 것입니다. 축복받는 게 먼저가 아니라 우리가 믿는 하나님이 어떤 분인가를 이해하는 것이 우선이 되어야 합니다.
6. 《말씀과 만남》을 사용하여 공부를 할 경우에도 이 책을 참고하시면 더 재미있고 깊이 있게 공부할 수 있을 것입니다.

머리말

《에덴에서 가나안으로》를 지난 봄에 출간한 후에 많은 분들의 격려를 받았습니다. 특별히 구약학자인 최명덕 교수(건국대학교)는 이 책을 읽고 "이처럼 성경을 관통해서 읽는 책들이 많이 나와야 한국교회가 말씀으로 풍성해진다"고 격려해 주었습니다. 최명덕 교수님과 격려해 주신 모든 분들께 감사를 드립니다.

이 책은 《에덴에서 가나안으로》에 이어지는 내용입니다. 《에덴에서 가나안으로》가 천지창조로부터 가나안 땅으로 들어가는 이야기를 기록했다면, 《사사들과 다윗 왕국 시대》는 출애굽으로부터 사막의 훈련과정을 거쳐 가나안 땅으로 들어간 하나님의 백성들이 약속의 땅에서 어떻게 살아갔는가를 기록한 이야기들입니다. 언약의 백성들이 살아가는 이야기는 사사들과 백성들이 함께 이뤄가는 이야기입니다. 좋은 지도자가 있던 시대에는 백성들도 하나님의 뜻을 따랐지만, 악한 지도자들이 나라를 통치할 때는 사회가 더욱 혼란스러워졌습니다. 사사기로부터 사무엘하까지의 역사는 사사들과 백성들이 이뤄가는 삶의 이야기입니다만, 그 내면에 흐르는 내용은 '누가 이스라엘을 다스려야 하는가?' 하는 이야기입니다. 즉 하나님은 사사(Judge)를 원하시고 이스라엘은 왕(King)을 원합니다. 이처럼 하나님과 백성들이 빚어내는 갈등 사이에서 사사와 왕이 절묘하게 만나는 사람이

'바로 이 사람이다' 라고 하나님께서 말씀하셨던 다윗 왕입니다.

진정한 의미에서 사사들의 이야기는 사사기에서 끝나는 게 아니고 엘리 제사장과 사무엘, 그리고 사울 왕까지 계속됩니다. 그리고 다윗에게서 완성됩니다. 이런 내면의 이야기들을 찾아가기 위해서는 히브리 내러티브적 해석방법으로 읽어야 하는데, 이 책은 바로 그런 방법으로 사사기로부터 사무엘하까지를 읽어내려고 노력했습니다.

이처럼 성경을 읽어내야 하는 이유는, '약속을 받고 그 땅에 들어간 사람들이 어떻게 살았는가?' 또 '어떻게 살아야 하는가?' 하는 주제가 바로 '오늘 하나님의 백성들이 이 땅에서 어떻게 살아야 하는가?' 하는 문제와 연결되기 때문입니다.

이 책을 저술하면서 비평학적 논쟁이나 학자들의 논쟁은 피하고, 오직 성경 속에 담겨 있는 진리를 밝혀내려는 데에만 관심을 집중하였습니다. 목회자들은 물론이고, 성경 자체를 깊이 연구하고 싶어 하는 신학생들에게 도움이 되고, 평신도들에게는 성경이 얼마나 재미있는 하나님의 말씀인지 느끼도록 하려고 노력했습니다. 특별히 내러티브 설교를 하고 싶어 하시는 설교자들에게 도움이 되기를 바라는 기대도 이 책에 묻어 있습니다. 내러티브로 읽어내는 성경 이야기 구약 시리즈는 '포로와 귀환' 에 관한 내용을 집필함으로 끝마치고, 그 다음에는 복음서와 바울 서신을 다루려고 계획하고 있습니다.

책을 마무리할 즈음에 하나님께서 하와이 태평양 바닷가에 좋은 집을 허락해 주셔서 좋은 환경에서 이 책을 마무리할 수 있었습니다. 이번 휴가에 두 아들 가정이 와서 함께 지내게 되었는데, 특히 구약학자인 장남 이승현(James Lee) 목사는 구약학적 조언과 히브리어 성경 대조에 큰 도움을 주었고, 기독교교육학자인 그의 아내 Charlene Jin Lee 교수, 둘째 아들인 Jason Lee 변호사와 대학에서 미술을 강의하는 장선아 교수와 함께 이야기를 나누면서 많은 아이디어를 얻을 수 있었던 것도 큰 유익이었습니다.

이 책을 저술하는 동안 고마운 분들의 얼굴이 항상 제 마음에 있었습니다. 성경을 배우면서 기뻐하고 행복해하던 신학생들 그리고 일산 평신도 바이블 칼리지(Bible College) 학생들의 모습 때문에 더 즐겁게 저술할 수 있었습니다. 그리고 글을 쓸 때마다 풍부한 성경지식과 이스라엘의 경험으로 조언과 교정을 해준 동역자 박한규 목사님, 특별히 41년을 같이 살면서 어려운 살림에도 짜증을 내거나 불평하지 않고 늘 격려해 주고, 목회하고 연구하도록 도와준 아내 임숙자 님의 사랑은 다 감사할 수도 없습니다. 그리고 늘 기쁨으로 출판을 격려해 주시고 좋은 책을 만들어 주신 쿰란출판사 이형규 장로님과 수고하시는 여러 분들에게도 감사를 드립니다. 마지막으로 이 책도 장로회신학대학교가 저에게 준 잊지 못할 기회의 덕이어서 장로회신학대학교와 장영일 총장님께 깊이 감사드리는 바입니다.

이곳에서 지내는 동안 할아버지와 즐겁게 놀아준 지성적 감각이 뛰어난 Kate(해인)와 예능적 재능이 뛰어난 Frances(보라)에게도 고마움을 표하고 싶습니다.

그동안 부족한 저에게 많은 사랑과 격려를 베풀어 주신 모든 분들에게 이 책을 바칩니다.

2009년 9월 25일

하와이 바닷가에서 태평양을 바라보며

이 연 길

차 례

사무엘상 · 하

C o n t e n t s

차 례

사사기

›› 1

가만히 누워
주께서 당신을 빚게 하라!
오! 주님, 제가 순종하겠습니다.
주는 능숙한 토기장이,
나는 순종하는 진흙이오니
나를 빚으소서.
주의 뜻대로 빚으소서.
그동안 잠자코 기다리며 순종하리라.

– 작자 미상

사사기 이해를 위하여 〉〉1

사사기는 지금까지 가장 재미가 없었던 책이고, 악명 높은 책으로 알려져 있었다. 이스라엘 사람들은 자기들이 차지한 땅을 완전히 정복하려고 했으며, 가나안 사람들은 자기들의 땅을 되찾으려고 했기에 끝없는 영토 분쟁으로 야기된 전쟁은 계속될 수밖에 없었다. 따라서 사사기의 내용은 현대 영화에나 나올 폭력, 전쟁, 살인, 정치 지도자들의 무능력으로 야기된 사회적 혼란, 여자에 빠진 정치 지도자들의 추한 모습, 극단적 개인주의, 도덕적 혼란, 그리고 사회적 혼란 등 불확실성의 이야기들로 가득 차 있다. 그래서 많은

▲ 다볼 산에서 므깃도 방향으로 내려다보는 이스르엘 평야

사람들이 왜 이런 책이 구약성경에 들어와 있는지 의구심을 품는다. 그러나 구약성경의 내러티브적 해석이 활발해지면서 사사기는 가장 유머가 풍부하고 재미있는, 그러면서도 신앙의 원리를 보여주는 귀한 책으로 인기를 얻게 되었다. 또 이 책은 다른 나라의 먼 이야기가 아니고 오늘날 이 시대를 살아가는 우리들의 이야기라는 사실도 발견하게 되었다. 사사기는 여호수아에 이어 약속의 땅을 받은 백성들이 그 땅에서 어떻게 살아가는지를 보여주는 책이다.

여호수아는 그의 생애 마지막에 각 지파 지도자들을 세겜에 모아놓고 하나님의 말씀을 다시 주지시키고, 그 말씀에 따라 충실하게 살아갈 것을 권고했다. 이것을 세겜의 계약 갱신이라고 말한다. 계약 갱신 내용의 중심 주제는 다음과 같다.

"이렇게 말씀하셨으니, 당신들은 이제 주님을 경외하면서, 그를 성실하고 진실하게 섬기십시오. 그리고 여러분은 여러분의 조상이 강 저쪽의 메소포타미아와 이집트에서 섬기던 신들을 버리고, 오직 주님만 섬기십시오. 주님을 섬기고 싶지 않거든, 조상들이 강 저쪽의 메소포타미아에서 섬기던 신들이든지, 아니면 당신들이 살고 있는 땅 아모리 사람들의 신들이든지, 당신들이 어떤 신들을 섬길 것인지를 오늘 선택하십시오. 나와 나의 집안은 주님을 섬길 것입니다"(수 24:14-15, 새번역).

여호수아 24장 14-15절은 사실 여호수아 1장 7-8절과 대칭을 이룬다. 주제는 여호와를 섬김(예배)이고, 이 주제는 출애굽기로부터 신명기, 그리고 여호수아로 이어지는 중심 사상이기도 하다. 그리고 내용은 어떻게 여호와를 섬기며 살 것인지를 명시하는 내용이다. 여호수아가 모세를 이어 이스라엘의 지도자가 되고 가나안 땅을 정복할 책임을 맡게 되었을 때, 하나님께서는 그에게 말씀에 대한 순종, 하나님이 주신 계약을 지켜갈 것을 부탁하셨다.

"오직 강하고 극히 담대하여 나의 종 모세가 네게 명령한 그 율법을 다 지켜 행하고 우로나 좌로나 치우치지 말라 그리하면 어디로 가든지 형통하리니, 이 율법책을 네 입에서 떠나지 말게 하며 주야로 그것을 묵상하여 그 안에 기록된 대로 다 지켜 행하라 그리하면 네 길이 평탄하게 될 것이며 네가 형통하리라"(수 1:7-8).

여호수아 24장 14-15절은 여호수아 자신이 생전에 여호와의 말씀대로 살았고, 백성을 인도하였던 신앙의 중심이었고, 그의 생애에는 마지막에 백성들에게 그대로 살도록 권면한 말씀이다. 여호수아의 설교를 들은 백성의 지도자들은 두 번이나 강조하면서 서약을 했다.

> "주님을 저버리고 다른 신들을 섬기는 일은 우리가 절대로 하지 않겠습니다"(수 24:16, 새번역).

> "주님께서는 이 모든 민족을, 이 땅에 사는 아모리 사람까지도, 우리 앞에서 쫓아내셨습니다. 그러므로 우리는 주님을 섬기겠습니다. 오직 그분만이 우리의 하나님이십니다"(수 24:18, 새번역).

이 정신은 여호수아의 결미를 장식한 말씀이지만, 동시에 사사기의 시작을 이루는 말씀이기도 하다. 사사기는 여호수아가 죽은 후로부터 사무엘의 시대 전까지를 기록한 책으로,[1] 바로 이 정신에 의하여 백성들이 어떻게 살았는가를 보여주는 책이기도 하다. 동시에 이 책의 내용은 앞으로 이스라엘의 역사가 어떻게 전개될 것인가를 두려움으로 바라보게 하는 책이다. 사사기에는 여호수아를 이어 이스라엘을 지도해 갔던 사사들의 기록이 담겨 있다. 이들은 여호수아가 강조하고 하나님 앞에서 서약하게 했던 말씀을 백성들이 실천하며 살도록 인도했던 사람들이다. 모두 14명의 사사가 나오는데, '대사사'(major judges)와 '소사사'(minor judges)

---

1) 사사기는 "여호수아가 죽은 후에"라는 말로 시작하고(1:1), "그 때에 이스라엘에 왕이 없으므로 사람이 각기 자기의 소견에 옳은 대로 행하였더라"(21:25)로 마친다. 그리고 사무엘상은 전혀 다른 이야기로 시작한다.

로 구분한다. 사무엘상의 앞부분을 차지하는 엘리 제사장을 사사에 포함시켜야 하는지 아닌지도 큰 논란 거리지만, 본래 사사기가 사무엘서와 한 책으로 되어 있었던 것을 생각하면 엘리 제사장은 사사로 포함시켜도 좋으리라 생각한다. 그러나 엘리는 사사기에 나오는 사사들과는 아주 다른 성격을 가지고 있다. 그는 이스라엘 전체를 다스리는 사사였기 때문이다.

'대사사' 란 예를 들면 옷니엘, 에훗, 드보라, 기드온, 입다, 그리고 삼손과 같은 사람들이고, 소사사는 삼갈, 돌라, 야일, 입산, 엘론, 그리고 압돈이다. 대사사는 어떤 특정한 임무를 위해 하나님이 일으키신 자들이고, 또 선지자들과의 어떤 관계를 체험하였으며, 천사나 혹은 하나님의 영과도 관계를 체험한 사람들이다. 드보라 같은 사사는 하나님의 지시를 따라 바락을 세우기도 하였다.

사사기는 히브리어로 쇼페팀(שֹׁפְטִים-재판하는 사람)이다. 사사(Judge)란 말은 '재판을 베푸는 자' 란 뜻으로 '구원자' 란 의미를 가진다. 어떤 학자들은 '통치자' 로도 번역한다. 사사란 사실 재판하는 사람이라기보다는 통치자라고 번역하는 게 옳을 것이다. 사사를 다른 의미로는 '정의를 세우는 사람', '정의를 가져오는 사람' 으로 번역할 수도 있다. 그렇게 보면 진정한 사사는 여호수아이다. 그리고 사사기의 사사들은 여호수아의 계승자이다. 모세는 토라를 하나님께로부터 받은 사람이고, 여호수아는 토라를 지켜 나간 사람이다. 또 토라를 지켜 나가도록 백성을 인도했던 사람이다. 바로 이런 이러한 역할을 하는 사람이 사사이다.

사사기는 사무엘서로 이어진다. 여기에 사사기에서 실패한 사사들을 넘어 하나님이 바라시던 진정한 사사가 나온다. 엘리 제사장을 이어 전국에 영향력을 끼친 사무엘이다. 사무엘은 사사였다(삼상 7:15-17). 그리고 사무엘은 자기 아들들을 사사로 삼았다(삼상 8:1). 그리고 사사기는 진정한 사사의 대표적인 인물인 다윗으로 옮겨가게 된다.

사사기의 중심 사상

사사기는 여호수아 이후에 사사들을 중심으로 나머지 가나안 땅을 정복하는 이야기이지만, 어떤 학자들은 사사기는 앞으로 펼쳐질 왕정(王政)을 준비하는 책으로 이해하기도 한다. 그러나 사사기는 예언자적 역사서이다! 어떻게 하면 신앙의 공동체가 평화를 누리고 생명력을 얻게 되며, 어떻게 하면 재난, 고통, 시련과 전쟁이 오는가를 보여주는 책이다. 이런 점에서 사사기는 여호수아는 물론이고, 신명기 정신과 이어지는 책이다. 그리고 뒤로는 예언서의 중심 사상과 맥을 잇고 있는 책이다. 사사기를 읽을 때 신명기를 생각하면서 읽는다면 보다 더 재미있게 읽을 수 있을 것이다.

히브리적 내러티브에서는 반복되는 문구가 대단히 중요하다. 이런 의미에서 사사기의 실제적 서론으로 보는 사사기 2장 6절-3장 6절의 내용에서 반복되는 문구를 찾아보는 것은 대단히 중요하다. 여기서 반복되는 문구는 무엇일까? 사사기 2장 6절-3장 6절에서 공통적으로 계속해서 나오는 단어가 있다.[2] 히브리어로 아바드(עָבַד) 즉 예배, '섬기다' 라는 단어이다. 이 단어가 그 짧은 문장에서 무려 여덟 번이나 나온다. 아바드가 출애굽기와 신명기에 나오는지 찾아보자.

2:7: 여호와께서 이스라엘을 위하여 행하신 모든 큰 일을 본 자들이 사는 날 동안에 여호와를 섬겼더라

2:11: 이스라엘 자손이 여호와의 목전에 악을 행하여 바알들을 섬기며

2:12: 그들의 주위에 있는 백성의 신들을 따라 그들에게 절하여 여호와를 진노하시게 하였으되

2:13: 곧 그들이 여호와를 버리고 바알과 아스다롯을 섬겼으므로

2:17: 오히려 다른 신들을 따라가 음행하며 그들에게 절하고, (야라드 + 쉐아)

2:19: 그들의 조상들보다 더욱 타락하여 다른 신들을 따라 섬기며 그들에게 절하고

2:20: 그들의 조상들에게 명령한 언약을 어기고 나의 목소리를 순종하지 아니하였은즉

3:6: 또 그들의 신들을 섬겼더라

이렇게 보면 사사기의 주제와 같은 단어는 '예배', 즉 '섬기

2) 여호수아 24장 14-15절에서 '섬긴다' 는 말이 반복해서 나오는 것과 맥을 잇고 있다.

다' 이다. 사사기의 사람들이 누구를 섬기느냐에 따라 그들의 삶은 하늘과 땅만큼이나 달라졌다. 신명기 30장 19, 20절의 말씀처럼 하나님을 섬기는 것은 생명을 선택하는 것이요, 우상을 섬기는 것은 사망을 택하는 것과 같다. 이 땅의 사람들이 누구를 섬기느냐에 따라 그들의 운명이 달라진다는 말이다.[3]

사사기의 중심 사상은 신명기의 정신이다

신명기의 정신은 여호수아를 지나 사사기로 이어진다. 사실 신명기의 주제는 이후에 나오는 역사서와 예언서의 중심 사상을 이룬다. 이 정신은 역사서와 예언서의 역사와 왕들을 평가하는 평가 원리(criteria)이다.

신명기의 결론은 신명기 28장 1절-30장 20절이다. 이 말씀은 또한 모세 오경의 결론이기도 하다. 신명기의 결론의 시작과 끝은 이렇게 되어 있다.

> "당신들이 주 당신들의 하나님의 말씀을 귀담아 듣고, 내가 오늘 당신들에게 명한 그 모든 명령을 주의 깊게 지키면, 주 당신들의 하나님이 당신들을 세상의 모든 민족 위에 뛰어나게 하실 것입니다. 당신들이 주 당신들의 하나님의 말씀에 순종하면, 이 모든 복이 당신들에게 찾아와서 당신들을 따를 것입니다"(신 28:1-2, 새번역).

---

3) 사사기 2장 13-15절은 신명기 30장 19-20절과도 정확히 대칭을 이룬다.

"나는 오늘 하늘과 땅을 증인으로 세우고, 생명과 사망, 복과 저주를 당신들 앞에 내놓았습니다. 당신들과 당신들의 자손이 살려거든, 생명을 택하십시오. 주 당신들의 하나님을 사랑하십시오. 그의 말씀을 들으며 그를 따르십시오. 그러면 당신들이 살 것입니다. 주님께서 당신들의 조상 아브라함과 이삭과 야곱에게 주시겠다고 맹세하신 그 땅에서 당신들이 잘 살 것입니다"(신 30:19-20, 새번역).

신명기의 결론을 살펴보면, 신명기의 하나님은 결코 이스라엘만 생각하시는 하나님이 아니시다. 신명기 28장 3-5절은 개인을 향하신 말씀처럼 들린다. 그러나 6절, "네가 들어와도 복을 받고 나가도 복을 받을 것이니라"는 말씀은 개인의 복지만을 생각하는 내용이 아니고, 그 말씀대로 살아가면 전체 공동체가 여호와의 샬롬을 누리게 된다는 말이다. 이처럼 여호와 하나님은 개인의 평화에서 공동체의 평화, 그리고 온 세계의 평화를 생각하시는 분이다. 이런 사회는 하나님의 말씀을 듣고 잘 지켜나갈 때 이뤄지는데, 그렇기 때문에 하나님은 하나님의 말씀을 사랑하고 지켜나가는 개인들을 사랑하시고, 이런 사회를 온 세상에 높여 주시는 것이다.

이스라엘의 역사는 땅의 역사이다. 이스라엘에게 있어서 땅이 중요한 이유는 무엇인가?

사사기의 영토 분쟁은 오늘 우리가 이야기하는 영토 분쟁이 아니다. 하나님의 주권이 지배하는 영토의 개념이다. 하나님의 주권이 온 세상을 통치하도록 하려는 게 하나님의 뜻이다. 그 이유는 하나님의 관심은 세계를 에덴동산으로 회복시키려는 것이기 때문이다.[4] 이 정신을 예수 그리스도는 하나님 나라 회복이란 차원으로 승화시켰다.[5] 그리고 십자가와 부활로 하나님 나라 회복의 기초를 놓으셨다.

신명기 28장 1-6절에 하나님 말씀을 잘 듣고, 그 말씀을 지켜 가라고 하시는 말씀 안에는 말씀을 정확하게 깨닫고 그 말씀을 잘 가르치는 사람이 전제되어 있다. 그리고 백성들이 하나님의 말씀을 정확하게 알고 그 말씀대로 살아가는 곳에 하나님의 나라가 이뤄진다는 깊은 뜻이 담겨 있다. 이렇게 보면 사사기는 정확하게 신명기의 실천 과정을 찾아가는 책이다. 그러므로 사사기를 해석하는 바로미터는 멀리는 신명기 28장에서 30장의 내용이고, 가깝게는 여호수아 24장 14-15절에 나오는 지파 동맹을 향한 여호수아의 설교이다. 오직 하나님만 섬기고, 하나님의 계명을 지켜 나가는 것이다.

사사기는 크게 3부분으로 나누어진다.

---

4) 선악과의 의미인 '그 나무를 지키면 살고, 지키지 않으면 죽는다' 는 말씀은 신명기 30:19, 20절에 '생명과 사망, 복과 저주를 놓았다' 는 말과 이미지가 같다. 이렇게 보면 신명기의 결론은 말씀을 통한 에덴동산의 회복을 의미한다.

5) 참고 마 6:33: "너희는 먼저 그의 나라와 그의 의를 구하라 그리하면 이 모든 것을 너희에게 더하시리라."

앞 부분: 1:1-2:5 여호수아의 내용이 중복.

중심 부분: 2:6-16:31 사사에 대한 기록. 대사사-6명, 소사사-6명.

두 에피소드: 17:1-21:25 단 지파가 북쪽을 지배하는 이야기.

사사들과 관련된 자료

억압자	억압연대	사사	사역과 안식	성경본문
메소포타미아	8년	옷니엘	40년	3:8-11
모압, 암몬, 아말렉	18년	에훗	80년	3:12-30
블레셋	?	삼갈	?	3:31;cf5:6
가나안(하솔)	20년	드보라 (바락)	40년	4:1-5:31
미디안	7년	기드온	40년	6:1-8:28
		(아비멜렉)	3년	8:29-9:57
		돌라	23년	10:1, 2
		야일	22년	10:2-5
암몬	18년	입다	6년	10:6-12:7
		입산	7년	12:8-10
		엘론	10년	12:11,12
		압돈	8년	12:13-15
블레셋	40년	삼손	20년	13:1-16:31

엘리	40년	삼상1:1-4:18
사무엘	?	삼상11:3이하

사사들의 연대는 압제와 안식을 누렸던 해의 수를 모두 합하면 410년이 된다. 사도행전은 여호수아에서 사무엘 때까지를 450년이라고 말한다(행 13:20). 410년과 450년의 차이점은 사도행전에서는 엘리 제사장의 사역 연수를 계산에 넣었기 때문이다.[6)]

6) Vos, Howard F, 구약연구입문, 차학순 역, 엠마오,1988, pp.113-116 참고

사사기의 서론 ›› 2

사사기 1장-3장 6절

가나안 땅을 점령하고 각 지파들이 땅 분배를 받은 후, 이스라엘의 정치 형태는 각 지파 단위로 지도자를 가지고 있었고, 이들이 중앙 성전을 중심으로 12지파가 연합하여 한 정부를 이루는 형식이었다. 여기서 강조되는 것은 중앙 성전이고(이스라엘 사회 참고), 그리고 각 지파의 지도자들이다. 그러나 사실상 각 지도자들보다 더 강조되는 것이 중앙 성전이다. 이 성전을 중심으로 유일하신 하나님을 모시고 모든 지파가 통일을 이루고, 또 하나님의 통치에 의하여 신정정치(神政政治)가 이뤄지기 때문이다.

여호수아 시대에는 그를 위시하여 온 나라가 연합하여 가나안 땅을 정복하였다. 그렇다고 온 땅을 다 차지한 것은 아니다. 이스라엘이 정복한 땅들은 주로 산악지역에 국한되었고, 평야와 무역로들은 강한 긴족들이 그대로 지배하고 있었다. 그리하여 나머지 지역을 점령하는 일은 각 지파에게 맡겨졌다. 사사기는 여호수아 이후로부터 이스라엘에 왕이 세워지기까지 각 지파들이 사사들을 중심으로 나머지 땅들을 정복하는 이야기라고 할 수 있다.

땅 정복은 유다 지파가 시므온 지파와 연합하여 땅을 정복하는 이야기로부터 시작된다. 유다 지파에는 갈렙이 속하여 있다. 그래서 더 의욕적으로 이방 민족을 정복하려고 했을 것이다. 유다 지파는 시므온 지파에게 가나안 사람과 브리스 사람들을 함께 정복하자며 공동 작전을 펼칠 것을 제안한다. 그리고 난 후에는 유다 지파가 시므온 지파를 돕겠다는 것이다. 이들의 연합 작전으로 유다 지파는 예루살렘과 헤브론을 빼앗는다(삿 1:3). 사실 예루살렘은 유다와 베냐민의 경계에 놓여 있어서 남쪽은 유다 지파에 속하고, 북쪽은 베냐민 지파에 속한다. 그래서 성경에 보면 유다는 예루살렘을 정복하는데, 베냐민 지파는 실패하였다고 말한다(삿 1:21).

세월이 흐른 후에 각 지파들의 전쟁이 지지부진하면서 각 지파들이 그 땅에 살고 있던 가나안 족속들을 쫓아내는 일은 흐지부지되고 말았다. 그때 여호와의 사자가 나타나 그들에게 경고한다. 각 지파들이 그 땅 사람들을 정복하지 못하는 이유는 힘이 약했다든지 전략이 뛰어나지 않았기 때문이 아니라, 하나님의 약속을 믿지 않고 불순종했기 때문이요, 그 결과 쫓아내지 못한 가나안 족속들이 옆구리의 가시와 같이 될 것이며, 그들의 신이 이스라엘에게 올무가 되리라고 예언한다(삿 2:1-3). 이 말을 들은 이스라엘은 소리를 높여 울었지만 때는 이미 늦었다. 모든 일에 기한과 때가 있는 법이다. 이스라엘은 끝까지 순종하지 아니함으로 화근(禍根)을 남긴 것이다.

나머지 가나안 땅을 정복하지 못한 것은 하나님의 뜻이기도 하다. 하나님이 그처럼 이스라엘로 나머지 땅들을 다 정복하지 못하게 한 데는 이유가 있다. 첫째는 그들이 여호와의 목소리를 청종치 아니하였기 때문이요(삿 2:20, 21), 둘째는 이스라엘 자손들이 여호와의 도를 지켜 행하는가 행하지 않는가를 시험하시려 함이다(삿 2:23, 3:4). 결국 하나님은 이스라엘에 올무를 놓으신 것이 아니라, 그들에게 과제를 주신 것이다. 셋째는 남겨진 다른 민족들의 위협을 보면서 여호와 하나님을 전적으로 의지해야 한다는 것, 그리고 여호와께 충성하면서 바르게 살아야 한다는 것을 깨닫도록, 그리고 그렇게 살 때만이 참된 평화가 있다는 것을 깨닫도록 한 것이다(주석 참고).

성경 어디를 보아도 하나님이 하시는 일과 사람이 해야 할 일은 분명하게 나누어진다. 하나님은 사랑하는 사람들에게 미래에 이뤄야 할 목표를 큰 그림으로 보여주신다. 다음엔 사람들이 그 약속을 믿고 이뤄나가야 한다. 하나님은 인간들에게 약속을 주실 뿐 아니라, 그 일을 이룰 수 있는 힘까지 주시기 때문에 약속을 믿고 노력하기만 하면 그 약속은 반드시 얻을 수 있는 것이다. 가나안 땅을 하나님께서 이스라엘에게 주셨지만, 그 땅을 차지해야 하는 책임은 이스라엘에게 있다. 이스라엘이 쫓아내지 못한 사람들은 하나님께서도 쫓아내지 아니하신다.

> "내가 다시 말하여 둔다. 나는 그들을 너희 앞에서 몰아내지 않겠다. 그들은 결국 너희를 찌르는 가시가 되고, 그들의 신들은 너희에게, 우상을 숭배할 수밖에 없도록 옭아매는 올무가 될 것이다"(삿 2:3-새번역).

세월이 갈수록 이스라엘 백성들 속에는 가나안 사람들을 정복해야 한다는 마음보다는 그들과 공존하려는 마음이 점점 자리를 잡아가고 있었다(삿 2:6). 질병과 공존하면 질병에 걸리게 마련이듯 죄악과 어울리면 죄를 옮겨 받게 되는 것이다. 하나님께서 가나안 사람들을 쫓아내라고 하신 것은 그들을 미워해서가 아니라, 그들이 섬기는 우상 때문이었다. 그러나 그처럼 악한 우상들을 남겨 놓았으니 결국 이스라엘은 그 우상들 때문에 악에 물들어 가고, 그것 때문에 스스로 무너지는 길을 걷게 된 것이다.

위에서 살펴본 대로 옷니엘의 이야기가 나오기 전에 '섬겼다'는 말이 계속해서 반복되었다. 누구를 섬기느냐에 따라 그들의 운

명이 달라지는데, 이스라엘은 처음에는 하나님을 섬겼으나 후에는 바알과 아스다롯을 섬기게 되면서 그 땅에 재난이 시작되었다. 사사기 2장 11절에는, 이스라엘 자손이 여호와의 목전에 악을 행하여 바알을 섬겼다고 기록하였다. 이 말은 그들이 고의로 여호와의 말씀을 듣지 않았다는 말이고, 이집트에서 이끌어 내신 조상의 하나님을 버리고, 의도적으로 우상을 섬겼다는 말이다.

바알과 아스다롯을 숭배하는 것은 곧 음란과 통한다. 사사기 2장 17절에는, "그러나 그들은 사사들의 말도 듣지 않고, 오히려 음란하게 다른 신들을 섬기며 경배하였다" 고 기록하였다. 여기서 음란이란 매춘(zānāh)이다. 성창(qiddēs－우가릿어나 히브리어에서는 발견되지 않는다)에 대해 사용한 것은 아니다. 하나님과 백성들의 관계를 혼인 관계로 이해해 볼 때, 매춘이란 부부간의 불의, 간통, 즉 죽음의 형벌을 가져다 주는 범죄임을 시사한다.

히브리어 성경은 그들이 하나님을 섬겼다는 말과 바알을 섬겼다는 말을 구분하여 사용한다. 우리 성경으로 읽으면 '바알을 섬기다' 로 번역되어 있지만 히브리어로는 '바알을 섬기다' 는 말을 '바알을 위하여 노동한다' 는 말로도 번역할 수 있다.[7] 히브리인들의 마음에는 하나님을 섬기는 것은 하나님을 경외하는 것지만, 바알을 섬기는 것은 사실 무거운 짐을 지고 가는 것이라고 생각하

---

7) 삿 2:11에, 바알들을 '섬겨' 란 말은 '섬기다' 는 같은 어근 'ābad' 에서 나온 말이지만, 그 의미는 '노동하다' 로 번역할 수 있다.

기 때문이다. 이것은 일종의 비웃음이다. 또 사사기 저자는 가나안 신의 화신인 아세라란 이름을, '혐오스럽다'는 히브리어 단어의 모음을 변형시켜 '아스다롯'이라고 부른다. 아스다롯은 '수치스럽고 혐오스러운 존재'란 뜻을 가진 말이다. 이것은 히브리적인 언어의 유희를 아주 적절하게 사용한 예이다.8)

사사기에서 말하는 악(惡)이란 도덕적으로 악하다는 의미보다는 단순하게 우상숭배를 말한다. 우상숭배는 사실 우상을 숭배하는 것 같지만 자신을 위하여 우상을 섬기는 것이기에 언제나 자기가 우상숭배의 중심이 된다. 반면 하나님을 섬기는 것은 중심이 하나님에게로 옮겨가는 것이다. 그래서 우상숭배는 곧 자기주장이 강한 것을 말한다. 교회에서 자기주장(Self-assertion)만을 강하게 내세우는 사람들은 어떤 면에서는 죄를 짓고 있는 것이란 사실을 기억해야 한다. 하나님을 섬기면서도 자기의 중심이 하나님에게로 옮겨가지 못했다면 그것은 자신을 섬기고, 또 자기의 평안을 위하여 물질이나 지위나 명예를 신으로 받드는 일종의 우상숭배라고 말할 수 있을 것이다. 오늘날도 이 세상(교회까지도)은 바알(풍요, 돈)과 아세라(성적인 신)의 지배를 받고 있다.

8) 아스다롯은 '수치' '혐오'라는 뜻의 'bōset'이란 단어에 비슷한 모음을 사용하여 aštōret의 복수형인 'aštārōt'으로 발음한다. 이 말은 독자가 이교도의 신적 존재의 이름으로 발음해서는 안 될 용어라는 것을 보여준다.

이제 옷니엘의 내러티브로 들어가보자 ›› 3

사사기 3장 7-11절

세월이 흐르면서 여호수아를 기억하는 세대들은 점점 사라져 갔다. "우리는 주님을 섬기겠습니다. 오직 그분만이 우리의 하나님이십니다"(수 24:18, 새번역)라고 고백했던 사람들이 점차 사라져 갔고 여호수아와 하나님의 은혜를 기억하는 사람들도 점점 사라져 갔다. 그리곤 새로운 세대가 일어났는데, 그들은 하나님을 알지 못하고, 주께서 이스라엘을 돌보신 일도 알지 못하는 세대들이었다. 여기서부터 비극이 시작되었다. 그들은 그 지역에 이전부터 살고 있던 가나안 사람, 아모리 사람과 브리스 사람, 그리고 히위 사람과 여부스 사람들과 섞여 살았다. 그뿐 아니라 그 여러 민족의 딸을 자기들의 아내로 삼거나 자기 딸들을 그들의 아내로 주기도 하면서 점점 이스라엘은 그들의 신을 섬기기 시작하였다. 그 지역에 퍼져 있던 우상들은 주로 바알 신이었고, 바알을 섬기는 우상숭배는 모두 음란과 결부되어 있었다.

바알은 어떤 신인가? 바알은 신 중에 가장 늙은 우두머리인 엘(El)과 그의 아내 되는 아세라(왕상 18:19 참조) 사이에서 태어났다. 바알은 비와 식물을 주장하는 신이었고, 바알의 부인은 아나스이다. 가나안 사람들은 모트(Mot. 죽음)가 해마다 바알을 죽이기 때문에 여름에 비가 오지 않으며, 아나스가 나중에 모트를 죽임으로써 바알이 다시 살아나게 된다고 믿었다. 그리고 가을에 바알과 아나스가 다시 성적 재결합을 함으로써 풍요의 주기가 다시금 시작되는 것이라고 생각했다. 또 바알과 아나스의 성적 결합을 돕기 위하여 땅에서는 바알의 남녀 사제들이 성적 행위를 하는 것이다. 이런 행위를 하기 위해서는 잔치를 열고 술을 마시며 바알이 좋아하는 성적 행위를 신전에서 해야 했다(민 25:1-3 참조). 그러므로 바알 신전에 봉사하는 남녀 사제들은 백성들과 성적 접촉을 마음대로 하는 창남(娼男), 창녀(娼女)들이었다. 이런 우상들을 섬긴다는 것은 하나님께서 가장 싫어하시는 음란한 생활을 하는 것이다.

옷니엘의 내러티브는 "이스라엘 자손이 여호와의 목전에 악을 행하여"(삿 3:7)란 말로 시작된다. 이 말은 여호와의 눈앞에서, 다시 말하면 여호와께서 지켜보고 계시는 데서 악을 행했다는 말이다. 사사기에서 악은 모두가 우상숭배인데, 우상숭배는 음란과 관계가 있다. 이렇게 보면 이스라엘 백성들은 하나님을 예배하는 것과 바알을 섬기는 것을 혼합하여 행하고 있었다. 즉 하나님을 예배하는 것인지, 바알을 섬기는 것인지 구분할 수 없었다는 말이다. 여호수아가 죽은 지 얼마 되지 않아서 벌써 하나님 예배에 바알숭배가 뒤섞이어 서로를 구분할 수 없게 되었다는 뜻이다. 그 모습이 하나님 보시기에 얼마나 흉측했을까?

하나님을 섬기는 것과 우상을 숭배하는 것은 철저하게 구분돼야 한다. 우상을 섬기는 것은 곧 우상의 짐을 지는 것이기 때문이다. 이단이나 거짓 종교가 처음에는 사람들을 달콤하게 유혹하지만 깊이 들어가면 갈수록 재산을 다 빼앗고 가정을 파괴하는 것과 같다. 이스라엘의 죄악에 마음 아파하시던 하나님은 이스라엘 백성을 여덟 해 동안 메소포타미아 왕 구산 리사다임의 손에 넘기셨다.[9] '손에 넘기셨다'는 말은 곧 그들에게 이스라엘을 '파셨다'는 뜻이다. '파셨다', '넘기셨다'(nākar)는 단어는 소유권자 또는 합법적 소유자가 자신의 자유로운 결정에 의하여 재산을 타인에게 이전하는 행위를 나타내는 말이다. 이스라엘 소유권자인 여호와께서 그들을 악한 리사다임에 넘겨 주셨다는 하나님의 의지적

9) 리사다임이란 '이중(二重) 악을 가진 사람'(미국 마이어스 교수는 여기에 에티오피아 사람이란 말을 첨부한다)이라는 뜻.

인 행동을 표현하는 말이다.

고통을 당하면서야 비로소 이스라엘은 하나님께 울부짖었다. (they cry to YHWH.) 여기서 울부짖었다는 말, 즉 '자아크-za 'aq' 에 주의를 기울여야 한다. '자아크-부르짖다' 는 단어는 출애굽기 2장 23절에서 나온 단어이다. 많은 사람 앞에서 도움을 얻기 위하여(appeal for help) 자기의 마음을 거침없이 표현하는 것을 의미한다. 이처럼 부르짖을 때 하나님은 즉시 개입하신다. 자아크적인 기도를 병원 응급실에 입원하는 것이라고 비유할 수 있을 것이다. 응급 기도는 그만큼 빨리 응답되지만 하나님이 원하시는 기도는 하나님과 좋은 관계 속에서 계속해서 드리는 정상적인 기도이다. 그래서 바울은 "쉬지 말고 기도하라"(살전 5:17)고 했다.

그런데 앞으로 다시 찾아보겠지만, 사사기에 나오는 옷니엘, 에훗, 드보라 그리고 입다의 경우와 같은 네 개의 성공 스토리(삿 3:15, 4:3, 6:6-7, 10:10)에는 '부르짖다' 는 말이 나오지만, 그 이후에는 '부르짖다' 라는 말조차 백성들 입에서 나오지 않는다. 백성들이 억압을 당하면서도 하나님께 부르짖지도 않을 만큼 영혼이 무디어지고 악해졌다는 뜻이다.

자기 백성들이 부르짖을 때 하나님께서는 그들을 구원하시기 위하여 사사를 세우셨다. 그때 여호와께서 사사로 세운 사람이 바로 갈렙의 아우 그나스의 아들인 옷니엘이다. 옷니엘은 최초의 사사이다. 하나님께서 옷니엘을 선택하시고, 그에게 여호와의 신을

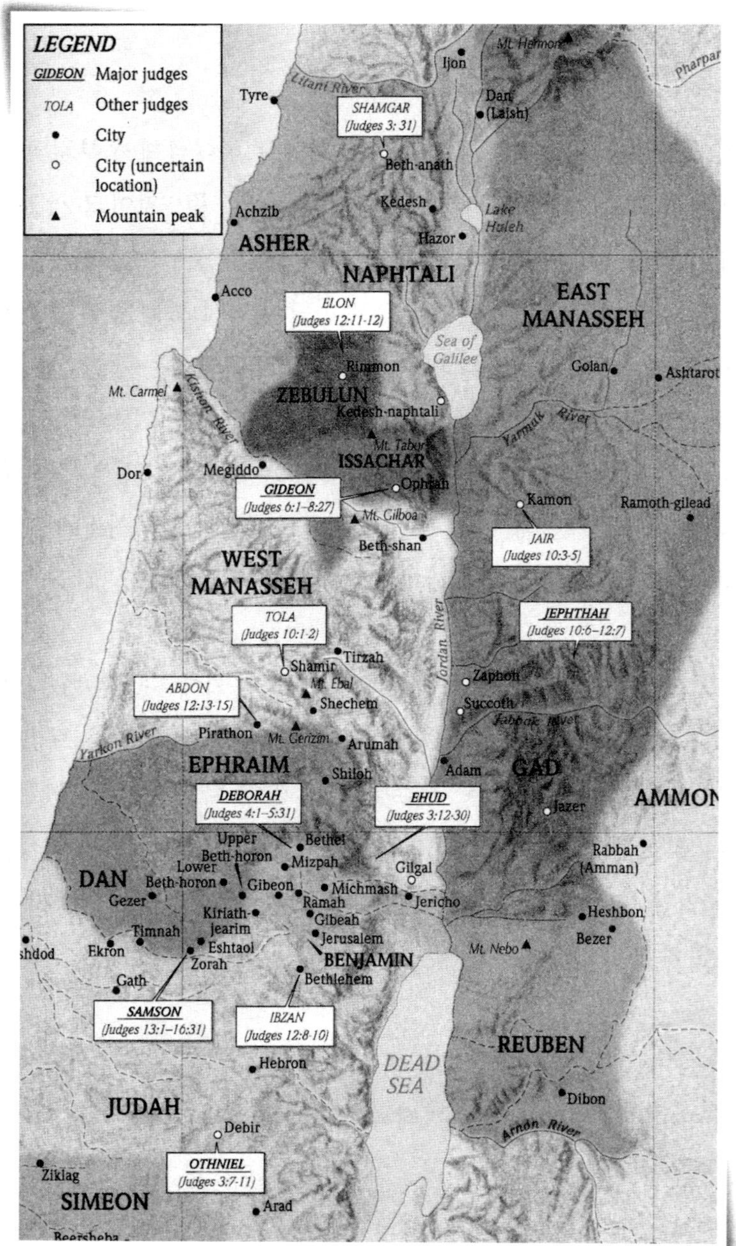
LEGEND
GIDEON Major judges
TOLA Other judges
City
City (uncertain location)
Mountain peak
SHAMGAR (Judges 3: 31)
ELON (Judges 12:11-12)
GIDEON (Judges 6:1–8:27)
JAIR (Judges 10:3-5)
TOLA (Judges 10:1-2)
JEPHTHAH (Judges 10:6–12:7)
ABDON (Judges 12:13-15)
DEBORAH (Judges 4:1–5:31)
EHUD (Judges 3:12-30)
SAMSON (Judges 13:1–16:31)
IBZAN (Judges 12:8-10)
OTHNIEL (Judges 3:7-11)
ASHER
NAPHTALI
EAST MANASSEH
ZEBULUN
ISSACHAR
WEST MANASSEH
EPHRAIM
GAD
AMMON
DAN
BENJAMIN
REUBEN
JUDAH
SIMEON
Tyre
Ijon
Dan (Laish)
Beth-anath
Kedesh
Achzib
Hazor
Acco
Lake Huleh
Sea of Galilee
Rimmon
Golan
Ashtarot
Mt. Carmel
Kishon River
Kedesh-naphtali
Yarmuk River
Mt. Tabor
Dor
Megiddo
Ophrah
Kamon
Ramoth-gilead
Mt. Gilboa
Beth-shan
Jordan River
Shamir
Tirzah
Mt. Ebal
Shechem
Zaphon
Succoth
Jabbok River
Pirathon
Mt. Gerizim
Arumah
Yarkon River
Adam
Shiloh
Jazer
Upper Beth-horon
Lower Beth-horon
Bethel
Mizpah
Gilgal
Rabbah (Amman)
Gezer
Gibeon
Michmash
Ramah
Jericho
Kiriath-jearim
Gibeah
Heshbon
Timnah
Jerusalem
Bezer
Ekron
Eshtaol
Zorah
Mt. Nebo
Gath
Bethlehem
Hebron
DEAD SEA
Dibon
Arnon River
Debir
Ziklag
Arad
Litani River
Mt. Hermon

▲ 이스라엘의 사사들

내려 주셨다. 옷니엘이 이스라엘을 구원하도록 여호와의 성령이 그에게 오신 것이다. 그때부터 그는 백성들의 사사가 되고, 전쟁에 나가서 승리하는 힘 있는 지도자가 된다. 야훼의 영(삿 3:10)은 카리스마적 지도자를 부를 때 사용하는 말이다.

사사기에서 '여호와의 신이 임하셨다' 는 의미는 무엇인가? 우리는 '성령을 받았다' 고 표현함으로 성령을 우리의 소유로 생각한다. 그러나 여호와의 신이 옷니엘에게 임하셨다는 말은 이제부터 여호와께서 그의 삶의 중심이 되셨다는 말이고, 그를 주장하고 인도하신다는 말이다. 하나님께서 그에게 개입하셨고, 이스라엘 역사에 개입하셨다는 말이다. 이제부터 하나님께서 당신의 계획을 이루기 시작하신다는 뜻이다. 옷니엘도 여호와의 신을 의지하고 나아가 싸울 때에 한 번도 정복해 보지 못한 메소포타미아 왕 구산 리사다임을 이겼다. 성령께서 그의 손에 리사다임을 붙이셨기 때문이다. 이처럼 사사기에서 여호와의 신의 임재는, 여호와의 영이 그 사람의 모든 행동(action)을 주장한다는 것을 뜻한다.

옷니엘이 있는 동안 40년은 그 땅에 전쟁이 없는 평화가 지속되었다. 성령이 옷니엘에게 역사하는 동안 평화가 있었다고 해석해도 좋을 것이다. 그러나 불행하게도 옷니엘이 죽고 난 후에 이스라엘은 또다시 음란한 우상숭배에 빠진다. 그래서 하나님께서는 모압 왕 에글론을 일으켜서 이스라엘을 치게 하셨다. 이스라엘이 범죄하면 다른 나라를 일으켜 이스라엘을 치게 하시고, 이스라엘은 다시 하나님께 울부짖고, 하나님은 사사를 세우셔서 그들을 구원해 주신다는 사이클이 사사기에서 지루하도록 반복된다. 부르짖으면 하나님께서는 자신의 소유인 이스라엘을 되찾아오시는 것이다. 이것이 구원이다. 이처럼 구약의 역사는 계속해서 엑소더스를 계속한다. 유대 역사는 출애굽 역사이다. 범죄하면 팔았다가 찾아오기를 반복하는 역사이다. 마지막은 바벨론에서 이스라엘을 데려 오시는 역사요, 예수 그리스도의 십자가를 통하여 자기 백성들을 되찾으시는 역사이다.

배반하고, 징벌하고, 부르짖고 그리고 구원하신다는 사이클이 사사기 내내 반복되지만 그러나 지루하다고 하지 말자. 우리의 삶들이 바로 그런 모습이니까……. 사사기의 메시지는 이스라엘의 계속적이고도 맹렬한 배교 행위와 부정 속에서도 오래 참으시며 자기 백성을 사랑하시는 하나님의 사랑을 보여준다. 이스라엘은 언약에 계속 실패했지만 우리 하나님은 언약에 신실하신 분으로 우리들을 본래의 자리에 다시 가져다 놓으시고, 새롭게 시작하도록 늘 기회를 주시는 하나님이시다. 이것이 용서의 의미이다.

보통 사람들, 특별한 사람들 ›› 4

사사기 4장

옷니엘과 함께 40년의 평화가 계속되는 동안 그들의 신앙이 느슨해지다가 옷니엘이 죽자, 그들은 다시 주님을 떠났다. 하나님이 보시는 눈앞에서 악한 일들을 저질렀고, 하나님은 분노하셔서 모압 왕 에글론을 높여주어 이스라엘을 치게 하셨다. 에글론은 암몬 자손과 아말렉 자손들과 연합하여 이스라엘을 공격하고, '종려나무 성읍'인 여리고를 점령하였고, 여덟 해 동안 이스라엘을 다스린다. 이스라엘은 허리가 휘도록 여덟 해 동안이나 모압 왕 에글론을 섬기게 된 것이다.

왜 여기서 여리고를 종려나무 성읍이라고 강조하는가? 종려나무 열매를 '타마르' 10)라고 하는데, 이 타마르는 여리고가 주산지(主産地)이다. 8월의 여리고에는 타마르가 풍성하다. 그때 먹어본 타마르는 잇몸이 쓰릴 만큼 달았던 기억이 있다. 시편 1편에 나오는 시냇가에 심기운 나무도 바로 타마르를 맺는 종려나무이다. 여리고에는 샘이 새 개나 있어 물이 풍부한 곳이고, 따라서 종려나무는 물론 모든 과일과 야채가 풍부한 도시이다. 금, 은, 동, 철, 소금이 풍부한 곳이기도 하다. 여리고를 점령했다는 것은 그곳에서 나는 모든 것이 여리고는 물론, 이스라엘로 공급되지 못하도록 차단되었다는 것을 암시한다. 이 말은 에브라임 지파, 므낫세 지파의 목을 죄었다는 뜻이기도 하다.

여리고를 빼앗긴 이스라엘은 피폐해졌고, 대신 에글론은 살이 피둥피둥하게 찌게 되었다. 그 모습은 요셉 시대에 풍년이 들어 살찐 7년 동안의 송아지와 같은 모습이다(창 41:18). 에글론이 살이 쪄서 둔하게 된 것과 그가 여리고를 점령한 것과는 밀접한 관계가 있다는 것을 본문은 암시하고 있다. 에글론이라는 말은 '송아지'란 뜻인데, 에글론이란 송아지가 여리고의 풍부한 양식과 과일을 먹고 살이 쪄서 몸 가누기조차 어렵게 앉아 있다는 것이다. 이 말 속에는 이스라엘 백성들은 그만큼 굶주리고 있다는 사실을 암시

---

10) 가나안을 '젖과 꿀이 흐르는 땅' 이라고 할 때 여기서 말하는 꿀을 '타마르' (tamar)로 만든 시럽(syrup)이라고 주장하는 학자들이 있다.

하기도 하고, 반면 살이 비대하도록 쪄서 이제 죽을 날을 기다리는 송아지를 연상하게도 한다. 그러면서 웃어대는 이스라엘 사람들의 조소이기도 하다.

약속의 땅에서 나는 곡물과 열매를 먹고 비대해져서 비틀거리는 송아지에게 에훗을 통하여 조공을 보낸다. 에훗은 왼손잡이였다. 왼손잡이란 왼손에 장애가 있다는 말이다. 베냐민 지파란 뜻은 '오른손의 사람' 이란 뜻이다.11) 그런데 왜 하필이면 오른손의 사람이란 베냐민 지파 사람 중에서 뽑아 보낸 사람이 왼손잡이일까? 조공(minbāh, 자발적인)이란 선물이란 의미도 될 수 있지만, 제의적(祭儀的) 문맥에서는 '희생', '제물' 이라고 번역할 수 있다. 이렇게 보면 에글론의 입장에서는 조공을 가지고 온 것이지만, 에훗의 입장에서는 반대로 하나님께 제물을 바치러 간 것이 된다.

왼손잡이 에훗을 보면서 얼굴을 찌푸릴 에글론을 생각하며 통쾌하게 웃어대는 이스라엘 백성들을 연상해 보자. 이것이 히브리적 유머이다.

에훗은 길이가 한 자(약 30cm)쯤 되는 양쪽에 날이 선 칼을 준비했다. 에훗은 이처럼 날카롭고 긴 칼을 으른쪽 허벅지에 차고 조공을 바치러 에글론을 찾아갔다. 에글론은 왼손잡이 에훗을 보면서 마음을 놓았다. 에훗은 에글론을 보았을 때, 그 모습은 요리

11) 베냐민 사람-(베냐민-ben-jaminite)은 '오른손의 아들' 란 뜻인데, 베냐민에는 왼손잡이가 많았다고 한다.

하기에 아주 딱 좋은 송아지요, 하나님께 제사하기에 가장 좋은 제물로 보였을 것이다. 에글론은 에훗을 보고 웃고, 에훗은 에글론을 보면서 웃는다. 정말 웃기는 상황이다.

조공을 바치고 돌아가던 에훗은 길갈에 이르러, 자기와 함께 조공을 가지고 왔던 사람들을 돌려보내고, 길갈 근처 '돌 뜨는 곳'(우상이 있는 곳)에서 혼자 에글론에게 돌아왔다. 돌 뜨는 곳이 어디인가?(삿 3:19) 돌 뜨는 곳이란 채석장이란 뜻이 아니라 잘 다듬은 조각한 돌이 있는 곳이란 말이다. 이 조각들은 아마도 에글론이 이스라엘을 조롱하기 위해 이스라엘 사람들에게 역사적인 장소인, 길갈에 우상들의 조각품을 세운 곳이라고 한다. 길갈은 이스라엘에겐 잊을 수 없는 곳이다. 그곳에 세워 놓은 우상들을 보면서 에훗은 뭔가를 결심했다. 그래서 에글론에게 다시 돌아와서 "내가 하나님의 명령을 받들어 왕께 아뢸 일이 있다"고 말했다. 하나님의 신탁(神託)을 가지고 왔다는 말에 에글론의 호기심은 발동된다. 그는 에훗이 가져왔다는 신탁이란 말에 온 정신이 쏠렸고 그의 마음의 무장이 해제되었다. 그래서 그는 마음을 놓고 에훗과 마주앉았다.

기회를 잡은 에훗은 준비한 칼을 빼어 에글론의 배를 힘껏 찔렀다. 그의 힘이 얼마나 셌는지 칼자루까지 따라 들어가 칼끝이 배를 관통하고 등 뒤로 나왔다. 에훗은 모압 왕 에글론을 잡아 제물로 하나님께 드린 것이다. 하나님이 그에게 주신 신탁이란 다름 아닌 에글론을 잡아 제물로 바치라는 내용이었다. 에훗은 다락방 문을 걸어잠그고 현관으로 빠져 나와 유유히 사라졌다. 시간이 흘러도 아무런 소리가 없자 에글론의 부하들이 왕을 찾아와 살펴보았다. 문이 잠겨 있었고 안은 조용했다. 그들은 아마도 왕이 용변을 보고 있나보다고 생각하며 마음을 놓았다. 어떻게 부하들은 방에 들어가 보지도 않고 왕이 용변을 보고 있다고 생각했을까? 아마도 에훗의 칼날이 배를 뚫고 나갔을 때 에글론의 변이 나왔을 가능성이 크다. 어느 사본에는 변이 나왔다는 구절이 있다.12)

그 사이에 에훗은 에브라임 산간지방에서 나팔을 불어 사람들을 소집하였고, 그들과 함께 모압을 공격했다. 적들이 도망가지 못하도록 요단 강 나루를 막고 모든 군인들을 죽였다. 그날 모압은 이스라엘에 굴복하고 반대로 그때부터는 이스라엘의 통치를 받게 되었다. 그 뒤로 80년 동안 그 땅에는 전쟁이 없는 평화가 지속되었다. 모압 왕 에글론은 하나님의 사람의 칼(말씀)에 의하여 죽었고, 반면 이스라엘은 하나님의 칼(말씀) 때문에 살게 되었다. 80년 동안의 평화, 고통은 잠깐이고 하나님의 은혜는 영원하다는 사실을 느끼게 해준다.

---

12) 히브리 원본에는 "칼자루도 날을 따라 들어가서 그 끝이 등 뒤까지 나갔고, 그가 칼을 그 몸에서 빼어내지 아니하였으므로 기름이 칼날에 엉기었으며, 변이 나왔더라" 고 되어 있다. J.A. Soggin, Judges, Old Testament Library (London: SCM, 1981), 한국신학연구소, p. 52. 이런 표현(그가 발을 가리운다)은 사무엘상 24장 32절에도 나온다.

드보라

내러티브 성경 읽기는 성경을 읽다가 물음표를 던지는 순간부터 시작된다. 삼갈은 어느 지파 사람이라는 표현이 없다. 삼갈의 아버지 아낫(삿 3:31, 5:6)은 히브리적인 이름도 아니다. 그렇다면 삼갈이 누구이며 어떻게 사사가 된 것일까?

삼갈은 에훗과 거의 동시대 사람이었다.[13] 삼갈이란 이름도 히브리 이름이 아니다. 아낫의 아들 삼갈이라고 했는데, 아낫은 가나안 신의 이름이라고 생각한다. 이렇게 보면 삼갈은 가나안의 소군주였을 것이다. 그때 정황은 확실히 알 수 없으나 이스라엘은 잠시 블레셋과 동맹을 맺었던 것으로 보인다. 그러나 동맹은 금방 무너지고 두 나라는 원수가 되어 전쟁을 하게 되었다. 그때 삼갈이 이스라엘을 도와 블레셋과의 전쟁에 참여하였을 것이다.

당시는 철제(鐵製) 무기는 블레셋만 보유했었고, 다른 민족들은 쇠로 된 무기를 만드는 기술이 없었다. 이스라엘이 블레셋을 한 번도 점령하지 못한 이유는 바로 거기에 있을 것이다. 그런데 삼갈은 그런 철제 무기를 가진 블레셋 사람들을 막대기 하나 가지고 죽이고 이스라엘을 구원하였다.[14] 마치 삼손의 이야기를 듣는 듯하다. 삼갈의 이야기는 한 절이지만, 우리는 여기에서 하나님께서

13) 삼갈은 에훗이 죽은 후에 활동을 했으며 또 드보라 이전에 활동했던 사람이기 때문에 에훗과 거의 동시대 사람으로 볼 수 있다.

14) 막대기는 끝에 날선 쇠를 붙인 것으로 밭갈 때에 소에게 자극을 주는 도구이다.

는 이방 지도자를 통해서도 이스라엘을 구원하셨다는 사실을 알게 된다. 하나님은 구원을 이루기 위해서는 어떤 방법도 가리지 않고 동원하시는 분이다.

에훗이 죽은 후에 이스라엘은 또 다시 여호와의 목전에 악을 행한다. 결국 하나님은 그들을 하솔을 통치하던 왕 야빈의 손에 파신다. 야빈이 통치하던 하솔은 대단히 크고 강한 나라였다. 철병거 구백 대를 보유했다는 것은 당시에는 대단히 파괴력 있는 신무기로 무장된 군대를 가진 나라라는 것을 의미한다.[15] 여호수아 17장 18절에도 철병거가 얼마나 무서운 무기였는가를 언급하고 있다. "가나안 사람들이 철 병거를 가져서 강하다 하더라도, 당신들은 그들을 쫓아낼 수 있소."

가나안 왕 야빈의 손에 팔린 이스라엘의 존재가 얼마나 비참했을까? 이스라엘은 철병거 구백 대를 가진 야빈의 손에서 20년 간이나 철저하게 짓밟혔다. 20년의 학대를 견디지 못한 이스라엘은 할 수 없이 여호와께 부르짖는다.

그때 하나님께서는 한 여자를 사사로 선택하셨는데, 그 사람이 드보라다. 드보라의 이야기는 사사기 4장 4절부터 등장한다. 우리말 성경에는 "랍비돗의 아내 여선지자 드보라" 로 되어 있다. 그러

15) 모세를 뒤쫓던 바로의 철병거가 600대였다. 한 병거에는 보통 세 명의 군사가 동승한다고 한다. 기수, 방패 든 자 그리고 공격수 등이다. 철병거 900대면 거기에 등승한 군사만도 2,700명이 된다. 하솔은 대단히 큰 나라였다. 당시 성(城)의 크기로 볼 때 예루살렘보다 더 큰 성이었음을 알 수 있다. 예루살렘이 8만 정도였다면, 하솔엔 15만-20만 명 정도가 살았다.

나 원문은 드보라 이름으로부터 시작한다.

> "드보라는 여자요, 여선지자요, 랍비돗의 아내였으며, 그 때에 이스라엘의 사사로 다스렸다"(삿 4:4–새번역).

드보라는 여자이고, 거기다가 결혼해서 한 가정을 꾸려가고 있는 부인이란 점을 강조한다. 부인이 사사가 되었다고 무시하는 것이 아니라, 사사가 백성들을 이끌고 전쟁에 나가야 되는데, 한 번도 전쟁을 해본 적이 없는 부인이 치마를 입고 전쟁에 나간다는 점이 좀 이상하다는 것이다. 좀 웃기지 않는가? 사사기 저자는 처음부터 좀 의외라는 냄새를 풍기면서 드보라에 관한 이야기를 시작한다. 그것도 철병거 구백 대를 거느린 용장 시스라가 거느린 군대에 대항해서 싸울 사람이 평범한 주부였다니 말이다.

그렇다면 왜 한 남편의 부인이었던 드보라가 사사로 뽑혔을까?

이 말은 당시 남자들은 다 어디갔는가 묻는 말이기도 하다. 간단히 말해서 철병거 구백 대에 맞설 대장부가 이스라엘엔 한 명도 없었다는 말이다. 이건 예사로운 일이 아니다. 드보라 당시의 상황을 이해하려면 사사기 5장에 나오는 드보라의 노래를 참고해야 한다. 드보라의 이야기는 히브리 내러티브로 기록하고 드보라의 상황은 5장 드보라의 노래 속에 설명해 놓았다. 그래서 사사기 4장의 내용은 5장과 함께 읽어야 한다.

사사기 5장 6-7절에는 드보라가 부른 노래 내용이 나온다.

"아낫의 아들 삼갈의 날에 또는 야엘의 날에는 대로가 비었고 행인들은 소로로 다녔도다 이스라엘에 관원이 그치고 그쳤더니 드보라가 일어났고 내가 일어나서 이스라엘의 어미가 되었도다."

드보라의 시대에는 마을 사람들, 대로(大路)로 다니는 남자는 하나도 없었다고 한다. 모든 남자들이 뒷골목으로 슬슬 사람들을 피해 다녔고, 이스라엘 관원이 한 사람도 없었단다. 하솔 왕 야빈의 통치 하에서 쓸 만한 사람들은 모두 다 잡혀갔는지, 아니면 야빈의 억압을 피해 다 숨어 살았는지……. 남자들도 대로를 두고 뒷골목으로 피해 다녔고, 이스라엘을 지도할 관원이 없었다는 것은 이스라엘 남성들이 어떤 모양으로 살아가고 있었는가를 보여준다. 그래서 선택을 받은 사람이 랍비돗의 아내 드보라이다.

드보라는 예언자로서 백성의 지도자였다. 그가 부름을 받을 때에도 그는 종려나무 아래 있었고, 백성들을 재판하고 있었다. 드보라가 얼마나 오랫동안 그 나무 밑에 있었으면, 라마와 벧엘 사이에 있는 그 나무를 '드보라의 종려나무' 라고 불렀을까? 그만큼 드보라는 그 종려나무 아래서 살았다는 말이다(삿 4:5). 그곳에서 재판도 하고 모든 활동을 하였다. 왜 하필이면 드보라의 종려나무일까? 종려나무는 승리의 상징일 뿐 아니라, 성경에서 종려나무는 우아하고 단정한, 은혜 그리고 의로운 상징으로 사용되었다. 팔레스틴에는 종려나무가 있으면 언제나 그곳엔 샘이 있고, 오아시스가 이루어져 있다. 이런 종려나무 밑에서 드보라는 하나님을 생각하며 묵상하고 또 백성들에게 하나님의 말씀을 가르치고, 재판을 하며 지냈을 것이다. 그런 드보라였기에 하나님께서 그녀를 사사로 삼으셨다는 뜻도 된다.

드보라의 이름의 뜻은 '꿀벌' (bee)이다. 클린턴 맥캔(J. Clinton McCann) 교수는 드보라라는 이름은 히브리어의 '말하다' 와 '말씀' (dabar)이란 단어와 동일한 어원을 가진 것으로 보아, "드보라의 이름은 그녀가 하나님의 말씀을 전하는 선지자적 역할을 제시해 준다" 고 한다.16) 이런 이름과 연관해서 드보라의 종려나무도 이해하면 좋을 것이다.

여자인 드보라는 사람을 보내어 남자인 아비노암의 아들 바락을 불러 오라고 한다. 그리고 그에게 하나님의 신탁을 전한다. "너는 납달리 자손과 스불론 자손 만 명을 거느리고 다볼 산으로 가라"(삿 4:6). 바락은 납달리 게데스 사람이다. 드보라가 여자이기 때문에 전장에 나가기 위해서는 아무래도 남자의 도움이 필요했을 것이다. 그래서 하나님께서도 바락을 그에게 협력하도록 보내셨을 것이다. 또 납달리와 스불론 사람들에게서 군사를 모집하기 위한 목적도 있었을 것이다. 그런데 남자인 바락은 이렇게 말한다.

> "당신이 나와 함께 가면 내가 가려니와 당신이 나와 함께 가지 아니하면 나도 가지 아니하겠노라"(삿 4:8).

16) McCann, J. Clinton, Judges, John Knox Press, 2002, p.51

여자 치마끈 잡고 매달리는 당시 이스라엘의 남자들의 모습을 보는 것 같다. 이런 초라한 남자의 모습이 그 당시 남자상이었다. “내가 반드시 너와 함께 가리라”(삿 4:9)는 드보라의 말을 듣고야 바락은 비로소 전쟁에 나간다. 그러나 바락의 그런 주저하는 태도를 보신 하나님께서는, “그러나 네가 이번에 가는 길에서는 영광을 얻지 못하리니 이는 여호와께서 시스라를 여인의 손에 파실 것임이니라”(삿 4:9)고 말씀하신다.

구약성경에는 여호와께서 이끄시는 성전(聖戰)에 참여하는 자들이 반드시 가져야 할 조건을 제시한다. 첫째는 전쟁에 출전할 때에 이미 승리를 확신해야 한다. 여호와께서 원수들을 이미 자기들의 손아귀에 넣어주신 줄을 알았기 때문이다(수 6:2, 8:1, 18; 삿 3:28, 4:7, 9:15; 삼상 23:4, 24:5). 둘째는 승리의 확신에 있어서 중요한 것은 신앙이다. 셋째는 하나님의 싸워주심을 믿고, 적진을 두려워하지 말아야 한다(수 8:19, 8:25). 이미 겁을 먹은 군인들은 이 거룩한 전쟁에서 절대적으로 필요한 신앙적 태도에서 실격된 자들이기 때문에, 군인 될 자격을 박탈당하고 집으로 되돌아가야 한다(삿 7:3; 참조 신 20:8). 넷째는 전쟁에서 싸우는 자는 거기 참여한 군인들이 아니라 여호와 자신이신 것을 믿어야 한다(수 10:14, 42; 삿 20:35).[17]

이런 구약의 거룩한 전쟁의 규칙에 의하면 바락은 전쟁에 참여할 자격도 없다. 그러나 여기서는 바락을 드보라의 협력자로 세워 시스라 군대와 전쟁을 하도록 하였다.

드보라와 싸울 적군의 장군은 시스라이다. 그를 이방 하로셋에 사는 시스라라고 소개한다(삿 4:2). 하로셋 땅은 어디인지 확실치가 않다. 아마도 다볼 산 서북쪽으로 20킬로미터 떨어진 두로 지방이었으리라고 추측할 뿐이다. 시스라는 블레셋의 장군이었을 가능성이 높다. 블레셋의 장군인 시스라가 하솔의 군대를 지휘한 것은 하솔과 블레셋이 연합한 것인지, 아니면 하솔 왕 야빈이 시스라를 용병으로 사용하였는지는 확실하지 않다. 여하튼 이스라엘로서는 하솔의 야빈 하나도 당하기 어려운 상황인데 블레셋까지 가세했다니 너무도 힘든 상대가 아닐 수 없다. 이스라엘이 이기기에는 정말 힘겨운 상태이다. 더구나 강력한 군대와 대적하는 이스라엘의 지휘관이 랍비돗의 아내 드보라라니 얼마나 웃기는 이야기인가?

전쟁 준비가 한창이다. 하나님의 명령대로 이스라엘 군대는 다볼 산에 진을 쳤고, 하솔 왕 야빈의 군대 장관인 시스라는 갈멜 산 밑으로 흐르는 기손 강 주변의 평야에 군대를 집결시켰다. 강이 있다면 그건 필시 낮은 지역임에 틀림이 없다. 시스라 같은 명장이 어찌 자기 군대를 기손 강이 있는 낮은 곳에 진을 쳤을까? 물론 이것은 하나님의 작전 계획에 의한 것이었지만 전쟁에 능한 시스라가 기손 강가에 진을 치게 된 데에는 그에게 그만한 계산속이 있기 때문이었을 것이다. 이스라엘의 강은 항상 물이 흐는 강과 여름 우기에만 물이 흐르는 와디(Wadi)란 게 있다. 와디는 건기에

17) 롤랑 드보, 구약시대의 사회풍습, 이양 구 역, 솔로몬, 2003, p. 138

는 물이 다 마르고 마치 길처럼 딱딱해져서 강인지조차 인지하기가 어렵지만 비만 오면 홍수가 난 것처럼 물바다가 되는 곳이다. 이스라엘에는 이런 곳이 매우 많다. 예수님께서 산상설교에 마지막에 반석 위에 세운 집과 모래 위에 세운 집이란 비유를 말씀하셨을 때(마 7:24-27), 모래 위에 세운다는 그 모래 위는 바로 이런 와디 위에 집을 짓는 것을 말한다.

기손 강은 므깃도로부터 가멜 산록과 나란히 지중해로 흘러 들어가는 강이다. 기손 강도 건기에는 평야처럼 보이지만 비가 오는 철에는 강이 급격히 불고 그 지경이 물바다가 된다.[18] 바로 이런 와디인 기손 강에 시스라가 진을 친 것이다. 그러나 그가 이처럼 한 데에는 그 나름대로 또 다른 이유가 있었을 것이다.

이스라엘 지역에서는 우기에는 전쟁을 하지 않고, 건기가 되어야만 싸움을 시작한다. 사무엘하 11장 1절에, "그 해가 돌아와 왕들이 출전할 때가 되매" 라는 말이 나온다. 다윗의 범죄와 관련된 유명한 내러티브가 시작되는 첫 구절이다. 이 말은 건기가 되어서 전쟁의 때가 되었다는 것을 암시한다. 겨울 동안 쉬었던 전쟁은 대개 봄장마가 끝난 뒤에 다시 시작한다. '해가 돌아와' 는 아빕(니산)월로 시작되는 봄, 우리의 3,4월경이다(왕상 20:22, 26; 대하 36:10).[19] 이스라엘의 건기는 비가 한 방울도 오지 않는다. 아침에

18) 류형기 편, 사사기, 성서주해, p. 618

지중해에서 바람을 타고 온 안개로 인한 이슬을 통해서 농사를 지어야 할 만큼 가물기 때문에 마음놓고 시스라는 그곳에 진을 치도록 했을 것이다.

▲ 바락과 드보라 군대가 집결했던 다볼 산

기손 강은 저지대이고, 다볼 산은 고지대이다. 이 때 비가 올 확률은 거의 없기에 기손 강 주변 평야는 구름 떼 같이 많은 군사들의 진을 치기에 안성맞춤인 지역이었다. 반대로 이스라엘 군대는 높은 지대인 다볼 산에 진을 쳤다. 다볼 산은 이스르엘 평야 한복판에 덩그러니 솟아있는 봉우리가 하나인 산이다. 만약 철병거 구백 대를 갖춘 시스라의 군대가 다볼 산을 포위하고 공격한다면 이스라엘은 도망갈 곳이 없는 독 안에 든 쥐 신세가 된다. 하솔의 군대가 철병거 구백 대를 갖춘 것으로 미루어 그 군대는 10만이 넘을지도 모른다. 이스라엘은 큰 위기에 직면해 있다. 더욱이 이스라엘의 군대는 급히 모집한 1만

19) 위의 책, p.723

명에 불과하다.

이 사이에 사사기 저자는, 모세 장인 호밥 자손이 헤벨을 떠나 게데스에 가까운 사아난님(Zaanannim) 상수리나무 곁에 장막을 친 이야기를 삽입해 놓는다. 아마도 앞으로 이 호밥 자손이 이 전쟁에 큰 몫을 하려나 보다. 모세의 장인 족속, 호밥 자손은 반유목민이다. 이 식그들만 왜 저 북쪽 게데스에까지 가서 살았는지, 이해하기 어려운 대목이다. 게데스와 하솔은 가까워서 하솔과 화친을 맺고 살았을 것이다.

전쟁이 시작되었다. 드보라는 바락에게 말했다.

> "일어나라 이는 여호와께서 시스라를 네 손에 넘겨 주신 날이라 여호와께서 너에 앞서 나가지 아니하시느냐 하는지라"(삿 4:14).

이 말을 들은 바락이 만 명의 군사를 이끌고, 다볼 산에서 기손 강 아래로 쳐내려갔다. 그런데 싸움도 하기 전에 시스라의 군대가 마차를 버리고 부대를 이탈하여 저마다 도망쳐가는 게 아닌가! 무슨 일이 벌어졌기에 이렇게 병거를 버리고 부대를 이탈하여 저마다 도망을 친 것일까? 이스라엘 군대와 시스라 군대의 대결은 총도 없는 적군에 비해 신형 전차를 구비한 군대와 같다. 그런데 이들이 총과 탱크를 버리고 도망쳐 버린 것이다. 어떻게 이런 일이 가능할 수 있었을까?

사사기 5장 19절에 나오는 드보라의 노래에서 하솔의 군대가 얼마나 강했는가를 말한다.

> "여러 왕들이 와서 싸움을 돋우었다. 가나안 왕들이 므깃도의 물 가 다아낙에서 싸움을 돋우었으나, 그들은 탈취물이나 은을 가져가지 못하였다"(삿 5:19, 새번역).

그러나 5장 20절에서는 전혀 다른 내용이 전개된다. 하솔의 군대가 얼마나 강했는가를 말한 다음에 곧 이어 하솔의 군대가 다 흩어져 도망간 이야기를 한다.

> "별들이 하늘에서 시스라와 싸웠고, 그 다니는 길에서 그와 싸웠다. 기손 강물이 그들을 휩쓸어 갔고, 옛 강 기손의 물결이 그들을 휩쓸어 갔다"(삿 5:20-21, 새번역).

우리나라 경우로 말하면 한여름에 우박이 떨어지고 폭설이 내린 것과 같다. 백 년을 가도 건기(乾期)에 비가 내리지 않는 팔레스틴 지역에서 건기에 홍수가 난 것이다. 기손 강물이 불어나고 많은 시스라의 군대를 휩쓸어 갔다. 기손 강 물결이 그들을 휩쓸어 갔다는 말을 두 번이나 반복하여 강조한다(5:21). "별들이 하늘에서 시스라와 싸웠다"는 표현에는 그 당시 비가 내려 홍수가 난 것뿐만 아니라 하늘이 벼락을 쳐 철병거 구백 대를 다 무용지물로 만들었다는 것을 암시해 준다. 이것이 그들이 철병거까지 버리고 도망간 이유이다. 시스라의 군대는 손 한 번 쓰지 못하고 무너졌다. 이스라엘은 손 한 번 쓰지 않고 승리를 쟁취했다. 전쟁은 철저히 하나님의 승리이다. 이스라엘의 승리에 인간의 손이 개입한 흔적이 없다. 단지 그들은 하나님께 순종했을 뿐이다.

시스라 자신도 도망쳐야 할 신세였다. 그는 병거에서 내려 맨발로 겐 사람 헤벨의 아내 야엘의 장막으로 도망쳤다.[20] 아마도 하솔을 향해 가다가 게데스에 들어간 것 같다. 우리는 4장 11절에서 겐 사람 헤벨이 게데스 부근으로 옮겨왔다는 사실을 이미 언급했다. 시스라가 올 것을 알고 기다린 그곳으로 시스라가 도망 온 것이다. 헤벨의 집으로 도망온 시스라가 한 가지 몰랐던 사실이 있다. 호밥 자손은 이스라엘과도 관계가 있다는 점이다. 호밥 자손은 양다리를 걸치고 사는 민족이었다. 그래서 시스라는 호밥 자손을 자신의 편으로 생각했기에 그곳으로 마음놓고 피신을 했을 것이다. 시스라는 거기서 야엘이라는 부인을 만난다. 야엘이라는 이름은 '암염소' 라는 뜻이다.

시스라는 여인에게 마음 편하게 목이 마르니 물좀 마시게 해달라고 부탁한다. 야엘이 준 우유를 마시고, 낯선 사람이 와서 자기를 찾거든 없다고 하라고 이르고는 깊은 잠에 빠진다. 약간 따뜻하게 데운 우유는 최면제 역할을 한다고 하는데, 야엘은 시스라를

20) 드보라와 바락의 노래에서는 헤벨의 아내 야엘도 삼갈과 같이 사사의 반열에 올려놓고 있다(삿 5:6).

편히 잠들게 하려고 우유를 먹였는지 모르겠다. 이것이 가나안 지역을 호령하던 장군 시스라의 최후가 되었다. 야엘은 시스라의 관자놀이에 말뚝을 박아 죽인다.

이 전쟁은 철저히 여인들의 전쟁이었다. 드보라와 야엘을 사용하셔서 하나님이 승리하신 전쟁이다. 바락도 전쟁에서 중요한 일들을 감당하였지만, 여호와 하나님의 예언대로 그는 아무런 영광을 얻지 못하고 모든 영광을 드보라에게 빼앗기고 말았다.

사사 드보라의 이야기를 통해서 느끼게 되는 점이 많다. 보통 사람(ordinary people)도 하나님의 손에 붙들리면 특별한 사람(extraordinary people)이 된다는 점이다. 하나님 앞에만 서면 모든 사람 앞에 '특별한'(extra)이라는 말이 붙는다. 누구나 자신의 약점이 있다. 에훗처럼 드보라처럼……. 그러나 그 약점이 하나님께 쓰임 받을 수 있는 강점이 될 수 있다. 자기는 자신이 있다고 말하는 사람들이 도리어 하나님에게 쓰임 받지 못하는 경우가 참 많은 것을 본다.

드보라와 바락의 노래를 들어보라. 얼마나 담대하고 힘이 넘치는가!

> "이스라엘의 영도자들은 앞장서서 이끌고, 백성은 기꺼이 헌신하니, 주님을 찬양하여라. 너희 왕들아, 들어라. 너희 통치자들아, 귀를 기울여라. 나 곧 내가 주님을 노래하련다. 주 이스라엘의 하나님을 찬양하련다"(삿 5:2-3).

"나의 영혼아! 너는 힘차게 진군하여라"(삿 5:21하).

"주님, 주님의 원수들은 이처럼 모두 망하고, 주님을 사랑하는 사람들은 힘차게 떠오르는 해처럼 되게 하여 주십시오"(삿 5:31, 새번역).

겁 많고 의심 많은 기드온 ›› 5

사사기 6장 11-18절

기드온의 이야기는 네 부분으로 나눌 수 있다.

1) 기드온을 부르실 때의 상황(6:1-10)

2) 기드온을 부르고 준비시키심(6:11-40)

3) 전쟁 상황(7장)

4) 전쟁의 결과(8장)

이런 경우를 당하면 여러분은 어떻게 하겠는가?

파종할 때가 되어 밭에 곡식 씨를 뿌렸는데, 적군이 두더지 떼처럼 몰려와서 밭을 모조리 파헤쳐 버렸다면? 농부의 아들은 이럴 때 농부들의 마음이 어떠한가를 이해할 수 있다. 논에 모를 내고, 갑자기 폭우가 쏟아져 심어 놓은 벼들이 둥둥 떠갈 때, 비가 오지 않아 벼들이 다 말라죽어 갈 때, 그리고 가을 태풍이 다 익은 알곡들을 몰아갈 때 농부들의 한숨 소리를 농부의 아들들은 알고 있다. 그런데 한 해도 아니고 그런 고통을 7년이나 당한 이스라엘의 경우는 어떠하였을까?

이스라엘엔 여름내 가뭄이 계속되다가 가을이 되어 비가 오면 부지런히 씨를 뿌려야 한다. 반년을 목타게 기다렸던 우기이다. 씨를 뿌릴 때 농부들의 기쁨이 얼마나 컸겠는가? 그런데 씨를 뿌려 놓으면 그때마다 미디안 및 아말렉 사람, 그리고 사막의 부족들이 올라와서 씨앗들을 짓밟아 버리고 다 헤쳐 버렸다. 씨는 희망의 싹인데, 그 희망을 잘라버린 것이다. 그뿐 아니라 곡식이 익을 때 쯤이면 이들이 아예 천막까지 쳐놓고 곡식을 약탈해 갔다. 적들의 횡포가 얼마나 심했던지 이스라엘 백성들은 편히 집에서 잠을 잘 수도 없었다. 산속에나 동굴속 요새에 숨어 지냈다.[21)]

이런 생활을 7년을 당하고 보니 이스라엘 백성들은 도저히 견딜 수가 없었다. 그래서 그들은 다시 하나님께 부르짖기 시작한다. 7년이나 당하고야 비로소 부르짖은 이스라엘의 고집도 대단하다.

---

21) '웅덩이'는 산이 갈라져서 생긴 계곡, 빈틈, 굴, 산성 등을 의미한다. 이스라엘 백성들은 쫓겨나서 이러한 산지에 살았다. 특별히 여기서는 다른 곳과는 달리 부르짖었다는 말이 두 번이나 나온다.

그런 이스라엘을 향해 하나님께서는 이번에는 앞에서 언급한 사사들에게 하신 것과는 달리 한 선지자를 세워 먼저 사태를 설명해 주신다. 사태 해결에 앞서 하나님의 말씀이 먼저 선포되는 게 특징이다.

> "내가 너희를 이집트 사람과 또 너희를 억압하는 모든 원수의 손에서 구하여 내었다. 내가 그들을 너희가 보는 앞에서 쫓아내었고, 그 땅을 너희에게 주었다. 그러면서 나는 너희에게 말하였다. '나는 주 너희의 하나님이다. 너희가 아모리 사람들의 땅에서 살고 있으나, 아모리 사람들의 신들은 섬기지 말아라.' 이렇게 말하였으나 너희는 내 말을 듣지 않았다"(삿 6:9-10, 새번역).

사사기 6장 7-10절은 이스라엘의 아이덴티티(Idenditity)를 확인시켜 주는 말씀이다. 이스라엘의 아이덴티티를 보여주는 원본은 신명기 26장 5-10절이다. 이렇게 보면 사사기 6장 7-10절은 신명기 내용의 요약과 같다. 여호와께서는 이스라엘 백성들로 이것을 늘 기억하며 살도록, 그들이 첫곡식을 하나님께 가지고 나와 드릴 때마다 신명기 26장 7-10절을 암송하라고 하셨다. 우리 자신들의 아이덴티티가 흔들리면 우리는 자신의 자리를 이탈하여 전혀 다른 사람이 된다. 소위 올챙이 적 자기를 잊어버린 것이다. 지금 이스라엘은 자기들이 누구인가를 잊어버리고 살고 있다. 그래서 자기들의 주인이신 여호와를 버리고 가나안의 신들을 섬기고 있다. 그래서 선지자를 보내시어 그것을 확인시켜 주신 것이다.

한편으로 하나님은 또 그들을 도우러 사자를 오브라란 마을로 보내신다. 오브라 마을은 나사렛에서 므깃도로 내려오는 길 중간에 위치한 마을이고, 이스르엘 평야 중간에 놓여 있는 마을로 늘 전쟁에 휩쓸리던 곳이었다. 저자는 특별히 오브라는 기드온의 아버지 요아스에게 속한 마을이라고 강조한다(삿 6:11).

하나님의 사자가 찾아와 상수리나무 아래에 와서 앉아 있을 때, 기드온은 미디안 사람들 몰래 포도주 틀에서 밀 이삭을 타작하고 있었다.[22] 일반적으로 곡식 타작은 높은 곳에서 하고, 포도주 타작은 낮은 땅에서 한다. 그는 미디안 사람들을 두려워하여 타작마당에서 타작하지 않고 사람들 눈에 잘 띄지 않는 낮은 지역에 위치한 포도주 틀에서 타작을 하고 있었다. 그만큼 기드온은 겁이 많은 사람이었다. 그가 겁이 많았던 사람이란 증거는 또 있다. 하나님께서 그를 "큰 용사"라고 부르셨을 때, 기드온은 그 말을 선뜻 받아들이지 않고, 도리어 반문한다. "여호와께서 우리와 함께 계시면 어찌 이 모든 일이 우리에게 미쳤습니까?" 그리고 이스라엘을 미디안으로부터 건져 내라고 하시는 말씀을 듣고 그는 단호히 거부한다. 자기가 무엇으로 이스라엘을 구원하겠느냐고? 자기 가문은 므낫세 중에서도 극히 약하고 또 자신은 자기 아버지의 집에서도 제일 작은 자인데, 어떻게 그 일을 감당할 수 있느냐고 물었다. 그리고는 표증을 보여 달라고 했다.

22) 밀 이삭을 타작하는 때는 4월에서 5월 초가 된다. 그때는 이스라엘에서 전쟁이 벌어질 가능성이 있는 계절이다.

이처럼 겁이 많고 믿음이 없는 자라면 사람이면 당장 차버렸을 것이다. 그러나 하나님께서는 아무 말씀 없이 그가 요구한 대로 표증을 보여주셨다. 기드온이 무교전병을 반석 위에 놓고 그 위에 국을 쏟았을 때, 여호와의 사자가 손에 잡은 지팡이 끝을 내밀어 그것들을 살랐다. 그때야 비로소 기드온은 여호와의 사자를 대면하여 보았다며 놀란다.

그날 밤에 여호와께서 기드온에게 세상이 뒤집힐 부탁을 하신다.

> "네 아버지에게 있는 수소 곧 칠 년 된 둘째 수소를 끌어 오고 네 아비에게 있는 바알의 제단을 헐며 그 곁의 아세라 상을 찍고, 또 이 산성 꼭대기에 네 하나님 여호와를 위하여 규례대로 한 제단을 쌓고 그 둘째 수소를 취하여 네가 찍은 아세라 나무로 번제를 드릴지니라"(삿 6:25).

이것은 기드온이 반드시 넘어야 할 위험한 강이다.

'네 아버지의 바알 제단과 아세라 상' 을 위한 제단을 허물고, 찍어 없애라고 하셨다. 그리고 그 자리에 여호와를 위한 제단을 쌓고 번제를 드리라니,23) 이 어찌된 일인가? 오브라의 지도자인 기드온의 아버지 요아스가 바알 제단을 쌓고 바알과 아세라를 섬기던 사람이라고 사사기의 저자는 고발한다. 요아스가 바알의 제사장이었다는 말인가? 아니면 그곳에 있는 하나님의 제단에 바알 상과 아세라 상을 세워놓고 이런 신들을 숭배했다는 말인가? 그렇다면 기드온도 지금껏 이런 우상을 섬겨온 사람이 아닌가? 여하튼

이 사실은 당시 이스라엘에 바알 숭배가 얼마나 보편화되었었던가를 보여주는 단면이다.

하나님의 명령을 받은 기드온은 그날 밤에 자기 종 열 명을 데리고 바알 제단을 헐고, 아세라 목상을 찍어버린다. 그리고 그 나무로 수소를 잡아 번제를 드린다. 성경은 그 일을 낮에 하지 못하고 밤에야 했다고 강조한다(삿 6:27하). 그가 그렇게 한 이유는 다음날 날이 새고 난 다음에야 밝혀진다. 제단이 헐리고 바알 상과 아세라 상이 제거되고 제단 위에 번제로 불이 타고 있는 것을 본 온 성읍 사람들이 당황하고 분노하여 누가 그런 일을 했는가 밝혀 내려고 혈안이 된다. 드디어 기드온의 짓인 것을 알게 된 마을 사람들은 기드온의 아버지 요아스에게 기드온을 죽여야 한다고 분노하며 목소리를 높인다. 그것도 제단의 책임자인 사람의 아들이 한 짓이 아닌가!

놀라운 것은 돌연히 달라진 아버지의 변화이다. 어제까지도 바알과 아스다롯을 섬겼던 그 아버지가, 이제 전날과는 확연히 다른

23) 성경에는 '산당' 또는 '산당의 성소'란 말이 많이 나온다. 산당성소란 높이 솟은 곳에 있는 성소로서 제사드리는 곳을 말한다. 산당 자체가 돌출된 모양이어서 '바마-솟아오른 곳'란 이름을 얻게 되었고, 그 돌출된 부분 자체가 제단으로 사용될 수 있었다. 산당의 성소는 평야에도 있었다. 이런 곳에는 곧게 세워놓은 돌기둥인 '맛세바'가 있고, 아세라 상도 있었다. 마세바는 남성 신의 상징(男根)이었다. 산당의 성소에는 혼합종교적 신앙생활을 하게 될 유혹이 있었다. 여호와를 섬기는 제단과 나란히 남신 바알의 남근을 상징하는 입석과 여신 아세라의 거룩한 말뚝을 세워 놓고 거기서 가나안 원주민의 음란한 종교 풍습과 장례예식과 죽은 조상 숭배 등을 배우게 될 위험도 컸다. 이런 위험에 대결하고 일어난 이들이 예언자들이었다. 참고, 롤랑 드보의 '구약시대의 사회풍습' p. 180-188.

말을 마을 사람들에게 한다. "그렇다면 당신들은 바알 편을 들겠는가?" 바알 편에 드는 사람들은 다음날 아침에 죽음을 면치 못할 것이라고 호통을 친다. 무엇이 그를 변하게 만든 것일까? 그리고 바알에게 자기를 헐어낸 사람과 싸우도록 하라고 말한다. 여기서 얻어진 기드온의 이름이 여룹바알(Jerubbaal, 바알이 싸우도록 하라)이다. 그날 밤, 여호와께서는 기드온과 그의 아버지 요아스의 마음을 함께 얻으셨다.

이제부터 본격적인 싸움 준비가 시작된다. 하나님의 영이 기드온에게 임하시니 기드온의 나팔소리를 듣고 사람들이 모여들었다(삿 6:34). 기드온은 므낫세 지파 사람이다. 그런데 몰려온 사람들은 므낫세 지파만이 아니라 아셀 지파, 스불론 지파와 납달리 지파에서도 사람들이 몰려와 삼만 이천 명이나 되었다. 그런데도 기드온 마음속에 있는 두려움과 의심은 가실 줄을 몰랐다. 그래서 하나님께 또 묻는다. "주께서 이미 말씀하심 같이 내 손으로 이스라엘을 구원하시려거든" 하고 또 증거를 요구한다.

> "내가 양털 한 뭉치를 타작 마당에 두리니 만일 이슬이 양털에만 있고 주변 땅은 마르면 주께서 이미 말씀하심 같이 내 손으로 이스라엘을 구원하실 줄을 내가 알겠나이다"(삿 6:37).

하나님께서 그대로 해 주셔서 양털에 내린 이슬을 짜니 그릇에 물이 가득하게 되었다. 그래도 기드온은 자신이 없다. 그래서 또 증거를 요구한다.

"기드온이 또 하나님께 여쭈되 주여 내게 노하지 마옵소서 내가 이번만 말하리이다 구하옵나니 내게 이번만 양털로 시험하게 하소서 원하건대 양털만 마르고 그 주변 땅에는 다 이슬이 있게 하옵소서"(삿 6:39-40).

그 밤에도 하나님께서는 기드온의 요구를 들어주신다. 그 다음엔 기드온 가슴을 조이게 하는 일이, 정말 엄청난 일이 일어난다. 하나님께서는 3만 2천 명이 많으니, 두려워 떠는 자들을 다 돌려보내라고 하신다. 2만 2천 명을 돌려보내니, 만 명 남았다. 그런데도 하나님은 그 인원이 많으니, 시냇가로 인도하여 물을 손에 움켜쥐고 핥는 자 외에는 다 돌려보내라고 하신다. 결국 남은 군인은 300명에 불과하였다.[24] 어떻게 300명으로 그 막강한 연합군대를 이길 수 있단 말인가?

기드온은 작전 명령을 내린다. 300명을 세 대로 나누어서 각 손에 나팔과 빈 항아리를 들게 하고, 항아리 안에는 횃불을 감추게 하여, 하나님의 인도를 받는 사람들이 나팔을 불거든 모든 군사들이 나팔을 불며, "여호와를 위하라, 기드온을 위하라"고 소리치라고 하였다. 결국 승리는 기드온과 300명의 것이었다. 정리해

24) 여호와의 거룩한 전쟁에 참여하는 군사들은 하나님의 승리를 믿고 믿음으로 전적으로 충성해야 한다. 그렇지 않은 사람들은 군인 될 자격을 박탈당하고 집으로 돌려보내졌다. 위의 책, '구약시대의 사회풍습' p. 138

보면, 겁 많은 기드온을 뽑으신 것도 하나님이시고, 군사들이 그처럼 많이 모집된 것도 여호와의 신이 강림하셔서 된 일이고, 300명으로 미디안을 친 것도 하나님의 지시대로 한 것이다.

"기드온의 300명 군인들은 적진을 단지 둘러섰을 뿐 저들은 하나님이 그의 일을 행하는 장소에 한 걸음도 침입하지 않았다. 빈 공간에서와 같이, 이적은 위에서부터 내려왔다. 그렇게 엄격하게 설화자(說話者)는 인간과의 협력설에 관한 모든 사설을 배제한다."25)

기드온에게 가장 매력적인 모습은 전쟁에서 승리하고 돌아왔을 때의 모습이다.

전쟁을 통하여 사람들은 기드온을 따르기 시작하였다. 그래서 "당신이 우리를 미디안에서 구원하였으니 당신과 당신의 아들과 당신의 손자가 우리를 다스리소서" 하고 요구한다(삿 8:22). 그때 기드온이 대답하기를 "내가 너희를 다스리지 아니하겠고, 나의 아들도 너희를 다스리지 아니할 것이요 여호와께서 너희를 다스리시리라"(삿 8:23)고 하였다. 얼마나 멋진 대답인가? 그러나 그의 대답을 주의 깊게 살펴보면 기드온의 속셈이 드러난다. 영어 성경은 이렇게 번역해 놓았다. "I shall not rule over you, and my son will not rule over you; YHWH will rule over you"(8:23). 어떤 단어를 계속 반복해서 사용하면, 반대의 의미를 띠게 되듯이 기드온은 '통치한다' (rule over)는 말을 세 번이나 반복하였다. 또 그의 의

25) G. 폰 라드, 구약성서신학 I, 허혁 역, 분도출판사, 1976, p. 329

지를 보여주는 조동사가 처음에는 'shall' 로 시작하여 점차 약해지다가 마침내 하나님이 다스리실 것이라는 말을 할 때도 'will' 이란 말을 쓴다. 사실 하나님이 다스리실 것이라고 할 때 강한 의지의 표현인 'shall' 을 써야 했다. 맥캔(J. Clinton McCann) 교수는 이런 문장으로 보아서 기드온은 백성들의 요구를 결국 거절하면서도 은근히 조건부로 받아들이는 태도, 은근히 거절하면서도 받아들이는 그런 어조라고 한다. 말하자면, "좋습니다, 그럼 내가 받아들입니다. 그러나 이것만은 기억하십시오. 여러분을 다스릴 통치자는 나도 그리고 내 아들도 아니란 사실을!"

그는 분명히 말로는 백성들의 요구를 거절한 것처럼 보이지만 그 이후에 나타난 계속된 요구를 보면, 그는 왕 같은 행동을 했다. 각 사람이 얻은 전리품을 달라고 했다. 이것들을 가지고 에봇을 만들어 자기 고향 오브라 성읍에 두었다. 아마도 자기 집이었을 것이다. 그의 허점은 계속해서 드러난다. 에브라임 사람들이 미디안과 싸울 때에 자기들을 부르지 않았다고 항의하자, 그는 이렇게 대답한다.

> "이번에 내가 한 일이 당신들이 한 일에 비교나 되겠습니까? …… 하나님이 미디안의 우두머리 오렙과 스엡을 당신들의 손에 넘겨 주셨습니다. 그러니 내가 한 일이 어찌 당신들이 한 일에 비교나 되겠습니까?"(삿 8:2-3, 새번역)

여기서도 계속 자기가 한 일이라고 강조하며 말한다. 하나님이 하셨다는 말은 없다. 혹시라도 전쟁에서 이긴 후에 기드온 자기가 했다고 할까봐서 군대 수를 삼백 명까지 줄이고, 자기나 군사들이 손 하나 대지 않고 승리하게 하신 사실을 벌써 잊었단 말인가? 그의 결정적인 실수는 8장 21절과 31절에 나온다. 그는 '미디안 왕들로부터 초승달 모양의 장식을 떼어 가졌다', 그리고 세겜에 사는 자기 아들에게 '아비멜렉' 이란 이름을 붙여주었다는 것이다. 아비멜렉(Abi-melech)은 '나의 아버지는 왕이다' (My father is King!) 라는 뜻이라면 그렇다면 아비멜렉의 아버지가 왕이란 말이 아닌가? 사실 그는 미디안을 칠 때도 "여호와를 위하여, 기드온을 위하여"(삿 7:18)라고 하며 자기 이름을 그곳에 슬쩍 집어넣었었다.

기드온은 자기 고향 오브라에서 위대한 종교개혁을 이룬 인물이다. 그런 그가 다시 미디안으로부터 빼앗은 보석을 모아 에봇을 만들어 자기 고향 오브라에 두었다. 이것은 자기가 종교개혁을 이룬 바로 그 자리에 자기 손으로 다시 우상을 만들어 놓고 백성들로 하여금 그것을 섬기도록 만든 결과를 낳게 되었다.

기드온을 어떻게 평가해야 할까? 앞에 나왔던 사사들과 어떤 차이가 있는가? 기드온만큼 증거를 많이 요구한 사사도 없다. 그는 믿음에 대한 확신이 없어 계속해서 증거를 요구했던 사람이었고, 증거를 보았음에도 불구하고 계속 불안에 떨었던 사람이기도 하다. 물을 움켜 입에 대고 핥은 300명으로 구원하겠다고 말씀하시는 하나님의 약속을 듣고도 그는 떨고 있었다(삿 7:10). 그리고 두려움 속에서 진중에 사람을 보내어 무슨 이야기를 하는가 들어보라는 말씀을 듣고 군사를 보낸다. 진중에서 적군들이 하는 이야기를 듣고야 비로소 기드온은 여호와를 경배한다(삿 7:15). 하나님의 신이 임했는데도 믿지 않았다. 양털 이슬 적시는 것을 보고 약간 믿었고, 꿈 이야기를 듣고 확신을 얻었다. 하나님보다 점 치는 것과 꿈을 더 믿는 것이다. 이런 것들은 그 당시에 사람들이 좋아하는 것이었다. 과연 성경 저자는 기드온을 어떻게 평가하기를 기대한 것일까? 그는 용사가 아니다. 하나님의 손에 붙들려 일할 때에만이 용사였을 뿐이다.

기드온은 사사기의 분기점에 서 있는 사사이다. 기드온을 분기점으로 이스라엘의 신앙은 완전히 무너지기 시작한다. 8장 28절에 "기드온이 사는 사십 년 동안, 그 땅은 전쟁이 없어 평온하였다"고 기록하였다. 그러나 이런 평안은 사사기에 나오는 마지막 평안이다. 그 후에 사사가 나오지만 이스라엘은 더 이상 평안하지 못하였다. 입다와 삼손도 나오지만 평안이라는 말은 나오지 않는다. 사사기에서 줄기차게 반복되는 사상은, 우상숭배와 자기 교만(Self-assertion)은 하나님이 가장 싫어하시는 죄악이라는 사실이다. 기드온은 과연 이 두 가지에서 자유로웠는가?

히브리적 내러티브는 인간을 절대적 존재로 기술하지 않았다. 성경에는 절대적인 인물은 없다. 누구는 옳은 사람이고, 누구는 잘못된 사람이라고 읽는다면 성경을 바르게 읽는 것이 아니다. 기드온의 생애도 단적으로 말하기는 어렵다. 그러나 그의 후기 생활은 긍정적으로 평가하기에는 너무도 잘못이 많다.

윤리학자 존 캐버너프(John Kavanaugh)는 마지막 여생을 어떻게 보내는 것이 최선의 길인가를 생각하다가, 인도 캘커타에 테레사 수녀를 찾아갔다고 한다. 그곳에 도착한 다음날 아침 테레사가 그를 만나자, 물었다.

"제가 어떻게 도와드릴까요?" 캐버너프는 자기를 위해 기도해 달라고 말했다.

"뭐라고 기도해 드릴까요?" 그는 이역만리 미국에서부터 품고 온 제목을 내놓았다.

"제 마지막 생애를 바칠 만한 길을 얻도록 기도해 주십시오."

"아니, 저는 그런 기도는 하지 않겠습니다."

그 이유를 묻는 그에게 테레사는, "확실한 답이야말로 당신이 붙들 것이 아니며 오히려 놓아야 합니다"라고 말했다. 캐버너프는 자기가 갈망하는 확실한 답을 테레사 수녀님은 가진 듯하다고 하며 그것을 가르쳐 달라고 했다. 그러자 그녀는 웃으면서 이렇게 말했다고 한다.

"확실한 답이란 내게 있어 본 적이 없습니다. 내게 늘 있는 것은 신뢰입니다. 그러니 당신도 하나님을 신뢰하도록 기도해 드리겠습니다."

아비멜렉은 사사인가?

아비멜렉을 사사로 취급할 수 있는가? 아비멜렉의 이야기는 기드온 내러티브에 이어 나온다. 그렇다면 이 사건을 기드온 사건에 연결지어 취급해야 할까, 아니면 별개로 취급해야 할까? 여기에 대한 대답은 뒤로 미루어 두자.

아비멜렉은 기드온의 연속선상에서 보아야 한다. 사사기 저자도 그런 의도였을 것이다.

아비멜렉은 기드온에 이어 자신이 이스라엘을 통치해야 한다는 생각을 갖고 있었다. 아니 기드온은 자기는 왕이 되지 못하였지만 자기 아들 아비멜렉은 왕이 되기를 바랐을 것이다. 아비멜렉이 '기드온의 아들 70명이 다스리는 것이 좋은가, 내가 다스리는 것이 나은가?' 라고 한 말 가운데는 자신이 통치를 해야 한다는 생각이 깊이 깔려 있다. 드디어 아비멜렉이 왕이 되었다. 결국 아비멜렉을 왕으로 만든 것은 기드온이다. 그는 아들의 이름을 '아비멜렉' (나의 아버지는 왕)이라고 지어줌으로 그가 왕이 되기를 마음속으로 바랐던 것이다.

백성의 지도자들은 세겜에 있는 돌기둥 곁 상수리나무 아래에서 아비말렉으로 왕을 삼았다. 백성들이 다 모여서 투표해서 아비멜렉을 왕으로 삼은 것이 아니다. 억압적으로 사람들에게 강요해서 스스로 왕이 되었다. 당시 세겜에 공회가 있었을 것인데, '세겜의 사람들' 이란 바로 세겜의 유지들이고, 지주들이다. 바로 그들에 의하여 그는 왕이 되었다.

아비멜렉이 대권을 잡는 환경을 살펴보자. 아비멜렉이 대권을 잡는 데 필요한 돈이 바알 신전에서 나왔다. 바알브릿 묘(바알의 신전)에서 나온 은 70개로 그는 건달과 불량배들을 고용하여 오브리에 살고 있던 자기 형제 70명을 죽이고, 강압적으로 왕이 되었다. 정치자금이 우상으로부터 나왔다는 말은 아비멜렉의 뿌리가 바알이라는 것을 말해준다. 바알에게서 정치자금이 나왔다는 것은 하나님은 더 이상 이스라엘의 주인이 아니라는 이야기이기도 하다. 그뿐 아니라 그는 돌기둥이 있는 상수리나무 아래에서 왕으로 취임했다.[26] 지금도 대통령이 취임할 때 어디에서 무엇에 선서하는가는 대단히 중요하고 민감한 사항이다. 그런데 아비멜렉은 돌기둥이 있는 상수리나무 아래에서 취임을 했다. 여기서 말하는 상수리나무는 바알 신당을 의미한다. 그렇다면 그는 바알 신 앞에서 왕으로 선서를 하고 취임했다는 말이 된다.

아비멜렉이 형제를 살해할 때 살아남은 기드온의 막대 아들 요담은 그의 형이 왕이 되는 것을 반대하여 성명을 발표한다. 특별히 그가 그리심 산 꼭대기에서 들려준 우화는 유명하다.[27] 나무들이 기름부어 왕으로 삼기 위하여 감람나무를 찾아갔다. 그러나 자

---

26) 상수리나무 : 직역하면 '세겜에 있는 마세바 나무(massebah tree)' 이다. 초기에는 마세바가 합법적으로 사용되었으나 후대에는 남성 신의 상징이었다(왕하 3:2). 아마도 그곳에는 바알 신전이 있었고(삿 9:46), 바알, 아세라 목상을 섬기는 곳이었을 것이다. 참고 Moore, George F., Judges, ICCC, Edinburgh, 1966, p 242. 마세바에 대해서는 드보, 구약시대의 사회 풍습, p.183 참고

27) 요담의 우화는 다윗의 왕권을 세우는 기초 작업이 된다. 다윗은 왕이기는 하지만, 다른 왕과는 차별성이 있다. 다윗은 하나님과의 관계에서 언제나 바른 자세를 유지한 사람이다(참고 삼하 7:18-29). 다윗은 진정한 의미에서 사사기의 전통을 이어간 왕이다!

기의 기름은 하나님과 사람을 영화롭게 하기 때문에 자기는 왕이 되지 않겠다고 거절한다. 무화과나무도 그리고 포도나무도 왕이 되라는 요구를 모두 거절한다. 마침내 가시나무가 왕으로 등극한다는 이야기이다. 이런 우화를 세겜에 있는 그리심 산 위에서 한 데는 특별한 이유가 있다. 그리심 산은 백성들에게 축복을 선포하고, 이스라엘이 계약을 충실히 이행하도록 하기 위하여 하나님께서 이스라엘을 위하여 지정해 주신 특별한 장소이다(신 11:29, 27:12; 수 8:30-35). 요담이 이곳을 택한 이유는 세겜 백성들에게 하나님의 계약에 충성할 때 하나님께서 약속하신 축복을 누리게 된다는 사실을 기억하게 하려는 의도가 있었을 것이다. 그러나 슬프게도 요담의 말속에는 하나님이 기드온을 통하여 이루신 기적에 대한 언급은 한마디도 없다. 요담의 말을 들어보자.

> "이제 여러분이 아비멜렉을 세워 왕으로 삼았으니, 이 일이 어찌 옳고 마땅하다고 할 수 있겠습니까? 이 일이 어찌 여룹바알과 그 집안에게 고마움을 표시하는 일이라고 하겠으며, 그가(기드온) 이룬 업적에 보답하는 것이라 하겠습니까? 나의 아버지가 여러분을 살리려고 싸웠으며, 생명을 잃을 위험을 무릅쓰고 여러분을 미디안 사람들의 손에서 구하여 내지 않았습니까?"(삿 9:16-17, 새번역)

요담의 말속에는 철저히 기드온이 이룬 업적만을 강조하고, 또 자기 집안에서 왕이 나와야 한다는 게 암시적으로 표현되어 있다. 하지만 아비멜렉은 아니라는 것이다. 아비멜렉을 왕으로 선택한 것은 자기 집안에 고마움을 표시하는 게 아니라고 한다. 요담의 말은 온통 기드온의 업적으로 가득 차 있다. 하나님께서 자기 민족을 위해 이루신 일들에 대해서는 한마디 언급도 없다.

아비멜렉은 가시나무 리더십이다. 자신에게 복종하지 않는 사람들을 철저히 다 죽였다. 그리고도 그의 왕권이 지속될 수 있을까? 드디어 아비멜렉에게 종말이 온다. 마침내 하나님께서는 악한 영을 아비멜렉과 세겜의 사람들에게 보내신다.

> "하나님이 아비멜렉과 세겜 사람들 사이에 악한 영을 보내시매 세겜 사람들이 아비멜렉을 배반하였으니 이는 여룹바알의 아들 칠십 명에게 저지른 포학한 일을 갚되 그들을 죽여 피 흘린 죄를 그들의 형제 아비멜렉과 아비멜렉의 손을 도와 그의 형제들을 죽이게 한 세겜 사람들에게로 돌아가게 하심이라"(삿 9:22-24).

그러나 세겜 사람들을 향한 아비멜렉의 공격은 계속되고, 사람들을 무참히 살해한다. 아비멜렉의 공격을 받고 세겜 사람들은 엘브릿 신전 보루로 피신을 하자, 그는 나뭇가지들을 보루에 놓고 불을 질러 거기 있던 모든 세겜 사람들을 불태워 죽였다. 이제 그의 공격은 데베스를 향한다. 데베스의 성을 공격하려고 성벽 망대문에 바짝 다가서서 그곳에 다시 불을 지르려 할 때 한 여인이 맷돌 위짝을 던져 그의 두개골을 부숴 버렸다. 아비멜렉의 3년 통치는 이렇게 막을 내렸다.

하나님은 보복하시는 분인가? 아비멜렉이 비참하게 죽는 이야기는 하나님께서 아비멜렉에게 보복하신 것이 아니다. 한 사회를 정의로운 사회, 하나님이 통치하는 사회로 되돌려 놓으려는 하나님의 작업일 뿐이다. 하나님은 사람과 싸우는 것 같지만, 사실은 우상숭배와 계속해서 싸우시고, 자기주장과 계속해서 싸우신다. 그리하여 평화와 정의의 사회로 되돌려 놓으려고 하시는 것이다.

사사기의 주제는 하나님의 주권이다. 오직 하나님만 예배하고 섬기고, 그분에게만 복종해야 한다는 하나님의 절대주권을 강조한다. 그런데 사사기에서는 시간이 흐를수록 하나님의 절대주권이 계속해서 무너진다. 하나님의 절대주권이 무너지면 그 자리를 우상숭배, 자기주장이 대신 차지한다. 우상숭배란 우상을 섬기는 게 아니라, 우상을 이용하여 자기의 어떤 이익이나 자기 욕구를 충족시키려는 철저히 자기 중심적인 행위에 불과한 것이다.

이런 우상숭배와 자기 주장의 절정의 꽃을 피운 사람이 아비멜렉이다. 사사기에서 사람들이 하나님을 떠나 인간의 자기주장으로 초점이 옮겨지는 과정의 절정에 서 있는 사람이 바로 아비멜렉이다. 그러나 아비멜렉은 하나님의 주권을 철저히 파괴한 사람이지만, 하나님께서 악한 영을 보내어 그를 제거하심으로 결과적으로 그의 전체 이야기는 하나님만이 이스라엘의 왕이란 사실을 강력하게 보여주는 사건이 되었다.

사사기 저자는 기드온 사건의 연속선상에 아비멜렉을 두고 있다. 아비멜렉의 내러티브는 단지 기드온 내러티브의 끝에 따라오는 이야기에 불과하다. 그래서 아비멜렉은 사사도 아니고 왕도 아니다. 그의 이야기가 끝나면서 기드온 이야기도 끝이 난다. 이렇게 보면 진정한 의미의 사사는 기드온으로 끝난다. 입다는 한 지역을 중심으로 활동한 사사이고, 삼손은 블레셋의 한 지역에 한정된 사사였다. 사사의 의미가 점점 흐려진다. 온 나라를 지도하고 인도하던 사사에서 한 지파에 속한 사사로 그들의 역할이 점차 축소되어 간다. 그만큼 이스라엘의 사회가 악해지고 있고 하나님께로부터 멀어지고 있다는 증거이다. 그러면서 사사기는 암흑 속으로 점점 빠져들어간다. 하나님의 말씀을 따라 산다는 게 그리도 어려운 것일까?

지도자란 살아 있는 동안 어떻게 살았는가도 중요하지만 죽은 다음에 무엇을 남겼는가도 대단히 중요하다는 교훈을 기드온과 아비멜렉 내러티브는 우리에게 남긴다.

죽고 장사된 사사들 ›› 6

사사기 10장 1-5절

돌라와 야일의 기록은 다 합해야 5절밖에 되지 않는다. 그리고 내용도 참 단순하다.

"부아의 아들 돌라가 일어나서 이스라엘을 구원하니라 그가 에브라임 산지 사밀에 거주하면서 이스라엘의 사사가 된 지 이십삼 년 만에 죽으매 사밀에 장사되었더라"(삿 10:1-2).

"야일이 일어나서 이십이 년 동안 이스라엘의 사사가 되니라 그에게 아들 삼십 명이 있어 어린 나귀 삼십을 탔고 성읍 삼십을 두었었는데,

야일이 죽으매 가몬에 장사되었더라"(삿 10:3-5).

왜 이런 사람들의 이야기까지 성경에 기록했을까? 왜 이런 별 볼일 없는 사람들을 성경에 올려 놓았을까? 오늘 말씀의 배경을 설명해 주는 것은 "아비멜렉의 뒤를 이어서 잇사갈 사람 도도의 손자 부아의 아들 돌라가 일어나서"(삿 10:1)란 말이다. 아비멜렉의 후에, 가시 같은 지도력을 가지고 스스로 왕이 된 아비멜렉이 죽은 후에 그 사회가 혼란했겠는가? 그 뒤를 이어 돌라가 사사가 되었으니 어려운 시기에 사사가 되었다고 할 수 있다. 그런데 그가 "일어나 이스라엘을 구원하니라"고 성경은 말한다. 뿐만 아니라 그가 사사가 되어 23년 동안 그 땅에 평화가 이루어졌다고 한다. 이렇게 보면, 돌라는 아주 훌륭한 사사였다고 볼 수 있다. 그 어려운 시기에, 그것도 23년이나 그 땅에 평화를 이루었으니 말이다. 전쟁이 있었거나 어떤 큰 문제가 있었다는 언급도 없다. 어떻게 보면 돌라는 성공한 사사임에 틀림이 없다.

다음에 나오는 야일도 22년 동안 사사가 되어 그 땅에 평화가 있었다. 이렇게 보면 이스라엘에 45년 동안이나 평화가 있었다는 것은 대단히 축복받은 기간이라고 할 수 있다. 특별히 그 당시에 나귀를 타고 다닌다는 것은 고귀한 신분을 나타내는데, 아들 삼십이 모두 나귀를 타고 살았으니까, 그 가정이 얼마나 부귀와 권세를 누리며 살았는가를 보여준다. 거기에다가 성읍 30개를 다스렸으니 야일의 가족이 누린 풍요와 위세는 대단했을 것이다.

그런데 이들에게 문제가 있다.

첫째는 이들이 평안하고 만족하게 살았다는 테 있다. 평안하고 만족할 때 언제나 문제가 일어난다. 기드온의 삶이 대표적인 증거이다. 전쟁이 끝나고 나라에 평화가 찾아왔을 때부터 문제가 생겼다. 기드온의 인기가 높아지고, 생활도 넉넉해지자 아내를 많이 두었다. 그리고 왕이 되고 싶은 마음이 커졌다. 그런 생각이 아비멜렉의 비극을 낳았다. 기드온이 죽고 난 후에 우상숭배가 만연되었는데(삿 8:33), 아비멜렉은 그것을 더욱 부추겼다. 그러니 당시 그 나라가 얼마나 타락했었는가를 추측할 수 있다. 그런 와중에 야일이 사사로 있었던 길르앗에 적이 침략해 들어왔다. 나귀를 타고 다니던 야일의 아들들은 아무것도 할 수 없었다 그래서 이스라엘 장로들은 자기들을 인도할 사사를 찾느라 애를 먹었다.

둘째로 평안하니까 이들이 한 일은 부귀와 영화를 누리는 일에 집착하게 되었고, 결국 이들이 남길 수 있는 것은 죽음밖에 없었다. 돌라는 사사로서 이스라엘을 구원했다고 한다. 야일에게는 구원했다는 말이 없다. 돌라가 평화를 이룬 것을 야일은 이어받은 것뿐이다. 사사기 저자는 이 두 사람을 기록하면서 좋은 사사였지만, 문제는 자신과 자기 자식들만을 챙기다 죽었다고 담담하게 적고 있다.

성경에서 중요한 것은 저자가 말하는 '어조'(tone)이다. 아담이 범죄했을 때, 그들을 찾아오셔서 그들을 부른 하나님의 음성에 대한 해석은 없다. 화가 나서 아담을 부르셨는지, 아니면 평소와 같이 부드럽게 아담을 부르셨는지? 그때 하나님의 음성의 톤(tone)이 어떠했을까에 의하여 해석이 달라진다. 두 사사의 죽음에 대하여도 성경의 저자는 담담하게 말하고 있지만 그 목소리의 톤은 그들을 비꼬고 있다는 것을 암시하고 있다. '훌륭하긴 한데 자기 이익만 챙긴 녀석들!' 이란 소리가 들리는 듯하다.

이 두 사사들에게 가장 강조된 표현은 '죽음' 이란 단어이다. 죽었다는 구절은 이들의 생애를 그리고 있는 다섯 구절 중 두 구절을 차지한다.

"(돌라가) 죽으매 사밀에 장사되었더라."

"야일이 죽으매 가몬에 장사되었더라."

사사기 앞 부분에 나온 사사들의 경우엔 죽었다는 데 초점이 맞춰져 있지 않다. 어느 사사들에게는 죽었다는 말조차 없다.

옷니엘의 경우에는 "그 땅이 평안한 지 사십 년에 그나스의 아들 옷니엘이 죽었더라" 고 했고, 에훗의 경우, "그 날에 모압 사람이 이스라엘의 수하에 항복하매 그 땅이 팔십 년 동안 태평하였더라" 라고 했다. 드보라의 경우에는, "그 땅이 사십 년 동안 태평하였더라" 라고 했고, 기드온의 경우는 "기드온이 나이 많아 죽으니 그 아비 요아스의 묘실에 장사하였더라" 고 기록하고 있다.

여기에 비교해 볼 때 돌라와 야일은 경우에는 '죽었다' 는 말이 강조되면서, 그 안에는 저자의 비꼬는 말이 들어 있다. 사사기를 보면, 하나님이 사사를 선택하실 때는 그를 어떻게 사용하실 것인가를 계획하고 세우셨다. 그런데 이 두 사사는 사사가 된 다음에 하나님의 계획은 안중에 없다. 단지 자기만을 위하여 멋대로 살았을 뿐이다.

여러분은 무엇을 남길 것인가? 무덤 하나 남길 것인가, 아니면 무언가를 뜻있게 남기고 갈 것인가?

한 선교사의 글을 소개한다.28)

오늘은 진료를 하며 마음이 많이 아파서 힘들었던 날이었습니다.

늘 진료를 하며 많은 환자로 인해 육체적으로 피곤한 때는 가끔 있었지만 오늘처럼 가슴이 저리도록 아팠던 날은 없었던 것 같습니다. 진료를 마치고 진료소를 떠나 운전해 나오면서 결국 눈물을 참지 못하고 울고 말았습니다.

소경이며 환자인 아빠와 혼자 살기에 아빠를 모시고 지팡이가 되어 진료소를 찾아온 여자아이를 치료할 때도 이런 감정은 느끼지 못했습니다.

저능인 처녀가 맨발로 다니다가 유리 조각을 밟아 조각이 박힌 채로 몇 날을 보내다가 발이 퉁퉁 부어서 찾아 왔을 때, 그 고름을 다 짜주며 치료할 때도 그저 안됐다는 생각으로만 진료를 마쳤습니다.

그 시린 가슴은 난산으로 제왕절개를 하여 해산한 후, 군 소재 병원

28) 도미니카 공화국 김용재 선교사의 글에서 인용함.

을 퇴원하면서 처방받은 항생제를 살 돈이 없어서 약을 먹지 못하여 수술한 상처가 곪은 지 3주나 지난 후 진료소를 찾아온 부인을 치료하면서 시작되었습니다. 처음에는 그저 상처가 덧난 것으로만 판단하고 '간단히 드레싱을 하면 되겠지' 하고 치료하다가 보니 벌어진 수술 자국으로 고름이 하염없이 나오는 것이었습니다. 아파하는 환자를 붙들고 상처를 치료하면서 대상도 없는 분노가 가슴에 일기 시작하였습니다.

그 후에 받은 환자는 진료소 근처에 사는, 얼굴이 많이 익은 12살 난 여자아이였습니다. 언제부터 이랬는데 지금 데려오느냐고 아이의 아빠에게 물었더니 일주일이 넘었다는 것이었습니다. "아니, 진료소가 엎어지면 코 닿을 곳인데, 무얼 하느라 이제 오느냐?"고 했더니 돈이 없어서 오질 못했다고 얼굴을 붉히며 대답하는 거였습니다(진료비는 10페소, 달러로 25센트). 아프기 짝이 없을 상처인데 아프다는 소리도 없이 온몸을 제게 맡긴 채 치료를 받으며 퀭한 눈으로 저를 쳐다보는 아이를 보는 순간 눈물을 감출 수가 없어서 얼굴을 돌리고 말았습니다. 그리곤 다음 환자들은 어찌 보았는지 기억이 없을 정도입니다.

돌아오는 길에 차 안에서 많이, 아주 많이 울었습니다. 집에 돌아와 늦은 점심을 먹으면서도 목이 메어와 울고 또 울고 말았습니다.

주님께 약속드립니다.

제 손과 발이 제 몸에 붙어 있는 한 그들을 돌보며 치료하며 사랑하겠습니다. 그들이 하나님과 화해하여 이 세상에서는 축복, 그리고 종국에는 영생을 얻도록까지 온 힘과 온 마음을 다하겠습니다. 주님 사랑합니다.

자기를 가꾸고 산 사람 ›› 7

사사기 11장 1-11절

하천풍언의 자서전은 "나는 기생의 아들입니다"로 시작한다. 이 말이 그렇게 힘이 있을 수가 없다. 그리고 당당하다. 이런 한마디의 말로 하천풍언 선생은 자기 일생을 다 말하고 있다. 입다도 기생의 아들이다. 이 말에서 그의 표현할 수 없는 고생이 묻어나고 있다. 그의 어머니는 알려지지 않았다. 그의 아버지는 길르앗 사람이었다. 길르앗은 요단 동편의 성읍이다. 어머니의 이름을 밝히지 않은 것은 많은 의미가 있을 것이다. 이 한마디로 입다는 태어날 때부터 불행한 사람이었음을 말해 준다. 자연 그는 어머니 없이 이복 형제들 틈바구니에서 눈치와 멸시를 받으며 성장했고, 장성했을 때, 그는 가정에서 쫓겨났다. 성경은 그에게 유산을 주지 않으려고 쫓아냈다고 말한다. 그러나 11장 7절에서는 '장로들이 입다를 쫓아냈다' 고 말한다.[29)]

이 두 갈등을 어떻게 이해해야 할까? 비판적인 학자들은 두 자료가 들어가서 입다의 이야기가 이루어졌다고 주장한다. 그러나 두 사건의 갈등을 이렇게 해석할 수 있을 것이다. 사실은 입다의 문제는 정치적인 문제였는데, 그것으로 그를 몰아낼 수 없으니까 가정 문제로 쫓아내지 않았을까? 이렇게 추측할 수 있는 것은 입다의 이야기 후반에도 가족 관계에 대해서는 언급이 전혀 없기 때문이다.

입다의 이야기는 사사기 10장 6절에서부터 시작되지만, 이것은 입다가 사사로 부름을 받을 당시 이스라엘의 상황을 보여주는 내용이고, 실제 입다의 내러티브는 11장 1절부터 시작된다.

당시 이스라엘의 죄악은 그 끝이 보이지 않을 만큼 극으로 치닫고 있었다. 성경은, "그들은 바알 신들과 아스다롯과 시리아의 신들과 시돈의 신들과 모압의 신들과 암몬 사람의 신들과 블레셋

29) 11장 7절에 입다는 이스라엘의 원로들이 쫓아 냈다고 말한다. 입다가 쫓겨난 것은 가정 문제가 아니고, 정치적 문제였다고 말한다. 이로 보아서 입다는 정치적으로도 상당한 영향력을 가지고 있던 사람이라고 추측할 수 있다. 후에 장로들이 그를 찾아온 것을 보면, 장로들이 그를 잘 알고 있었다는 증거가 된다.

사람들의 신들을 섬기고, 주님을 저버려, 더 이상 주님을 섬기지 않았다"(삿 10:6)고 기록하고 있다. 바알과 아스다롯만 섬긴 것이 아니라 모든 신들을 다 섬겼다. 그 결과 하나님은 한 민족에게 그들을 파신 것이 아니라 암몬과 블레셋 두 민족에게 그들을 파셨다. 그뿐 아니라 요단 강 동쪽 길르앗 지방 아모리 사람의 땅에서는 열여덟 해 동안이나 그들에게 억압을 받고 살았다. 또 암몬 자손이 또 유다와 베냐민과 에브라임 지파를 치려고 요단 강을 건너오고 있다.

자연히 이스라엘이 당하는 고통도 이전과는 다르다.

1) 짓밟혔다(crushed, 삿 10:8).

2) 억압받았다(opressed, 삿 10:8).

3) 고통을 당했다(distressed, 삿 10:9).

짓밟혔다는 표현은 출애굽기 15장 6절에, 하나님께서 이집트인들에게 하셨던 일을 표현하는 데 사용한 단어인데, 이제 이스라엘 백성들이 아모리인들에게 짓밟히도록 자기 백성들을 내주신 것이다. 두 번째 표현은 하나님께서 아비멜릭이 형제들을 죽인 것을 되갚아 주셨던 사실을 묘사할 때 사용된 단어(삿 9:53, NRSV에서는 'crushed'로 번역했음)인데, 여기서는 이스라엘 백성들이 되받고 있다는 것을 보여준다. 세 번째 단어는 사사기 2장 15절에서, 초기에 백성들이 하나님의 목전에서 악을 행하므로 그들에게 재앙을 내리심으로 괴로움이 심하였던 경우에 사용된 단어이다.

또 이들이 18년 동안 고통을 당하면서 하나님께 부르짖는 내용도 다르다. 여기서는 그들이 부르짖었는데, 그 내용은 자기들의 죄에 대한 고백이다. 이것은 그들의 뉘우침이 너무 늦었다는 것을 암시한다. 그래서 하나님께서는 그들의 부르짖음에도 구원해 주지 않겠다고 거절하신다. 다른 신들에게나 가서 부르짖으라고 야유하신다(삿 10:14). 그러나 계속해서 백성들이 죄를 고백하자 "주님께서 이스라엘이 겪는 고통을 보고만 계실 수 없으셨다"고 한다.

그래서 하나님이 입다를 찾으셨다. 10장 16절은 번역하기도 어렵지만 대단히 재미있게 표현된 문장이다. 직역해보자.

> ……그리고 그(하나님)의 영(soul/life)이 이스라엘의 고통 때문에 짧아졌다.30)

이 표현은 이스라엘이 고통을 당하는 것을 보시는 하나님의 마음이 지극히 아프셨다는 뜻이다. 우리가 처한 상황에서 언제나 우리를 바라보고 계시는 하나님의 마음을 읽는 습관을 가지면 훨씬 하나님께 더 가깝게 다가갈 수 있을 것이다.

입다는 북쪽 멀리 떨어져 있는 돕이란 땅으로 쫓겨났다. 돕이

---

30) McCann, Judges, p. 79 참고. 이런 표현은 신약에서 예수님에게 주로 사용되었던 '연민', 또는 '슬퍼하다'는 *σπλαγχνίζομαι*와 일맥상통하는 표현이다(막 6:34; 눅 10:33 등).

란 곳은 이스라엘 북쪽 길르앗 라못에서 북쪽으로 25킬로미터 떨어진 곳이다. 우리나라로 말하면 위치상, 함경북도 정도라고 할 수 있으리라. 입다가 그 지역에 오자, 그 지역의 건달패들이 그에게 모여왔고, 그는 건달패거리의 두목이 되었다. 여기서 '잡류들' 이란 단순한 갱들이라기보다는 가산을 탕진하여 생활고에 허덕이면서 이리저리 방황하는 자들을 일컫는 말이다. 그러니까 입다는 그런 사람들과 어울려 무너진 삶을 살고 있었던 게 아니라, 도리어 고통 가운데서도 훈련을 하고 자기를 잘 다스리며 살았던 것이다.

그러던 어느 날 이스라엘 장로들이 그를 찾아왔다. 편지나 사신을 보낸 것이 아니라 그들이 직접 찾아온 것이다. 장로들이 직접 찾아온 일은 대단한 일이다. 여기서 장로란 이스라엘을 통치하는 최고 지도자들을 의미한다. 그것도 단순한 방문이 아니라 입다를 이스라엘의 사사로 모시기 위하여 온 것이다. 암몬 족속들이 쳐들어왔으나 이스라엘 군대를 이끌고 나가 싸울 전사가 없기 때문에, 그 문제를 놓고 이스라엘의 지도자들이 긴 시간 의논한 끝에 입다를 사사로 추대하기로 하고 찾아온 것이다. 이들은 이렇게 말한다.

"우리가 당신을 찾아온 것은 우리와 함께 가서 암몬 자손과 싸우게 하려 함이니 그리하면 우리 길르앗 모든 거민의 머리가 되리라"(삿 11:8).

'거민의 머리' 라는 말은 전쟁에서 장군으로 모신다는 정도의 말이 아니라 그 부족의 장구한 통치권을 약속하는 말이다. 그들의 제안에 입다는 확인을 한다. "만일 여호와께서 그들을 내게 붙이시면 내가 과연 너희 머리가 되겠느냐?" 필요할 때 써먹고 나중에 내치려 하는가고 확인을 한다. 장로들의 생각은 확고했다.

"여호와는 우리 사이의 증인이시니 당신의 말대로 우리가 그렇게 행하리이다"(삿 11:10).

그들의 확답을 받은 후에 입다는 허락한다. 그리고 입다는 미스바에서 그들과 나눈 모든 말을 하나님께 다 말씀드린다. 여기 미스베는 길르앗 미스베이다(수 18:26). 입다는 드디어 사사가 되어 활동을 시작한다. 입다는 사람을 암몬 왕에게 보내어 그들이 이스라엘 영토를 침범하는 일에 대하여 항의한다. 입다는 아르논 강에서부터 얍복 강까지를 이스라엘 영토라고 주장하고, 암몬 왕은 그 땅은 자기들의 소유라고 주장한다. 입다는 암몬 왕의 항의에 민수기 21장의 내용을 자세히 설명한다. 이스라엘은 에돔 왕과 아모리 왕 시혼에게 싸울 마음이 없었으나 이스라엘이 그냥 지나가는 길을 열어달라고 요구했을 때, 들어주지 않았기 때문에 그 땅을 점령한 것뿐이라고 설명한다. 입다가 암몬 왕과 이러한 이야기를 할 수 있다는 것은 입다의 정치적 능력을 그들도 인정했다는 증거일 것이다. 입다는 암몬 왕과 끝까지 협상을 하고자 했다. 입다는 평화주의자였다. 끝까지 "심판자이신 주님께서 오늘 이스라엘 자손과 암몬 자손 사이를 판가름해 주실 것입니다"(삿 11:27)라고 말하면서 자기 주장을 고집하지 않고 하나님께 모든 판단을 넘긴다.

드디어 하나님의 영이 입다에게 내렸다. 암몬 왕이 입다의 제안을 거절했을 때 임했다(29절). 사사기 10장 16절과 11장 27절을 바로 연결해서 읽으면 하나님께서 이스라엘의 고통을 보시고, 아파하신 후에, 그 일을 이루시기 위하여 입다에게 하나님의 영이 내린 것이 된다. 하나님께서 입다를 통해 많은 민족들로 인해 고통당하는 이스라엘을 구원하신다는 의지를 보이신 것이다. 사사기에서 하나님의 영이 내렸다는 것은 그 사람이 해야 할 일에 하나님이 개입하기 시작했다는 뜻이고, 그를 통하여 하나님의 뜻을 이루신다는 뜻이다.

즉시 입다는 길르앗 므낫세와 길르앗 미스베 지역을 돌아보고, 바로 암몬 자손에게로 진격해 들어갔다. 그가 가는 길에서 수많은 성읍, 아로엘에서 민닛, 아벨 그라밈까지 무너뜨렸다. 그렇게 할 수 있었던 이유는 하나님께서 입다의 손에 그 성읍들을 넘겨주셨기 때문이다. 그런데 거기서 입다는 잘못된 서원을 한다. 승리하고 돌아오게 되면 자기 문 앞에서 자기를 맞는 사람을 번제물로 드리겠다는 서원이다.

그 당시 전통에 의하면 승리한 장수를 영접할 때는 반드시 여인들이 소고 치고 나온다고 한다. 입다가 그것을 깜빡 잊은 것이다. “내가 바칠 테니까 나와 함께해 주시오.” 이것은 이방 신들에게 서원하는 하나의 예식이다. 그런데 하나님의 성령이 임해서 성령으로 싸우러 가는 사람이 이방인들이 그들의 신에게 하는 듯한 서원을 하므로 하나님을 잘못된 서원에 묶어 놓은 것이다. 이것이 그를 불행하게 할 줄은 꿈에도 생각지 못했을 것이다.

학자들 중에는 입다의 서원을 긍정적으로 해석해 보려는 분들이 있다.

인간 제사는 하나님께서 증오하시기 때문에 하나님을 경외하는 어떤 사람도 그와 같은 악을 할 수 있다고 생각조차 할 수 없었다는 것이다. 그렇기 때문에 입다의 딸도 생명을 잃지 않고 두 달 동안 그의 동무들과 슬퍼할 수 있도록 허락받았으며(삿 11:37, 38), 그 후에 그 딸은 중앙 성소에서 하나님께 헌신된 사람으로 살게 되었다고 주장하기도 한다(출 38:8; 삼상 2:22; 눅 2:36-37). 이를 뒷받침하는 성경 구절로 사사기 11장 38, 39절을 제시한다.

> "처녀로 죽는 것을 슬퍼하며 실컷 울었다"(38절 하).
>
> "아버지는 주님께 서원한 것을 지켰고, 그 딸은 남자를 알지 못하는 처녀의 몸으로 죽었다"(39절).

또 어떤 이들은 사사기 11장 31절의 번역 문제를 제기하기도 한다.

> "하나님이 암몬 자손을 내 손에 넘겨 주신다면, 내가 암몬 자손을 이기고 무사히 돌아올 때에, 누구든지 내 집 문에서 먼저 나를 맞으러 나오는 그 사람은 주님의 것이 될 것입니다. 내가 번제물로 그를 드리겠

습니다"(삿 11:31, 새번역).

개역개정판에서는 "나를 영접하는 그는 여호와께 돌릴 것이니 내가 그를 번제물로 드리겠나이다 하니라"라고 번역했다. 이 번역은 영접하는 그 사람을 번제물로 드리겠다는 의도로 번역하였다. 그러나 위에 새번역에서 보여지는 것처럼, 이 번역에서는 '그 사람은 주님의 것이 될 것입니다'와 '내가 번제물로 그를 드리겠습니다'란 문장을 완전히 두 문장으로 구분하여 번역했다. 보스(Vos) 같은 보수적 학자도 두 문장은 분리해서 번역해야 하고 전자의 경우는 그가 사람을 만났을 때 행하려고 했던 것이며, 만약 동물을 만났으면 후자의 경우를 행하려고 했다고 주장한다.31)

과연 입다 같은 신앙의 인물이 이방 우상숭배자들이 하는 방법으로 딸을 죽이지는 않았을까? 여전히 문제가 남는 것은 '번제로 드린다'는 구절이다. 번제는 그 제물의 각을 뜨고 태워 드리는 것이다. 보스가 주장한 것처럼 두 문장을 구분한다 해도 사람과 짐승을 그 심중에 구분했었는지는 아무도 모른다. 판단은 독자들에게 맡긴다. 여하튼 입다의 서원은 어떤 면으로도 미화될 수 없지만, 그의 딸은 훌륭했다.

입다는 광야에서 거칠게 살았지만 신앙적인 인물이었다. 광야에 버려진 상황에서도 자기를 신앙으로 지켜간 사람이다. 그래서

---

31) Vos, Howard F, pp. 121,122. Wood Leon, A Survey of Israel's History(Grand Rapids:Zondervan, 1970) pp. 212-229

후에는 자기를 버린 장로들에게 인정을 받게 된 인물이다. 장로들과의 대화에서도, "여호와께서 그들을 나에게 넘겨 주신다면"(삿 11:9) 하고 자기를 내세우지 않고 하나님을 내세운다. 전쟁에 승리한 후에도 "하나님이 이 일을 이루실 때 너희들이 구경이나 했었는가?" 라는 말에서 볼 수 있듯이 승리에서 자기를 빼고 하나님을 나타낸다. 암몬 왕과의 협상에서도 그는 언제나 하나님의 뜻과 하나님께서 하신 일만을 고집한다. 로마서 8장 9절은, "누구든지 그리스도의 영이 없으면, 그리스도의 사람이 아닙니다" 고 말한다. 예수 그리스도를 믿는 믿음은 단지 믿는 행동으로 완성되는 게 아니라 성령의 인도하심을 받는 삶에까지 이르러야 한다. 그래야 그리스도의 사람이다.

사무엘상 12장 11절에 보면 사무엘이 이스라엘 앞에서 "여호와께서 여룹바알과 베단과 입다와 나 사무엘을 보내사 너희를 너희 사방 원수의 손에서 건져내사 너희로 안전히 거하게 하셨거늘"이라고 하였는데, 이 말은 입다는 기드온과 사무엘과 함께 이스라엘 역사에 남는 사사였다는 것을 입증하는 말이다.

입다와 아비멜렉을 비교해 보고 싶은 마음이 일어난다.

두 사람은 처지가 비슷하다. 두 사람 다 태생이 의심스럽다. 사회적으로 출세하기에 부적절한 사람들이다. 두 사람 다 정치적인 욕심도 많다. 상당한 정치적이고 군사적인 세력을 가지고 있기도 하다. 그런데 아비멜렉과 입다의 생애는 크게 갈라진다. 아비멜렉은 권력을 넘보고 야만적인 방법으로 권력을 강탈했지만 버림받았고, 거리의 사람들과 어울려 살았지만 입다는 장로들이 제안한 것만을 받아들이고 다른 욕심을 부리지 않는다. 암몬과 전쟁하기 전에도 먼저 충분한 대화를 시도한다. 입다는 매우 논리적이고 합리적인 사람이다. 그리고 지혜로운 방법으로 권력을 행사했다. 그래서 입다는 6년이지만 그래도 현명한 지도자로 남게 되었다.

입다는 또 다윗과 비교가 되는 사람이다. 다윗도 사울에게 쫓겨나서 잡류를 모아서 놀았지만 사람들에게 인정받고 세움을 받은 사람이다. 그러나 이 두 사람이 다른 점은 다윗은 입다에 비하여 신분이 확실하고 가정이 좋았다는 점이다.

이처럼 훌륭한 입다임에도 불구하고 한 가지 부족한 점은 그는 이스라엘 전체를 다스리는 사사가 아니라 요단 동편 지역만을 다스리는 사사로 활동했다는 점이다.

위험한 장난 ›› 8

사사기 13장

삼손의 이름은 '작은 태양'(little sun) 혹은 '태양처럼 빛나는'(sunny)이란 뜻이다.

삼손은 단 지파 사람으로 주로 쉐펠라 지역을 중심으로 활동을 하였다. 단(Dan) 지파는 본래 예루살렘 서쪽 쉐펠라 지역(개역성경에는 '평지' 라고 함)의 땅을 차지했었는데, 왠지는 모르지만 사사기 18장에 보면 북쪽으로 이동하였다. 그런데 삼손 이야기는 단 지파가 블레셋 지역과 유대 산지 사이에 있는 평야 지역(쉐펠라)에 있었을 때 일어났던 기록이고, 그렇게 생각한다면 삼손 이야기는 상당

히 오래 전에 일어난 사건일 것이다.[32]

삼손 이야기는 단 지파 지역과 거기 인접한 블레셋 땅을 중심으로 펼쳐진다. 이야기는 "소라와 에스다올 사이 마하네단에서 여호와의 영이 그를 움직이기 시작하셨더라"(삿 13:25)로 시작된다. 개역성경은 임했다고 했으나, 개역개정 성경에서는 하나님의 영이 그를 움직이기 시작하셨다고 한다. 그의 마음을 움직이기 시작한 것이다. 그러나 그에게 성령이 임했을 때, 그 좋은 기분으로 찾아 간 곳이 블레셋 땅에 사는 여자의 집이었다. 그는 블레셋 여인을 보고 반해서 돌아와 부모에게 요청을 한다.

"내가 딤나에서 블레셋 사람의 딸들 중에서 한 여자를 보았사오니 이제 그를 맞이하여 내 아내로 삼게 하소서."

"네 형제들의 딸들 중에나 내 백성 중에 어찌 여자가 없어서 네가 할례 받지 아니한 블레셋 사람에게 가서 아내를 맞으려 하느냐?"

"내가 여자를 좋아하오니 나를 위하여 그 여자를 데려오소서."

이때부터 '내 마음에 든다' 는 문구가 사사기에 등장하기 시작한다. '내 마음에 든다' 는 말은 '그녀가 내 눈에 좋다' (She (is) right

32) 삼손 당시에 단 지파는 블레셋과 섞여서 살았다. 물물교환도 했고, 결혼도 했다. 이스라엘인지, 블레셋인지 모를 정도이다. 블레셋과 이스라엘이 아직 싸우지 않고 함께 살고 있을 때라는 것이다. 이로 미루어 삼손의 이야기는 초기 작품이었을 것이다. 한편 여호수아의 지파 동맹이 강력하게 힘을 발휘할 때라면, 유다 지파가 단 지파를 쉽게 내주지는 않았으리라고 보기도 한다. 그렇다면 사사기 순서대로 후기의 작품이 될 것이다.

in my eyes)는 관용구로 쓰이는 말이다. '좋다' 는 히브리어 '야샤르' 는 일반적으로 아름답다는 의미로 사용되는 tôb(good, beautiful)와는 다르게 사용되는 단어이다. 야사르(yāshār)란 단어가 눈(eyes)이란 말과 함께 사용될 때는 '그 사람의 눈에 좋다' 또는 '바르다' 는 의미를 갖게 된다.[33] 그러므로 삼손의 말속에는 자기 마음에만 들면 그만이라는 강한 자기주장이 묻어 있다. 하나님의 법이나 사회적 질서도 생각할 필요 없이 자기 마음에 드니 허락해 주어야 한다는 어조(語調)이다. 이런 표현은 그 당시 사람들이 얼마나 자유분방했는가를 보여주는 말이다.

이전 사사들에게서는 '하나님의 목전(눈앞)에서 악을 행했다' 는 말이 많이 등장했다. 그러나 이제는 하나님이라 말조차 사라지고 '사람들이 자기 눈에 좋은 대로' 행동한다는 말이 자주 나온다. 이 문구가 14장 7절에 반복해서 나오고 17장 6, 21, 25절에 계속 나오다가 사사기는 이렇게 끝을 맺는다.

"그 때에 이스라엘에 왕이 없으므로 사람이 각기 자기의 소견에 옳은 대로 행하였더라" (21:25).

여기서 자기 눈에 좋은 대로만 행동하는 삼손과 블레셋을 징벌

---

33) yāshar는 tôb(good)와는 다르게 사용되는 말이다. 눈(eyes)와 연결되어 사용될 때는 관용구로서 그 사람의 눈으로 볼 때 부끄럼이 없다는 뜻이 된다. 그러므로 삼손이 자기 눈에 들면 된다는 자기의 입장만 고집하는 뜻을 나타낸다.
Harris, R. Laid, Theological Wordbook of the Old Testament, Moody Press, 1980, p. 417

하시려고 기회만 찾고 계시는 하나님(삿 14:4)과 좋은 대조를 이룬다. 하나님은 삼손의 어리석음을 이용해서도 블레셋을 징벌하려고 하신다(14:4).

삼손은 나실인이다. '나실' 이라는 히브리 낱말은 '바쳐진 자', '헌신한 자' 를 뜻한다(삿 13:5). 구약성경에서는 자신을 하나님을 위해 구별된 존재로 이해하고 이것을 일정한 생활방식으로 드러내는 사람들을 가리켜 '하나님께 헌신한 사람', 곧 나실인이라 한다. 즉 "나실인은 야훼가 사용하려는 특별한 도구로 부름을 받고 성별되었다는 사실이 특별히 강조된다."[34] 나실인은 특히 포도주를 삼가야 하는데, 심지어는 포도즙도 삼가야 하고 생포도나 건포도도 삼가야 한다. 그리고 머리카락을 자르지 않아야 하고, 시체를 멀리해야 한다. 나실인은 하나님께 거룩한 자이기 때문이다(민 6:1-21).

삼손이 나실인이 된 것은 자기 의지와는 아무 상관없이 그의 어머니에게 주신 하나님의 명령이었다. 사사기에 보면 사사들 중에 나실인이 한 명도 없다. 오직 삼손만 나실인으로 선택받았다. 하나님의 입장에서 왜 삼손만 그처럼 구별되어 살아야 했을까? '하나님의 눈앞에서' 란 말이 이제는 '자기 눈에 좋은 대로 사는' 세상이 된 것을 보면, 그 사회가 얼마나 부패하고 악했는가를 알 수 있다. 이러한 때에 하나님께서는 특별히 구별된 사람을 선택해

34) 상게서, 폰 라드, p. 334

서라도 사역을 감당하도록 해야 했기에 삼손을 나실인으로 선택하셨을 것이다.

삼손은 딤나에 있는 여자의 집으로 결혼하러 가면서부터 나실인의 서약을 파괴한다. 할례 받지 아니한 이방 여자에게 간 것부터가 나실인 서약을 파괴한 것이다. 그리고 포도밭을 지나가고, 그곳에서 만난 사자를 맨손으로 찢어서 죽이고, 얼마 후에 다시 그 길을 가다가 사자의 주검을 보았고, 그 안에 벌꿀 있는 것을 떠서 걸어가며 먹었다(삿 14:5-9). 그리고 블레셋 여인과 결혼 잔치를 한다. 가나안 풍습에 의하면 결혼식의 향연이라는 것은 주로 포도주를 많이 마시는 것을 의미한다. 이 모든 것이 나실인의 계약을 파기하는 일들이다. 나실인의 서약을 파기하러 다니는 것이 삼손 내러티브의 출발점이다. 그런데도 하나님은 그와 함께 하셔서 역사하신다. 사자를 맨손으로 찢을 때에도 여호와의 영이 그에게 강하게 임하셨었다(삿 14:6).

사사기 13장 5절에는 그의 어머니에게 주신 하나님의 약속이 소개되었다.

> "네가 임신하여 아들을 낳을 것인데, 그 아이의 머리에 면도칼(삭도)을 대어서는 안 된다. 그 아이는 모태에서부터 이미 하나님께 바쳐진 나실 사람이기 때문이다. 바로 그가 블레셋 사람의 손에서 이스라엘을 구하는 일을 시작할 것이다."

"이스라엘을 구하는 일을 시작(begin)할 것이다"고 했는데, 그가 언제 그 일을 시작할는지 모른다. 그는 항상 하나님의 영을 받은 힘으로 할례받지 않은 민족인 블레셋의 여인들만 쫓아다닌다.

드디어 삼손은 결혼을 하기 위해 딤나로 내려간다. 결혼식장 수수께끼 놀이에서 삼손은 자기가 죽인 사자에게서 얻은 꿀을 소재로 문제를 낸다. "먹는 자에게서 먹는 것이 나오고 강한 자에게서 단 것이 나왔느니라"(삿 14:14). 신부의 친구들은 그 수수께끼를 풀지 못하다가 마지막 일곱 째 날에야 삼손의 아내를 통해 그 의미를 알아낸다. 이제 막 신방을 꾸밀 시간이다. '해지기 전에'(삿 14:18) 이 시간은 결혼식이 칠 일 간 계속되고, 끝날에야 신랑은 신부에게 들어가는 바로 그 시간 전이다. 신랑이 신부 방에 들어가기 바로 전에 친구들이 수수께끼를 알아맞힌 것이다. 삼손은 신방에 들어가지도 못하고, 아스글론에[35] 가서 그곳 사람 삼십 명을 죽이고, 그들의 옷을 신부 아버지의 집에 가져다 주었다. 그때에도 여호와의 영이 삼손에게 갑자기 임하시매 삼손이 아스글론에 내려가서 그곳 사람 삼십 명을 혼자의 힘으로 죽일 수 있었다(삿 14:19).

삼손이 그처럼 악하고 어리석어도 하나님은 그를 사용하여 자신의 목적을 이루어 가신다. 하나님의 목적을 이루는 데는 인간이

---

35) 아스글론(Ashkelon)은 딤나로부터 서쪽으로 약 20km 떨어진 해변가에 위치한 큰 도시이다.

필요하다. 하나님께서는 삼손을 사용하시기 위하여 그에게 성령을 내려주셨고 그와 함께 일하시지만 그는 오직 이방 여자에게 달려가기에 바쁘다. 그뿐 아니라 복수에만 몰두하지 자기 백성들을 블레셋의 억압에서 건져내시려는 하나님의 뜻에는 전혀 관심이 없다. 그래도 그를 사용하셔서 일하실 수밖에 없는 하나님의 마음이 안타깝기 그지없어 보인다.

신방을 꾸미기 전에 밝혀진 수수께끼 때문에 몹시 화가 난 삼손은 자기 아버지 집으로 돌아가 버렸다. 블레셋 사람들로부터 당한 일에 대한 분노에다 아내의 배신까지 더해진 분노가 일었다. 더 이상 그곳에 남아 있을 이유가 없었을 것이다. 삼손은 왜 복수에만 집념하는 것일까? 왜 자기 민족이 당하는 고통에 대해서는 그렇게 둔감한 것일까? 하나님의 영이 임했는데도, 하나님의 마음은 전혀 느끼지를 못한다. 그런 사람과 함께 일하시는 하나님의 마음은 얼마나 답답하셨을까!

그러나 자기 아내에 대한 연민은 그로 하여금 다시 아내를 찾아가게 했다. 그렇지만 그곳에 도착하여 들은 이야기는 참으로 참담한 이야기였다. 자기가 그처럼 좋게 여겨 결혼까지 했던 여인을 다른 남자와 결혼시켜 버렸다는 것이다. 그는 삭일 수 없는 분노로 블레셋 사람들을 해치기 시작한다. 하나님께서 바로의 마음을 강퍅하게 해서 이스라엘을 구원하셨던 것처럼 이제는 블레셋 사람들의 마음을 강퍅하게 하여 삼손으로 하여금 그들을 보복하게 하신다.

딤나는 아주 기름진 평야에 위치한 농촌 마을이다.36) 그런데 그 들녘이 불바다가 되었다. 여우 삼백 마리를 붙들어, 그 꼬리와 꼬리를 매고 그 두 꼬리 사이에 불을 매달아 거기에 불을 붙여서 블레셋 사람들의 곡식 밭으로 몰아넣었으니 그 넓은 밭이 어찌 되었겠는가! 그리곤 삼손은 딤나로 다시 가서, 그 여자와 그녀의 아버지를 불태워 죽였다.

분노하여 쉬고 있는 삼손에게 유대인 삼천 명이 찾아왔다. 삼손의 사건 때문에 분노한 블레셋 사람들이 유대 지방으로 쳐들어왔고, 이에 놀란 유대인 삼천 명은 삼손을 찾아왔다. 삼손의 사명을 깨우쳐 주는 사람들은 바로 찾아온 유다 사람들이다. 그들은 이렇게 말한다.

"블레셋 사람들이 우리를 지배하고 있다는 것을 당신은 알고 있지 않소? 그런데 어찌하여 우리에게 이런 일이 미치게 하오?"

"그들이 나에게 한 대로 나도 그들에게 갚아 주었을 뿐이오." 삼손의 대답이다.

"우리는 당신을 묶어 블레셋 사람들에게 넘겨 주려고 왔소."

삼손이 그들에게 말한다.

"그렇다면 나를 죽이지 않겠다고 맹세하시오."

그리고는 유대인들은 삼손을 묶어서 블레셋에 넘긴다.

---

36) 2008년 8월에 필자가 딤나를 방문했을 때는 농작물이 그 넓은 밭에 가득 차 있었고, 노즐이 돌아가면서 물을 뿌리는 스프링클러들이 바쁘게 돌아가고 있었다. 그리고 딤나는 수풀에 감춰져 찾기가 쉽지 않았다.

유대인들의 의식에는 블레셋에 지배받고 있는 아픔이 있다. 그래서 '블레셋에 우리가 지배 당하고 있다' 는 사실을 삼손에게 강조해서 말한다. 그럼에도 불구하고 삼손 속에는 오직 복수밖에 없다. 이 대화는 난센스다. 지도자는 자기의 생명과 분노를 갚는 일에만 관심을 두고, 백성들은 블레셋의 지배에서 벗어나고 싶어하는 데 관심을 갖는다.

블레셋 사람들은 유다를 찾아가 삼손을 결박해서 끌어다 줄 것을 요구하며 공갈을 치고, 겁을 먹은 유다 사람들은 삼천 명이나 몰려와 삼손을 위협하였다. 이스라엘 가운데 가장 강력한 지파가 바로 유다 지파이다. 이런 유다 지파가 블레셋의 위협에 눌려 삼손을 잡아다 주겠다는 것을 보면, 사사시대 말기에는 이스라엘 전체의 사기가 완전히 땅에 떨어졌다는 사실을 보여준다.

삼손이 유다인들에게 묶여서 블레셋 사람들의 마을에 이를 때에 하나님의 영은 또 삼손에게 내리신다. 그 힘으로 삼손은 당나귀 턱뼈 하나로 블레셋 사람 천 명을 죽인다.

> "나귀 턱뼈 하나로 주검을 무더기로 쌓았다. 나귀 턱뼈 하나로 천 명이나 쳐죽였다"(삿 15:16, 새번역).

삼손의 노래에서도 하나님의 영광은 보이지 않는다. 철부지 아이가 자기 자랑을 늘어놓는 모습이다. 이건 용기가 아니라 만용이다.

다시 삼손의 이야기는 블레셋 창녀 이야기로 돌아간다. 그는 이제 멀리 블레셋의 중심 도시인 가사까지 내려가서 한 여자를 만난다. 여기서 저자는 '처녀' 라고 하는 히브리말을 사용하지 않고 일반적인 '여자' 라는 말을 쓰고 있다. 이 여자는 이혼한 여자이거나 남편과 사별한 여자일 가능성이 있다.

가나안 지방에서는 남편과 사별하거나 결혼에 실패한 여자 집 지붕에 표시를 해 놓는다고 한다. "우리 집에 한 번 결혼해서 실패한 딸이 있다. 누구든지 와서 데려가라"는 의미로 내건 표시이다. 터키 시골을 여행하다 보면 간혹 지붕에 이런 표시를 해놓은 집을 보게 된다. 그곳에서는 자기 집안에 과부가 있다는 표시라고 한다. 이런 여자의 집은 누구든지 들어올 수 있다고 하는데, 삼손도 이런 여자 집에 들어갔을 가능성이 있다고 본다. 삼손은 결혼도 하지 않고 그녀와 밤을 새웠다.

삼손이 그 집에 왔다는 말을 들은 마을 사람들은 그 집을 에워싸고 밤이 새도록 성문에서 기다리고 있었다. 삼손이 지쳐 새벽에 나오면 덮치려고 한 것이다. 그러나 그는 이튿날 밤까지 그녀와 함께 누웠다가 밤중에 일어나서 성 문짝을 뽑아서 어깨에 메고 헤브론 맞은편 산꼭대기에 올라갔다. 가사에서 헤브론 산지까지는 먼 거리이다. 그것도 밤중에 일어나 성 문짝을 메고 그 먼 산꼭대기까지 올라간 것이다.37)

구약에서 성문은 통치와 권력의 상징으로 사용되었다. 하나님께서 아브라함을 축복하실 때도 "내가 네게 큰 복을 주고 네 씨로 크게 성하여 하늘의 별과 같고 바닷가의 모래와 같게 하리니 네 씨가 그 대적의 문을 얻으리라"(창 22:17)고 하셨다. 삼손은 성 문짝만 짊어지고 가면 그것이 성문을 얻은 것이요, 승리의 상징인 줄로 알았던 것 같다. 그러나 이것은 승리의 상징이 아니다. 도리어 밤에 성 문짝을 지고 도망간 모습이다. 태양(삼손)은 아침에 떠오르지 않았다. 밤에 성문을 활짝 열어준 셈이다. 이것은 삼손 자신이 앞으로 자신의 실패를 통하여 블레셋 사람들에게 어떤 희망의 길을 열어 준다는 암시를 보여준 것에 불과한 것이다. 들릴라란 이름의 뜻은 '밤' 이기 때문이다.[38]

블레셋의 부정한 여인들과 미련하고 어리석은 장난을 일삼는 그에게 죽음의 순간이 점점 다가오고 있다. 이제 그는 소렉 골짜기에 살고 있던 한 여인을 사랑한다. 그 이름이 들릴라다. 소렉 골짜기는 벧세메스 서남쪽으로 펼쳐진 평야에 위치한 마을이다. 이 이야기가 진행되는 동안, 이 일이 하나님의 뜻을 이루기 위하여 한 일이라는 기록이 없다. 삼손의 운명을 좌우하는 불장난이 시작

37) 고대도시들은 중앙 관사에서 장관 회의도 한다. 백성들이 재판을 받고, 물물거래를 하는 곳이다. 고대에 성문 앞에는 왕의 의자가 있어 그곳에서 재판을 했다. 성문을 얻었다는 것은 그 도시의 정치권을 얻었다는 것이다. 그러나 삼손은 뭔가 잘못 알고 있는 게 분명하다.

38) 들릴라-그 어원이 무엇이든지 간에 음성적으로는 히브리어의 밤을 뜻하는 '라옐라' 를 연상케 한다. 삼손 전체 이야기는 "밤의 여인이 태양을 어둡게 만든 이야기로 간추려 볼 수 있다." 김지찬, 요르단에서 바벨론 물가까지, 생명의 말씀사, p.210 참고

된 것으로 저자는 긴장하고 있는 것이리라.

블레셋 사람들은 들릴라를 이용하여 삼손을 체포할 계획을 세운다. 그녀에게 삼손의 몸값으로 은 천백 세겔을 주겠다는 조건을 내건다. 삼손에게 엄청난 현상금이 붙은 것이다. 은 천백 세겔! 예수님이 은 30에 팔린 것과 비교해 보자. 그것도 예수님 시기와 삼손의 시대의 차이를 계산한다면 그 액수는 더 엄청난 것이 된다.

들릴라는 삼손의 힘의 비밀을 알아내기 위하여 애교를 부리며 묻는다.

"당신의 그 엄청난 힘은 어디서 나오지요?"

"마르지 않은 푸른 칡 일곱 매끼로 나를 두으면, 내가 힘이 빠져서 여느 사람처럼 되지."

이 일로 삼손 잡는 일을 실패하고, 원망하는 그녀에게 삼손은 다시 대답한다.

"한 번도 쓰지 않은 새 밧줄로 나를 꽁꽁 묶으면, 내가 힘이 빠져서 여느 사람처럼 되지."

그 일로도 삼손의 힘은 제거되지 아니하였고, 삼손은 다시 자기 힘의 비밀을 가르쳐 준다.

"내 머리칼 일곱 가닥을 베틀 날실에 섞어서 짜면 되지."

들릴라는 삼손의 머리칼을 말뚝에 잡아매고 블레셋 사람들을 불렀지만 삼손은 말뚝과 베틀과 천을 뽑아 올렸다. 삼손은 어리석은 장난을 하고 있다. 칡 일곱 매끼로부터, 한 번도 쓰지 않은 새 밧줄로, 그리고 마침내 머리칼로 내려왔다. 점점 자기 힘의 근원으로 다가오고 있는 것이다. 위기에 빠져들면서도 삼손은 자기가 위기에 처해 있다는 사실을 모르고 있었다. 이것이 사람들이 유혹에 빠져드는 단계이다(시 1:1). 사람들이 어떤 잘못에 빠져들면 죽음이 자기 앞에 올 때가지 죽음을 향하여 나아가는 습성을 보인다. 그래서 시편 1편은 그것을 이렇게 경계한다.

> "복 있는 사람은 악인들의 꾀를 따르지 아니하며, 죄인들의 길에 서지 아니하며 오만한 자들의 자리에 앉지 아니하고"(시 1:1).

마침내 삼손은 온갖 교태와 아양으로 힘의 비밀을 묻는 그녀에게 비밀을 털어놓는다.

> "나의 머리는 면도칼을 대어 본 적이 없는데, 이것은 내가 모태에서부터 하나님께 바쳐진 나실 사람이기 때문이오. 내 머리털을 깎으면, 나는 힘을 잃고 약해져서, 여느 사람처럼 될 것이오"(삿 16:17-새번역).

그는 여인 앞에 자기의 전 존재를 다 드러내줬다. 모태에서 하나님께 바쳐진 나실인이란 사실까지를 말하면서도 자기가 어떻게 살아야 하고, 무엇을 해야 하는지를 자각하지 못하고 있는 어리석은 인간이다.

그 후에 들릴라는 자기 무릎 위에 삼손을 재우고 사람을 불러 머리 가닥으로 땋은 머리를 깎게 하였다. 삼손을 깨웠을 때도, 여호와께서 이미 자기를 떠나셨다는 사실을 깨닫지 못하고 있었다. 결국 그의 불장난은 하나님을 잃어버리는 데까지 깊어지게 되었고, 자기 힘의 근원을 잃어버리고 죽음의 나락으로 떨어지게 되었다. 블레셋 사람들은 삼손을 잡아 그의 눈을 빼고, 그를 끌고 가사에 내려가 놋줄로 매고 옥중에서 맷돌을 돌리게 하였다. 하나님의 영은 그를 떠나고 전에 카리스마를 받은 자였던 자는 소경이 되어 적의 맷돌을 돌리고 있다. 하나님이 선택하신 사람이 하루아침에 블레셋의 노예로 전락하여 맷돌 돌리는 신세가 된 것이다. 그것도 이방 여인의 무릎에서 힘을 잃어버린 것이다.

한번도 자신을 따라 모인 집단을 가진 일이 없다. 태양인 그는 언제나 단신으로 활동하다가 결국 밤(night)에게 먹힌 셈이다. 밤에 의해서 태양이 먹힘을 당하고, 본인도 죽지만 이스라엘이 어둠에 먹힌 셈이다.

그가 블레셋의 포로가 된 것은 그를 사용하신 하나님이 포로된 것이고, 동시에 여호와 하나님이 블레셋 신에게 굴복한 셈이 된다. 그들이 삼손을 잡고 다곤 신전에서 제사를 지내며 흥이 나서 즐거워하며 뛰노는 모습을 보자. 그리고 백성들이 떠드는 소리를 들어보자.

"우리의 원수 삼손을 우리의 신이 우리의 손에 넘겨 주셨다"(삿 16:23, 새번역).

"우리 땅을 망쳐 놓은 원수, 우리 백성을 많이 죽인 원수를 우리의 신이 우리 손에 넘겨 주셨다"(삿 16:24-새번역).

힘을 잃고, 두 눈을 잃은 삼손은 맷돌을 돌리고 블레셋 통치자들은 그 모습을 보며 즐거워한다. 그들은 자기들의 신이 승리했다며 자기들의 신을 찬양하고, 흥이 날 때면 삼손을 불러다가 재주를 부리게 하였다. 하루는 큰 잔치를 배설하고 삼손을 불러 재주를 부리게 하려고 모든 준비를 갖추었다. 옥에서 삼손을 불러내어 두 기둥 사이에 세워 두었다. 그때야 비로소 삼손은 하나님을 기억하고 부르짖는다.

"주 하나님, 나를 기억하여 주시기를 간절히 바랍니다. 하나님, 이번 한 번만 힘을 주시기를 바랍니다. 나의 두 눈을 뽑은 블레셋 사람들에게 단번에 원수를 갚게 하여 주십시오"(삿 16:28, 새번역).

아, 답답한 사람이여! 그래도 끝없이 참고 기다려 주시는 하나님의 은총이여!

삼손이 하나님을 향해 부르짖은 것은 단 두 번뿐이다. 한번은 짐승 턱뼈로 삼천 명을 죽이고 목이 말라 섰을 때, '목이 타서 할례받지 못한 자들의 손에 붙잡혀 죽겠다'(삿 15:18)고 외쳤을 때이다. 두 번째는 마지막으로 포로 되어 죽기 위해 부르짖은 경우이다. 그는 자기가 죽게 된 것만 고통스럽게 생각한다. 그때도 하나님께서는 그의 부르짖음에 응답해 주셨다. 사사기 내내 반복되어 온 대로 비참한 가운데 부르짖는 절규는 하나님께서 반드시 들어주신다. 마지막 삼손의 부르짖음도 들어주신다.

신전을 버티고 있는 두 기둥을 하나는 왼손으로, 또 하나는 오른손으로 붙잡고, “블레셋 사람들과 함께 죽게 하여 주십시오!” 하고 부르짖는 그의 기도를 하나님께서 들으셨다. 자기 남은 온 힘을 다하여 기둥을 밀어내는 그에게 힘을 주셔서 그 신전이 무너지고 블레셋의 통치자들과 모든 백성이 돌더미에 깔려 죽었다. 신전이 무너진 것이다. 삼손도 그들과 함께 죽었다. 그 시신은 집으로 돌아가 이스라엘 땅에 묻혔다.

그를 통하여 하나님의 구원이 시작될 것(삿 13:5)이라고 하신 그 시작은 삼손이 죽을 때쯤 시작되고, 그의 죽음과 함께 마쳤다. 영원하신 여호와 하나님은 결코 실패함이 없으시다. 끝까지 삼손의 손을 붙드시고, 당신의 계획을 이루셨다. 신전이 무너지고 블레셋 방백들이 다 죽었다. 이제 하나님께서 블레셋의 성문을 정복하신 것이다.

아, 허망한 이스라엘의 장사여! 위대하신 하나님의 인내와 사랑이여! 그러나 삼손을 끝으로 이스라엘 사사의 역사도 끝나고 만다. 하나님의 손을 의지하고 일했던 사사들도 어두운 침묵 속으로 가라앉아 버렸다.

삼손은 영웅인가?

삼손은 나실인이다. 그리고 그에게 성령이 네 번이나 내리셨다(삿 13:25, 14:6, 19, 15:14). 하나님의 영이 그처럼 여러 번 내린 적은 다른 사사의 경우에는 없었다. 마치 방탕아가 일을 저질러 놓으면 부모가 쫓아다니며 그 일을 수습해 주듯이 하나님의 영은 삼손이 저질러 놓은 일을 수습하기 위해서만 임하셨다. 그리고 마침내 하나님의 영은 삼손을 향해 침묵하셨다. 그의 머리카락이 잘리고, 포로가 되어 눈이 빼지고, 맷돌을 돌려도 하나님은 그에게 침묵하셨다. 블레셋 사람들은 자기들의 원수를 자기의 신이 자기들의 손에 넘겨 주었다며 그의 신을 찬양하였다(삿 16:24). 언제 삼손이 이스라엘을 구원하기 시작하는가? 마지막 죽을 때이다. 시작만 하다가 죽은 사람이 삼손이다.

맥캔 교수는 삼손은 1) 무모하고, 2) 성욕과잉(psycosexual-dynamic)이고, 3) 불충실한 사람이다. 그는 해커(hacker)라고 하였다.

삼손 이야기에서 누가 영웅인가?

천사가 삼손이 태어난다고 고지했다. 그는 나실인이고, 하나님의 영이 네 번이나 임했던 사람이다. 삼손 뒤에는 언제나 그의 어머니가 있었다. 이렇게 보면, 삼손 내러티브에서 주도적인 역할을 한 사람은 어머니이다(물론 초기에 주로 역할을 함). 하나님이 아들을 준다는 하나님의 사자의 약속을 들은 사람도 어머니이고, 하나님과 그 가정에 다리를 놓은 사람도 그의 어머니였다. 남편이 자기들이 하나님을 보았으니, 틀림없이 죽을 것이라고 말했을 때도 그의 어머니는 신앙적인 대답을 한다.

> "만일 주님께서 우리를 죽이려 하셨다면 우리의 손에서 번제물과 곡식예물을 받지 않으셨을 것이며, 또 우리에게 이런 모든 일을 보이거나 이런 말씀을 하시지도 않으셨을 겁니다"(삿 13:23 새번역).

그리고 삼손을 낳았다. 삼손의 아버지 마노아는 항상 조연이다.

삼손의 어머니는 정말 신실한 사람이었고 신앙적인 여인이었다. 그녀는 헤로인(a heroin)이다. 그처럼 신앙적으로 어렵고 혼란스런 시대에 살았음에도 불구하고 구분되어 신실하게 산 여인이었다. 그런데 문제는 그림자같이 지났던 아버지 이름은 있는데, 영웅이었던 어머니 이름은 없다. 왜 그랬을까? 삼손의 어머니의 이름이 나오지 않는 이유는 무엇일까? 사사기 저자는 이 여인의 이름을 부르지 않으므로 하나님 앞에 경건하게 살아가는 사람들의 자세가 어떠해야 하는가를 보여주려 한 것일까? 요한복음 2장에 나오는 가나 혼인 잔치에서 물로 포도주를 만든 사건에서도 저자는 예수님의 어머니 이름을 부르지 않는다. 그냥 '예수의 어머니'라고만 한다. 어머니가 아무리 훌륭하다 해도 예수님 뒤에 가려져야 한다는 요한의 생각이었을 것이다.

삼손의 어머니의 이름을 밝히지 않은 이유는 그처럼 훌륭한 어머니였지만, 죽음으로 비로소 사역을 시작하고 끝을 맺은 삼손의 일생에 대하여 아무 말도 할 수 없었던 어머니의 마음을 대변하고 있는지도 모른다.

사사기는 여인들의 책이다. 드보라의 이야기로부터 시작하여 하솔의 군대장관 시스라를 죽인 야엘, 아비멜렉을 죽인 사람도 여인이고, 삼손의 출생을 가능케 했던 사람도 그의 어머니였다. 그리고 뒤에 나올 레위인의 첩의 비참한 죽음으로 사사기는 끝을 맺는다. 사사기에서 여인들은 경건하고 의를 세워가는 사람들로 나타나는데, 남자들은 비굴하거나 나약하고 신앙 면에서도 여자들에게 끌려 다니는 사람들로 표현되었다. 왜 사사기는 남자들을 이처럼 폄하한 것일까?

사사기 저자가 남자들을 폄하하고 여자들을 높이는 여성 해방론자였을까? 남자들이 그런 형편에 빠져들게 된 것은 바알과 아스다롯 숭배와 무관하지 않을 것이다. 남자들은 바알과 아스다롯 숭배에 빠져 있었고, 자연히 바알 신전에서 자행되었던 추잡한 성적 교접에 물들어 있었을 것이다. 바알과 아스다롯의 남자들의 신앙을 몰락하게 만든 것이라면 오늘날의 형편은 어떠한가를 묻고 싶다.

삼손을 통하여 보는 구약의 성령

삼손의 일생에 하나님의 영이 네 번이나 내리셨다. 삼손을 도와야 할 즈음에는 반드시 하나님의 영이 내리셨다. 다른 사사들에게도 그들이 사역을 이루어야 할 즈음에 하나님의 영이 내렸다. 구약에서 성령은 특별히 선택한 사람에게, 그리고 선택된 사람이 어떤 사명을 수행해야 할 때 내리셨다. 이렇게 보면 구약에서 성령의 역사는 아주 제한적이고 일시적이었다. 그래서 계속해서 성령의 임재를 체험해야 한다. 그러나 신약시대에 성령의 역사는 이와는 전혀 다르다.

오순절에 성령이 오신 것을 우리는 성령이 처음 임하신 것이라고 말한다. 그러나 성령님은 구약시대에도 활동하셨고, 신약시대에도 예수님께서 부활하셔서 사도들에게 성령을 주셨을 때, 이미 오순절 전에 활동하셨다(요 20:22, 23). 오순절에 성령 강림은 모든 믿는 사람들에게 내리셨다는 것을 보여준 것이고, 그리고 한번 성령 받은 사람들은 영원히 성령과 함께 산다는 특성을 보여준 것이다. 사도행전을 보면 성령 받은 사람들이 성령 받기 위하여 다시 기도를 했다든지 또는 '성령이여 오시옵소서' 하고 기도한 적도 없다. 심지어는 성령 충만을 주시라고 기도한 적도 없다. 성령 충만은 믿는 자들이 하나님의 영광과 하나님의 나라를 위하여 자기들의 힘에 겹도록 일하려고 결단하고 기도했을 때 하나님께서 선물로 주셨다.[39)]

---

39) 행 4:5-10 27-31 참조

미가 이야기

이제 이야기는 에브라임 산간지방에 사는 미가라는 사람에게로 옮겨진다.

그곳에 미가라는 사람이 살고 있었는데, 그 어머니로부터 은 일천 일백을 훔쳤다가 자기 어머니가 그 사람을 저주하는 소리를 듣고 훔친 돈을 어머니 앞에 내놓는다. 그 돈을 받은 어머니는 자기 아들이 저주를 받지 않도록 이 돈을 거룩하게 구별하기 위하여 하나님께 바친다는 의미로 은장이를 불러 우상을 만들게 한다. 그리고 미가 집에 두었다. 다시 말하면 그때부터 미가의 집은 개인 신당을 가지고, 자기들이 만든 신상을 섬기는 가정이 된 것이다. 당시 이스라엘에는 사사도 없고 통치자도 없었기 때문에 정치는 물론이거니와 종교적으로도 매우 혼란하여 제각기 마음대로 신상을 만들어 놓은 개인 신당을 가지고 있었다.

마침 그때 유다 땅 베들레헴에 한 레위 젊은이가 떠돌다가 에브라임의 미가 집에 들어오게 된다. 미가는 개인 신당을 가지고 있으나 제사장이 없었는데, 자기 집에 온 사람이 레위 사람이란 말을 듣고 그를 자기 가정 제사장으로 삼고, 아들처럼 대우해주었다. 그리곤 미가는, 자기가 레위 사람을 제사장으로 삼았으니, 이제는 주님께서 틀림없이 자기에게 복을 주실 것이라고 생각하였다(삿 17:13).

하나님을 섬기는 일은 그들의 머리와 가슴에서 사라졌다. 그리고 자기들의 복받는 일에 모든 신앙적 관심을 집중한다. 그리하여 혼합주의가 판을 치게 되었다.

단 지파에 대한 이야기를 해보자. 단 지파는 본래 위로는 에브라임 지파와 남쪽으로는 유다 지파 사이에 끼어 있었고, 서쪽으로는 지중해, 동쪽으로는 베냐민 지파 사이에 있었다. 그런데 무슨 이유인지는 몰라도 그 지역에서 사라진다. 그 중앙에 벧세메스가 위치해 있고, 벧세메스를 중심으로 아래로 펠라 지역이 펼쳐지는데 이 지역은 유다와 블레셋이 늘 충돌하던 지역이었다. 그 와중에 단 지파는 가나안 사람들과 블레셋 사람들의 압력에 굴복하여 새로운 거주지를 찾아야 했다. 이들은 헬몬 산기슭에 자리를 잡는다.[40] 그때도 단 지파는 땅을 탐지하러 다니는 중에 미가의 집에 머물면서 레위 소년을 발견하고, 레위 소년이 그 집에 고용되어 제사장으로 있다는 소리를 듣는다(삿 18:4). 그리곤 제법 근사한 예언을 그로부터 듣고 전쟁에서 승리한 후에 레위 소년을 더 좋은 고용 조건으로 초청하기로 한다. 그리고 제안한다.

---

40) 이스라엘과 블레셋 간의 국부적 충돌, 팔레스틴 남부 해안 지대 평야(between Philistines and Dan, to the west of Benjamin)에 정주한 초기 사건, 이후로 단은 이 지역에서 사라지고, 북쪽서 나타난다(삿 17-18장).블레셋-내륙지방의 전략적 요충, 특히 그 무역 도로와 공로(公路)를 장악하려 함. 두 민족 사이에는 교통과 무역이 자유로웠고, 사무엘 때와 같은 조직적 전쟁은 아직 없었다. 이스라엘 편에서 '할례 받지 않은 블레셋' 이라는 의식이 철저했으나, 그들 사이에 혼합 결혼이 있었다. 도자기가 쉐펠라와 블레셋 평원에 인접한 지대에 함께 나타난다는 것은 두 민족 사이에 충돌과 전투가 있기 전에 교제와 무역을 한 시기가 있었다는 입증이다. 단 지파가 쉐펠라 지역에서 북쪽으로 이동한 후에 그 지역은 블레셋의 지배하에 들어가서 다윗 때까지 유대 나라를 괴롭혔다.

"아무 말 말고 우리를 따라 나서십시오. 우리의 어른과 제사장이 되어 주십시오. 이 집에서 한 가정의 제사장이 되는 것보다야 이스라엘의 한 지파와 한 가문의 제사장이 되는 것이 더 낫지 않겠습니까?"(삿 18:19, 새번역)

그리곤 미가의 집보다 더 큰 보수를 제안한다. 그들이 제안한 고용 조건을 기쁨으로 받아들인 레위 소년(제사장)은 에봇과 드라빔과 은을 입힌 목상을 받아들고 단 지파로 간다. 미가는 순식간에 그동안 쌓아온 모든 희망을 빼앗기고 단 지파 사람들에게 항의한다.

"뭐요? 내가 만든 신상과 제사장을 빼앗아 가면서 무슨 일이 있느냐고? 그게 말이나 되는 소리요? 나에게 남은 것이 무엇이오?"(삿 18:24, 새번역)

미가의 이야기에서 보는 바와 같이 그 시대에는 우상 이야기를 빼놓고는 이야기를 전개할 수 없을 만큼 타락한 사회이다. 개인들이 신을 만들고 개인 신상을 만들었다. 그리고 개인들이 제사장도 만들었다. 또 그런 신을 섬기면서 이젠 모든 일이 형통하리라고 믿고 살았다. 또 이런 신과 제사장을 마음대로 빼앗아다 자기의 신과 제사장을 삼았다. 미가의 사건은 가정 우상숭배라면, 이제는 단 지파 단위로 자기들의 사유 제사장과 우상을 세우는 단계로 발전하였다. 과연 이것이 신앙이란 말인가?

오늘날도 예수 믿는 사람들 중에 자기들의 신을 자기들이 만들고, 자기들이 제사장을 마음대로 만들어 쓰고 있지는 않은지? 그리고 그런 신과 제사장을 마음대로 사고파는 것은 아닌지를 반성해 보아야 한다. 또 제사장(목사)이란 사람들이 고용 조건에 의하여 팔려 다니는 것은 아닌지? 오늘 우리는 교회 주인이 누구인지 깊이 반성해 볼 필요가 있는 시대에 살고 있다.

또 이야기는 에브라임 산지에 살고 있던 한 레위인의 한 사건으로 이어진다.41) 이 레위인이 베들레헴에서 한 여자를 첩으로 데려왔으나 무슨 일로 화가 났는지 베들레헴으로 돌아가 버린다. 레위인은 베들레헴에까지 가서 첩을 데리고 오다가 밤이 되자 기브온 성읍으로 들어간다. 기브온 성읍 광장에 앉았으나, 아무도 그들을 집으로 맞아들이는 사람이 없었다. 늦게 해가 저물고 밭에서 돌아오던 에브라임 사람인 노인이 그를 데리고 기브아(기브아는 베냐민 땅이었다)로 데리고 가서 밤을 지내게 해준다.

저녁에 쉼을 즐기고 있을 때 그 성읍의 불량배들이 몰려와 문을 두드리며, 손님을 끌어내라고 한다. 그 손님과 관계를 해야겠다고 한다. 이들이 원한 건 여자가 아니라 남자였다. 노인은 남자에

41) 가나안 부족들의 동맹은 드보라-바락의 지휘 아래 여러 지파의 광범위한 단합을 실현시켰다. 그러나 단합은 미미한 것이었고, 각 지파 간에는 시기, 반목이 팽배했었다. 또 단 지파가 사라진 자리에 에브라임 사람들이 우거하면서(8:1-4, 12:1-6), 마침내 처참한 불화를 빚어냈다(12장, 19-21장). 크리스천 공동체에서 어느 한쪽이 그 책임을 다하지 못할 때 일어나는 비극을 보여 준다.

게 수치스런 일을 하지 말라고 했지만 그들은 말을 듣지 않았다. 위협을 느낀 레위 사람은 자기 첩을 그들에게 내주었다. 그 불량배들은 그 여자를 밤새도록 윤간(輪姦)하고 동이 틀 때 놓아주었다. 아침에 집을 떠나려고 문을 열어보고야 그 여자가 죽어 있는 것을 발견하였다.

여자의 시체를 집으로 가져온 레위인은 칼로 여자의 시체를 열두 토막을 내고, 이스라엘 각 지파에게 보낸다. 이 사건으로 인하여 온 이스라엘이 베냐민 지파를 상대로 전쟁을 벌이게 된다. 그 결과 베냐민 사람들 만 팔천 명이 죽었고, 오천 명을 또 죽이고, 이만 오천 명이 죽었다. 이스라엘 사람들은 삼손이 그러했듯이 저마다 자기 마음에 좋은 대로 마음대로 생활했다. 하나님도 없고 나라나 공동체도 없고, 오직 자기만 존재하는 사회가 되었다는 말이다. 하나님께서는 개인도 존중하시지만, 그보다는 언제나 공동체를 중요시하신다. 이집트에서 개인을 구원하신 게 아니다. 그 민족을 구원하신 것이다. 개인들을 가나안 땅에 들어가게 하신 것이 아니라 한 민족을 가나안 땅에 들어가게 하신 것이다. 그리고 그 나라를 12지파로 나누어 주셨다. 여호수아 시대와 사사기 첫 부분에서는 공동체가 강조되었다. 그러나 점점 부족으로, 개인으로 흐르다가 마지막에는 각자가 자기에게만 좋으면 모든 것이 좋다는 생각으로 흘렀다. 그 사회는 멸망할 수밖에 없는 사회이다.

사사기의 마지막은 이렇게 끝을 맺고 있다.

> "그 때에는 이스라엘에 왕이 없었으므로, 사람들은 저마다 자기의

뜻에 맞는 대로 하였다."(삿 21:5, 새번역)

2009년 7월, 미국 캘리포니아주는 부도 직전에 처해 있다. 경제규모로만 해도 캘리포니아는 세계 8번째 가는 경제 구역이다. 그런 곳이 부도에 직면한 이유는 30년 전 부유한 사람들이 제안해서 65퍼센트의 찬성을 얻어 통과된 한 법 때문이라고 한다. 집이나 토지 세금을 사던 해의 시가로 쳐서 낸다는 법안이다. 집값이 아무리 올라도 집을 샀던 해의 세금으로 고정시킨다는 것이다. 그 후로도 자기들에게 유리한 법을 계속해서 만들어 갔다고 한다. 주(state) 지사들도 그 위험을 알고 세법을 개정하려 했지만, 자기들의 지지 기반을 잃어버릴 위험이 크기 때문에 그때마다 그냥 묵인하고 지나간 것이다. 그 결과 30년 후에는 부도를 맞는 신세가 된 것이다.

종교와 도덕

초기에는 여호와 외에 다른 신을 섬기지 않았다는 증거가 있다. 이스라엘 초기 중앙 팔레스틴 지방에 있었을 아스다롯 신상이 이스라엘 국경 지대에는 많지만, 팔레스틴의 고고학 발굴에서는 나오지 않았다. 이것은 이스라엘 초기에 우상숭배가 이스라엘에서 없었다는 증거이다. 그 후에 고고학 발글에 의하면 변방에 사는 이스라엘 백성들은 풍요의 여신인 아스다롯의 작은 상들을 가지고 있었다. 학자들은 이것은 두 종교를 통합해 보려는 노력의 흔적이라고 해석한다. 점차 이스라엘 백성들 중에 여호와는 이 영역(역사)의 주인이시고, 바알은 저 영역(땅의 비옥함)의 주인이라고 믿기 시작한다. 가나안 신들을 통해서 풍요와 다산을 보장받기를 원했기 때문이다. 여호수아 시대까지만 해도 신성동맹이 있었고, 동맹의 중심은 실로였다. 여호수아 시대에 세워졌던 실로의 중앙 성소는 엘리 제사장 시기에도 중앙 성소로 사용되었다(수 18-19, 21-22). 이 중앙 성소는 사사시대를 통하여 계속되었고(삿 21:19, 21), 엘리와 사무엘 때에는 널리 알려진 종교 중심지였다. 실로에서 연중 축제 행사가 있었다.

혼합주의

현재도 우상숭배는 교회 밖에만 있는 것이 아니다. 바로 교회 안에서 하나님을 예배하는 것과 동시에 이뤄지고 있다는 사실을 직시해야 한다.

고고학적 발굴에 의하면 당시 예배 장소가 실로만 아니라 길갈, 벧엘, 단 같은 데에도 신당이 있었다. 특별히 실로의 성소에서는 해마다 축제 행사가 있었고, 종교적 공포문이 나가는 중심이었다. 그러나 실로 성소도 주전 1050년 경에 블레셋에 의하여 파괴되었다.

당시의 도덕적 상황

이 책의 현재적 위치

1. 동시대의 신자들을 의의 길로 인도하며 여호와를 이탈함으로 오는 결과를 경고하는 증거가 됨.

2. 하나님은 그들을 승리로 인도하셨으니 그 없이 그들의 수고는 헛된 것이다.

3. 창세기의 원칙 : '네가 잘했으면 용납되지 않을 수 있을까?' '만일 네가 잘못했으면 죄가 네 집 문에 깃들일 것이라' (4:7)는 사상이 이 책에 넘친다.

4. 여호와를 잊어버린 민족, 지파, 가문이 당할 산 예증이 여기에 있다.

신학자 마빈은 사사기를 '울음의 책' 이라고 했다.

사사기 서론의 결론인 2장 4절에서부터 백성들이 소리 높여 우는 장면으로 시작한다.

"여호와의 사자가 이스라엘 모든 자손에게 이 말씀을 이르매 백성이 소리를 높여 운지라."

입다의 이야기도 울음으로 끝난다. 사사기 마지막엔 레위의 첩의 죽음으로 이어지는 울음이었고, 21장 25절에는 사사기의 저자의 탄식으로 막을 내린다. 왜 사사기는 울음의 책인가?

안식의 땅에서 안식을 누리지 못하는 비극 때문에 터진 울음들이다. 그들은 젖과 꿀이 흐는 땅을 눈물의 땅으로 만들었고, 축복의 땅을 저주의 땅으로 만들었다. 그 이유를 우리는 불순종 때문이라고 말한다. 그러나 불순종이 먼저가 아니라 하나님의 말씀을 분명히 알고 지키지 않았다는 말이 먼저 언급되어야 한다. 말씀대로 사는 것은 우리의 생존, 사느냐 죽느냐, 생명이냐 사망이냐와 관계가 있다(신 30:15-20). 축복과 저주도 말씀과 관계가 있다. 그러므로 예수님도 말씀을 듣고 행하는 자가 복되다고 하셨다.

여호수아의 핵심 주제는 '땅의 선물' 이다. 그러나 하나님이 주신 '땅의 선물' 도 그 백성들이 말씀을 배우고 기억하고 그 말씀대로 철저하게 살지 않으면 상실될 수 있다는 사실이 사사기에 깔려 있는 사상이다. 사사기 저자는 18장 30절에서 단 지파의 불행을 말하면서 이 책을 읽는 모든 사람에게 선언하고 있다.

"단 지파 자손은 자기들이 섬길 신상을 세웠다. 그리고 모세의 손자이며 게르손의 아들인 요나단과 그의 자손이 단 지파의 제사장이 되어, 그 땅 사람들이 포로로 잡혀갈 때까지 그 일을 맡았다."

이스라엘은 이 자유를 남용하여 자신만을 위해 사용한다. 이들에게는 자유만 있었을 뿐 섬김이 없었다.

1) 이방의 압제에 대항하는 여호와의 전쟁에 일심으로 동참하지 않는다.

2) 왕이 없으므로 각자 자기 소견대로 행동하므로 지파들 사이에 분열이 일어났다.

3) 해방의 자유를 누릴 수 있었는데도, 모두 자기 소견에 옳은 대로만 행하여 거룩한 공동체 안의 평안마저 유지되기 어렵게 한다.

결국 사사기는 자기 중심적 신앙으로 여호와로부터 떠나려는 이스라엘의 잘못된 독립심을 보여준다.

"왕이 없어서"란 말을 다섯 번이나 반복한다(삿 11:27, 17:6, 18:1, 19:1, 21:25). 정말 왕이 없으므로 사람들이 제각기 자기 좋은 대로 행동했다는 말인지, 아니면 왕이신 하나님이 그들 가운데 없기 때문에 그리 되었다는 것인지, 사사기는 의문을 남긴 채 끝난다.

룻기

Ruth

›› 2

인간은 어떤 길이든지 들어설 수 있지만,
어떤 주어진 순간에도 각 사람을 위한
최선의 길이 따로 있다.
지금 이곳에서 모든 것 중에
그가 할 수 있는 가장 현명한 것이 있다.

–토머스 칼라일

룻기 내러티브로 들어가면서 ›› 1

성경 전체에서 가장 아름다운 내러티브적 예술(narrative art)로 기록된 책이 바로 룻기이다. 로마서를 다이아몬드 반지라고 하면 로마서 8장은 다이아몬드라고 했듯이 구약에서 가장 반짝이는 진주와 같은 책이 룻기이다. 그래서 룻기를 독일 문호 괴테는 구약에서 '가장 아름다운 작은 스토리' 라고 했다. 좀 딱딱하고 침울한 사사기와 어두운 이스라엘의 정치 현실을 보여주는 사무엘서 중간에 쉬어 갈 수 있는 오아시스와 같은 쉼터가 바로 룻기이다. 룻은 세계적인 문학가들에게 영감의 준 주인공이다. 단테는 룻을 '다윗의 조상으로, 온유한 여인' 으로 인용하였고, 이삭 줍는 소년(the gleaner-maid, meek ancestress)의 모델이 되기도 하고, 존 버니언은 룻에게서 크리스티아나의 젊은 동반자인 인자(mercy)의 모델을 찾아냈고, 존 밀턴은 덕이 많은 젊은 여인의 모델로 룻을 사용하였다.[1]

문학적으로 보면 룻기는 가장 예술적으로 쓰여진 하나의 단편소설이다. 그러므로 문학적인 면으로 이 책을 읽으면서 그 밑에 흐르는 신앙적인 이야기를 짚어가면 더 재미있을 것이다.

누가 룻기의 주인공인가?

책 제목이 우선 룻기라고 되어 있고, 이 책의 줄거리 전체를 지배하는 인물은 바로 룻이란 여인이다. 그래서 주인공이 룻이란 사실은 의심할 여지가 없어 보인다. 그러나 우리의 단순한 생각으로 판단하기보다는 저자의 의도 속에 있는 주인공이 누구인가가 더 중요할 것이다. 그렇다면 저자의 입장에서 룻기의 서론을 읽어보자.

> "사사들이 치리하던 때에 그 땅에 흉년이 드니라 유다 베들레헴에 한 사람이 그의 아내와 두 아들을 데리고 모압 지방에 가서 거류하였는데 그 사람의 이름은 엘리멜렉이요 그의 아내의 이름은 나오미요 그의 두 아들의 이름은 말론과 기룐이니 유다 베들레헴 에브랏 사람들이더라 그들이 모압 지방에 들어가서 거기 살더니 나오미의 남편 엘리멜렉

1) 김지찬, 요단강에서 바벨론 물가까지, 생명의 말씀사, 2002, p.235

이 죽고 나오미와 그의 두 아들이 남았으며 그들은 모압 여자 중에서 그들의 아내를 맞이하였는데 하나의 이름은 오르바요 하나의 이름은 룻이더라 그들이 거기에 거주한 지 십 년쯤에"(개역개정, 룻 1:1-4).

주인공들의 이름은 2절부터 언급된다. 2절에서 중심 인물은 엘리멜렉이다. 엘리멜렉이 기준이 되어 인간관계를 설정하고 있기 때문이다. '엘리멜렉의 아내', '엘리멜렉의 아들'이라고 한다. 그러나 3절부터는 중심 인물이 반전되어 나오미로 바뀐다. 나오미의 남편 엘리멜렉이고, 두 아들도 나오미의 아들이다. 물론 남편이 죽었기 때문에 나오미로 중심 인물이 바뀌었겠지만 룻기를 자세히 살펴보면, 룻기의 모든 인물 설정은 나오미를 중심으로 되어 있다. 룻기 전체의 내용의 흐름에서 주도권과 결정권을 가지고 이야기를 이끌어 가는 사람도 나오미다. 룻기의 맨 마지막에 가면 이야기의 중심 인물이 나오미인 것이 더욱 분명해진다.

그러나 사실 이 책 내면을 가득채운 것은 하나님의 섭리와 사랑이다. 나오미와 룻, 그리고 보아스가 엮어내는 이야기 속에 인간의 모든 삶을 간섭하시고 도우시는 하나님이 실제적인 이 책의 주인공이다. 이렇게 보면, 이 책의 중심 인물은 여호와시다.

나오미와 룻의 이야기가 언제 지금과 같은 문학 형태를 갖추었을까? 어떤 학자들은 포로기 이후에 이방 포로 생활에서 갓 돌아온 사람들을 격려하려고, 또 그들과 함께 돌아온 이방인들을 하나님의 백성으로 받아들일 것을 요구하려는 의미로 룻기를 썼을 것으로 생각하기도 한다. 그러나 '멜렉' 이란 단어를 포로기 이후에는 이름으로 사용하지 않았다는 점에서 포로 후기설을 반대하기도 한다. 우리는 전통적인 성경의 순서에 따라 룻기가 사사기 다음에 나오는 순서로 연대를 생각하고 이 책을 읽으려 한다. 룻기는 아가, 전도서, 예레미야애가 그리고 에스더와 함께 유대 큰 명절에 한 권씩 읽혀지는 책이기도 하다.

룻기의 중심 주제

룻기란 명작을 이해하도록 돕기 위해 먼저 룻기의 주제가 무엇인지를 찾아보는 것이 유익할 것이다. 사람들은 쉽게 룻의 효성을 이야기하기도 한다. 그런 이유 때문에 룻이 하나님의 축복을 받은 여인으로 생각한다. 룻은 효성이 지극한 여인이었다. 그러나 효성만으로 룻기를 풀어가면, 그 효성의 근거가 무엇인가가 분명하게 드러나지 않기 때문에 룻기는 단지 효도를 강요하는 책이 되고 만다. 룻기는 그렇게 간단한 책이 아니다. 책의 흐름 속에 굉장한 신학적 사상이 들어 있다. 이 흐름을 읽지 못한다면 룻기의 아름다운 문학성을 맛보지 못하게 될 것이다.

룻기를 읽어가면 처음부터 끝까지 계속해서 반복되어 나오는 낱말이 있다. '선대', '인애', '은혜' 란 말이다. 이 단어는 원어에서는 '헷세드' (1:8, 2:20, 3:10)나 '헨' (2;2, 2:10, 2:13)이라는 말이다. 헷세드(hesed-חֶסֶד)는 일반적으로 친절(kindness), 자애(lovingkindness-주로 신의 인자(仁慈)), 자비, 영원한 사랑, 충성, 끝없는 사랑 등으로 사용되는 단어이다. 출애굽기 20장과 신명기 5장에서는 단순하게 그를 사랑하는 사람들에게 주시는 하나님의 헷세드는 그를 미워하는 사람들에게는 반대 개념으로 나타나는 것으로 말한다. 이렇게 보면, 하나님의 헷세드는 반대(배반)가 없는 상태에서 [2] 이뤄지는 계약관계에서만 나타나는 사랑이다. 하나님과 이스라엘의 계약관계에서, 이스라엘이 거둔 승리들은 계약을 준수한 것에 대한 보상으로 얻어진 것이다. 이렇게 보면 하나님의 헷세드는 근본적으로 자비가 아니라, 계약 의무에 대한 하나님의 신실함이고, 이스라엘이 마땅히 하나님께 보여줘야 하는 충성이다.[3] 우리가 너무나 쉽게 하나님의 사랑을 남발하는 것은 아닌가 묻고 싶다.

특별히 헷세드가 인간과 인간 사이에 사용될 때는 윤리적으로 묶여진 관계 안에서 실천되는 사랑을 말한다. 이런 관계성 안에서 헷세드는 자포자기의 상태나 위험한 상태에 있는 사람을 그런 상태로부터 건져주는 도움이나 관심을 뜻하기도 한다.[4] 룻기에는 헷세드란 단어가 세 번 사용되었다(룻 1:8; 2:20; 3:10).[5]

룻기에 헷세드와 비교될 만한 또 하나의 단어는 은혜로 번역된 'חֵן-hēn' 이란 단어이다. 은혜로 번역된 헨은 '은혜를 베풀다' 또

---

2) Harris, R. Laird, Theological Wordbook of the O.T, pp.698-700 참고

3) 상게서, R. Laird Harris, pp. 305-307

4) Katharine D. Sakenfeld, Ruth, Interpretation, John Knox, 1999. pp. 11, 12

5) 한글 성경에서는 1장 8절은 '선대하다' (개역개정판), '사랑하다' (새번역)로, 2장 20절은 '은혜' (개역개정판)로, '자비(새번역)' 로 번역했다. 3장 10절은 '인애' (개역개정판)로 그리고 후자는 '갸륵한 마음' 으로 번역했다.

는 '은혜를 입다' 란 뜻인데, 신학적인 용어보다는 일반적인 의미로 인간관계에서 사용한다. 그러나 룻기에서는 헷세드와 구별하기가 어렵게 사용하였다. 여하튼 헷세드와 헨, 이 두 단어를 살펴 가면서 읽어가면 룻기 안에 숨겨진 깊은 뜻을 파악할 수 있고, 또 이 헷세드를 통하여 하나님께서 어떻게 이들 가정 안에 일하셨는가를 읽을 수 있을 것이다. 또 룻기에는 헷세드나 헨을 직접 사용하지 않지만, 그들의 행동이 바로 이런 헷세드를 표현하는 행동이 이미지로 나타나 있다. 이 책은 텅 빈 가슴으로 고향에 돌아온 나오미를 하나님께서 이 사람들의 헷세드를 통하여 어떻게 충만하게 채워가시는가를 보여주는 책이기 때문이다.

이런 관점에서 룻기의 내용을 다음과 같이 이해할 수 있다.

1) 서막: 텅 빈 나오미(1:1-6)

2) 1막: 여호와가 재난의 원인?(1:7-22)

3) 2막: 여호와의 헷세드(1:19-2:23)

4) 3막: 룻의 헷세드(3:1-18)

5) 4막: 보아스의 헷세드(4:1-12)

6) 결미: 채워진 나오미(4:13-22).

모압으로 떠난 베들레헴 사람들 ›› 2

룻기 1장 1-5절

나오미는 베들레헴 사람이다. 룻기를 시작하면서, 내레이터(Narrator)는 이 등장인물들이 '유다 베들레헴 에브랏 사람들' 이라고 밝힌다(룻 1:2).[6] 유대 지리를 아는 사람들은 이 말을 들으면 곧바로 다윗을 연상하게 될 것이다. 그곳은 다윗의 고향이기 때문이다(삼상 17:12). 내레이터는 이 책을 다윗과 관계가 있다는 암시를 던지면

---

6) 에브랏과 베들레헴은 병행이거나(룻 4:1; 참고 미 5:2)), 베들레헴이 에브랏 지방의 한 성읍인 것을 의미할 것이다(창 48:7). 베들레헴과 에브랏을 병행하여 쓰는 이유는 팔레스틴의 베들레헴과 구별하기 위함일 것이다.

서 시작한다.

베들레헴 에브랏 사람들, 엘리멜렉(하나님은 왕이시다 또는 멜렉은 하나님이시다), 나오미(나의 즐거움, 나의 기뻐하는 자), 멜론과 기룐이 그 땅에 흉년이 들어 모압 지역으로 먹을 것을 찾아 떠났다. 이들은 그곳에서 떳떳한 그곳 시민으로 살지 못하였고, 거류민으로 살았다.[7] 그런데도 오르바와 룻이란 모압 여인은 거류민인 멜론과 기룐과 결혼하였다. 그 후 그 가정에 불행이 닥쳐와 가장인 엘리멜렉이 죽고, 이어 두 아들이 죽었다. 10년 사이에 남편과 두 아들을 잃은 것이다. 이것은 나오미와 두 모압 며느리들에게 있어 비극이다. 그런데 저자는 이 엄청난 비극을 나오미에게 불어닥친 비극이라고 표현한다.

> "말론과 기룐 두 사람이 다 죽고 그 여인은 두 아들과 남편의 뒤에 남았더라"(룻 1:5).

여기서 사용된 '아들' 이란 단어는 히브리어로는 '아기' 또는 '소년' 이란 의미로 사용되는 'yeled' (יֶלֶד)이다.[8] 두 아들이 가정을 위하여 어떤 직업도 갖지 않고 살다가 죽었다는 말인지, 남편과 두 아들이 아무것도 남겨놓은 것 없이 죽어서 남은 모든 짐은 나

7) 고대에서는 거류민은 법적 권리를 가지지 못한 외국인을 가리킨다. 다윗이 가드에서 산 경우이다(삼상 27:3).

8) 1장 5절에 두 며느리를 '두 아기들' (יֶלֶד-yeled)이라고 했다. 결혼한 여인들을 '아기' 로 지칭한 것은 매우 이례적이다.

오미의 어깨에 메여 있다는 표현일 것이다. 가부장적 세계에서 늙은 여인이 남편과 아들 없이 홀로 남는다는 것은 거의 죽음이나 다를 바가 없다. 트리블(Trible) 교수는 그 상황을 다음과 같이 그리고 있다.

"아내에서 미망인으로, 어머니에서 아무도 어머니라고 불러줄 자가 없는 무자식 어머니로 바뀌어 버린 이 여인은 모든 정체성을 빼앗겨 버렸다. 남성 지배의 문화가 여성에게 제공할 수 있는 남편과 자녀의 안전이 더 이상 여인에게는 주어질 수 없었다. 여성을 가치 있게 여길 수 있는 조건이 그녀에게는 아무것도 없다. 후손을 통해 얻을 수 있는 노년의 축복도 이 여인은 누릴 수 없었다. 이방 땅에서 나그네가 된 이 여인은 죽음의 희생물이었다."9)

9) Trible, God and the Rhetoric of Sexuality(Fortress, 1978), pp. 167-168

텅 빈 가슴으로 돌아오는 나오미 ›› 3

룻기 1장 6-22절

룻기의 본론은 나오미가 모압을 떠나려고 하는 것으로부터 시작된다. 고향에 풍년이 들게 하셨다는 말을 듣고 두 며느리와 함께 떠날 채비를 한다. 두 며느리가 따라 나선다. 한참이나 길을 가다가 나오미가 어떤 생각을 했는지, 며느리들에게 고향으로 돌아가라고 권한다. 그렇다. 모압 여인들이 베들레헴으로 갈 이유가 하나도 없다. 모압 사람은 이스라엘 사람들이 아주 업신여기는 민족이다. 이들에겐 남편도 없고, 그렇다고 자기들을 보호해 줄 보호자가 한 사람도 없다. 생계조차 막연한 상태이다. 늙은 시어머니 나오미를 봉양해야 할 일밖에 없는데, 누가 나오미를 따라 남의 나라 땅으

▲ 모압에서 예루살렘으로 올라가는 길

로 가려 하겠는가?

나오미는 이 사실을 간파하고 며느리들에게 고향으로 돌아갈 것을 설득한다.

> "돌아가 다오, 내 딸들아. 제발 돌아가거라. 재혼을 하기에는, 내가 너무 늙었다. 설령, 나에게 어떤 희망이 있다거나, 오늘 밤 내가 남편을 맞아들여 아들들을 낳게 된다거나 하더라도, 너희가 그것들이 클 때까지 기다릴 셈이냐? 그 때까지 재혼도 하지 않고, 홀로들 지내겠다는 말이냐? 아서라, 내 딸들아. 너희들 처지를 생각하니, 내 마음이 너무나 괴롭구나. 주님께서 손으로 나를 치신 것이 분명하다"(룻 1:12-13, 새번역).

그녀들은 나오미가 헤어지려 하자 두 번이나 울었다. 그녀들이 거류자인 사람들과 결혼한 것도 그렇고 나오미를 이처럼 못 잊어 하는 것을 보면, 나오미의 말대로 이들은 나오미를 정말 따뜻하게 대해주었던 며느리들이었을 것이다.[10] 그러나 마침내 오르바는

10) 나오미가 며느리들을 하나님이 선대해 주시리라고 확신하는 것도 그녀들의 보여준 사랑이 어떠했는가를 보여준다.

시어머니에게 입맞추고 작별 인사를 하고 떠난다. 룻은 오히려 시어머니 곁에 더 달라붙어 말한다.

> "나더러, 어머님 곁을 떠나라거나, 어머님을 뒤따르지 말고 돌아가라고는 강요하지 마십시오. 어머님이 가시는 곳에 나도 가고, 어머님이 머무르시는 곳에 나도 머무르겠습니다. 어머님의 겨레가 내 겨레이고, 어머님의 하나님이 내 하나님입니다. 어머님이 숨을 거두시는 곳에서 나도 죽고, 그 곳에 나도 묻히겠습니다. 죽음이 어머님과 나를 떼어놓기 전에 내가 어머님을 떠난다면, 주님께서 나에게 벌을 내리시고 또 더 내리신다 하여도 달게 받겠습니다"(룻 1:16-17, 새번역).

룻이 나오미를 따라 베들레헴으로 가겠다는 이유가 무엇인가? 이 물음에 대답하기보다는 오르바가 왜 돌아갔는가를 묻는 게 더 쉬울 것이다. 물론 그녀가 돌아간 것은 나오미에게 전혀 소망이 없기 때문에 돌아갔을 것이다. 그러나 나오미가 룻을 타이르면서 한 말을 음미해 보면 거기엔 또다른 이유가 있다.

> "보아라. 네 동서는 저의 겨레와 신에게로 돌아갔다. 너도 네 동서의 뒤를 따라 돌아가거라"(룻 1:15, 새번역).

오르바가 돌아간 것은 자기 백성과 그들의 신에게로 돌아간 것이라고 한다. 그들이 헤어진 이유는 단순히 인간적 이해관계 때문이거나 생활의 어려움이나 미래에 희망이 없기 때문이 아니라, 종교 문제였고 영적 문제였다는 사실이다. 룻은 오르바와는 반대로 선택했다. 그렇다면 룻이 나오미를 따르겠다고 선택한 것은 어떤 의미를 지니는가? 그것은 모압 백성과 그 신에게로 돌아가지 않겠다는 것이 아니겠는가? 룻은 "어머니의 겨레가 내 겨레이고, 어머님의 하나님이 내 하나님입니다"라고 고백했다. 룻이 말하는 어머니 묻히는 곳에 자기도 묻힌다는 말은 단순히 죽어서 땅에 묻힌다는 일반적인 개념이 아닌, 유대인들의 장례문화를 배경으로 두고 하는 말이다. 말 그대로 나오미의 가족묘에 같이 묻히겠다는 뜻이다.[11]

나오미는 놀란다. '이 아이가 언제 하나님을 믿게 되었단 말인가?' 룻이 언제 하나님의 백성이 되었는지 성경은 밝히지 않는다. 단지 나오미가 베들레헴으로 돌아가려고 하는 순간에 발견되었을 뿐이다. 어떻게 룻이 모압 땅에서 하나님을 만났을까? 그래서 그의 백성이 되었을까? 룻기는 여기에 대하여 아무 말이 없다. 추측할 수밖에 없는데, 그곳에 하나님을 아는 사람은 단지 나오미밖에 없었으니 틀림없이 나오미와 관계가 될 것이다. 나오미는 말없는 전도자였다. 그녀가 룻이나 오브라에게 전도했다는 말은 없다. 그러나 두 번이나 목을 안고 두 며느리가 큰 소리로 울었던 것을 보면 시어머니인 나오미는 이들과 아주 좋은 관계를 맺고 살았던 것 같다. 그리고 룻은 시어머니의 삶을 통하여 하나님을 알게 되었다

11) 유대인의 장례는 하루, 그리고 한 달 후에 탈육된 뼈를 모아 관에 넣어 보관하고, 그리고 일 년을 지난다. 룻은 탈육된 뼈로 식구들의 보관함에 들어가는 것을 말한다.

는 추측밖에는 다른 이유를 발견하지 못한다. 삶의 전도, 관계전도, 이것은 나오미가 우리에게 보여주는 모범적인 전도 방법이다. 룻은 어떤 희망이나 기대하는 게 있어서 베들레헴 길을 선택한 게 아니다. 단지 하나님의 영역으로 들어가기로 결심했기 때문에 나오미를 따른 것이다.

1장의 마지막 장면은 나오미와 룻 앞에 아무런 희망이 없다는 사실을 한 번 더 강조한다. 나오미는 '하나님이 자기를 쳤다' 고 말한다. 그래서 자기는 빈손이 되었고, 마라(Mara)가 되었다고 한다. 흉년이 들어 먹고 살기 위해 나오미의 가족이 베들레헴을 떠나 모압으로 간 것이 잘못인가? 혹자는 그것이 무슨 잘못이냐고 말하기도 한다. 룻기에도 그것이 잘못이라고 말하는 곳은 한 곳도 없다. 그러나 1장 1절과 2절의 흐름을 보면 재미있는 표현을 발견하게 된다. 1절에서 이 가족이 베들레헴을 떠날 때는 이름이 전혀 나오지 않는다. 그리고 2절에 모압에서야 비로소 이들의 이름이 명시된다.

> "그 남자의 이름은 엘리멜렉이요, 아내의 이름은 나오미이며, 두 아들의 이름은 말론과 기룐이다."

왜 이들의 이름을 베들레헴에 있을 때 밝히지 않고, 모압에서야 밝히는 것일까? 그렇다면 이들의 이름이 이제는 베들레헴에 없다는 뜻이 아닐까? 그리고 이제는 그들은 모압 사람이란 뜻이 아닐까? 이들은 모압에 아주 살기 위해 간 것이 아니다. 이들은 단지

'우거하러' 갔다(룻 1:2). 그럼에도 불구하고 베들레헴을 떠난 것은 잘못이란 인식이 저자의 뇌리에는 깊이 자리잡고 있다고 보아야 한다.

하나님은 지금까지의 내용에서 침묵하고 계신다. 그리고 1장 마지막에 나오미가 부르짖는 탄식 속에 하나님의 이름이 등장하기 시작한다.

> "나오미가 그들에게 이르되 나를 나오미라 부르지 말고 나를 마라라 부르라 이는 전능자가 나를 심히 괴롭게 하셨음이니라 내가 풍족하게 나갔더니 여호와께서 내게 비어 돌아오게 하셨느니라 여호와께서 나를 징벌하셨고 전능자가 나를 괴롭게 하셨거늘 너희가 어찌 나를 나오미라 부르느냐 하니라"(룻 1:20-21).

주님께서 고향에 풍년을 들게 하셨다는 말을 듣고 고향을 향해 출발하지만, 그러나 자기의 잘못 때문에 '하나님이 나를 징벌하셨고, 나를 괴롭게 하셨다' 는 자괴감이 너무 깊다. 이런 고백은 앞으로 베들레헴에 가서도 그녀가 일어서기가 쉽지 않을 것이란 생각을 독자로 하여금 느끼게 한다. 나오미에게 희망과 절망이 교차되고 있다.

룻기 1장의 마지막은 "주님께서는 나를 텅 비어서 돌아오게 하셨습니다" 라는 고백으로 끝난다. 나오미가 가진 것은 아무것도 없다. 단 하나 남은 것은 룻이다. 사실 룻에게도 소망이 없다. 남편이 없는 여인에게 무슨 소망이 있겠는가? 나오미도 룻도 모두 비어 있다. 이들의 텅 빈 인생을 어떻게 채워갈 것인가?

▲ 베들레헴 들녘

하나님께서 백성들을 돌보셔서 고향에 풍년이 들었다는 소식(룻 1:6), 그리고 "그들이 베들레헴에 이르렀을 때는 보리를 거두기 시작할 무렵이었다(룻 1:22)"고 희망을 띄우기는 하지만, 나오미와 룻은 한 끼를 걱정해야 하는 처지였다. 특히 나오미는 한 끼를 위해 움직여야 할 책임이 있음에도 불구하고 꼼짝도 하지 않고 있다. 룻은 새로운 환경과 이질적인 문화에도 적응해야 했고, 따갑게 다가오는 유대인들의 편견도 감수해야 했다. 풍년이 든 고향에 돌아오기는 했어도 그 가정에는 전혀 희망이 보이지 않았다.

추수 밭에서 이뤄지는 로맨스 ›› 4

룻기 3장 1-23절

그래도 이 가정의 유일한 희망은 나오미를 통해 하나님을 자기 하나님으로 받아들인 룻이다. 하나님께서는 젊은 과부 룻을 통하여 텅 빈 그들을 채워나가실 것인가?

룻기 2장 1절에서는 난데없이 보아스라는 사람을 거론하면서 시작한다. 이 상황을 나오미와 룻은 전혀 모르고 있다. 그런데 내레이터는 이 사람을 나오미의 남편이었던 엘리멜렉의 친족이요, 그 지방에서 아주 유력한 자라고 소개하고 있다. 이 사람에게서 희미한 희망의 불빛이 비춰오고 있다는 암시를 준다. 내레이터는 계속 룻을 '모압 여인' 이라고 부른다. 룻이 베들레헴에 도착했을 때도, '나오미가 모압 지방에서 그의 며느리 모압 여인 룻과 함께 돌아왔다' 고 말하고, 베들레헴에 정착해서도 룻은 아직도 모압 여인이다(룻 2:2). 룻을 모압 여인이라고 부르는 것을 보면 아직도 그녀는 그 사회의 일원으로 받아들여진 것 같지 않고 그 지역 사람들에겐 여전히 이방 여인으로 여겨졌다는 의미이다. 그럼에도 불구하고 모압 여인 룻은 일어난다. 그리고 벼 이삭을 주우러 가기 위해 시모 나오미에게 허락을 요청한다. 이렇게 결단할 수 있었던 이유는 무엇이었을까?

> "내가 밭으로 가서 내가 누구에게 은혜(hēn)를 입으면 그를 따라서 이삭을 줍겠나이다"(룻 2:2)12).

룻은 1장에서 "이제는 하나님이 내 하나님이 되실 것" 이라 선언한 후에 바로 그 믿음을 따라 약동하는 긍휼의 행동을 보여주고 있다. 룻은 희미하지만 무언가 희망을 걸고 출발한다. 룻이 이 땅으로 온 것은 신앙적인 결단이었기에 하나님께서 누구를 통해서든지 은혜를 입혀 주시리라는 기대가 있었다. 바로 하나님에 대한

12) 여기에 사용된 헷세드로 사용될 수도 있는 말을 은혜(hēn)로 사용한 것은 룻이 아직은 하나님의 은혜를 이해할 만한 단계에 이르지 못한 것을 의미하는지도 모른다.

이 희망 때문에 그녀는 깜깜한 절망의 길을 뚫고 밭을 찾아 나설 수 있었다. 나오미의 허락을 받고 나가 곡식을 베는 자를 따라 이삭을 줍다 보니, 그 밭은 우연히도 보아스에게 속한 것이었다. '우연히' 는 우연한 것이 아니라, 하나님의 헷세드가 그녀를 위하여 준비한 우연이다. 사람들에게는 우연이다. 그러나 하나님께는 준비된 섭리이다.

자식조차 없는 과부는 사회적으로 최하층에 속하는 계층이다. 우리나라에 외국에서 결혼해 온 새댁들이 남편이 죽고 혼자 남았다고 생각해 보면 룻이 베들레헴에서 어떻게 살았는가를 이해하기 쉬울 것이다.

2장 8절에 보아스가 룻을 위하여 취한 조치가 그녀(특히 룻)의 형편을 명확하게 보여준다.

> "우리 일꾼들이 곡식을 거두는 밭에서 눈길을 돌리지 말고, 여자들의 뒤를 따라다니면서 이삭을 줍도록 하시오. 젊은 남자 일꾼들에게는 댁을 건드리지 말라고 단단히 일러두겠소"(룻 2:9, 새번역).

"다른 밭에 가지 말라, 여기서 떠나지 말라"는 것을 보면 실제로 봉변을 당할 위험이 컸다는 것을 알 수 있다. 그러나 한가닥 희망은 보인다. 나오미에게 남편 쪽으로 친족이 한 사람이 있다는 사실이다. 아직은 반딧불처럼 희미하지만 그러나 그 희망이 있다는 말로 2장은 출발한다(룻 2:1).

더군다나 그 사람은 엘리멜렉의 친족인데다가 유력한 자이다. '유력한 자'로 표현된 히브리어 '깁보르 하일'[13]은 그 사회에서 '재력과 능력이 있는 힘있는(유력한) 사람'을 지칭하는 말이지만, 특별하게는 하나님의 구원을 맡은 용사들을 표현할 때 쓰기도 한다. 집안에 남자가 하나도 남지 않고, 여자들로서는 그 무엇도 할 수 없는 사회에서의 가여운 여자들의 이야기 속에 깁보르 하일, 곧 여호와의 구원의 용사인 남자가 개입하고 있다. 다르게 말하면, 베들레헴에는 그녀를 위해 이미 유력한 깁보르 하일을 준비해 놓으셨고, 나오미는 그분의 섬세한 타이밍에 맞춰 추수 때에 베들레헴에 도착했다는 뜻이다. 낯설은 땅에 낯선 일을 시작하는 룻 뒤에서 빙그레 웃으시는 하나님의 미소를 볼 수 있다.

자기 밭에 온 낯선 여인에 대하여 보아스는 일꾼들에게 묻는다. "이는 누구의 소녀냐?" 그녀의 이름을 물은 게 아니다. 누구에게 속한 여인인가, 즉 누구의 딸인가, 누구의 아내인가, 누구에게 속한 사람인가를 묻는 질문이다. 베들레헴은 작은 마을이다. 그런데 한눈에 보기에도 이삭 줍는 여인은 낯이 설었다. 아마도 보아스에게 그녀는 이방 여인으로 보였을 것이고, 아마도 룻은 매력있

13) 'gibbôr hayil' -이 말은 어떤 사람의 사회적으로 고상한 위치에 있는 사람을 표현하는 기술적인 용어이다. 단적으로 전쟁에서 승리하고 돌아오는 영웅을 일컫는 말로, 'warrior, soldier'다(삼상 9:1; 삼하 15:20). 이 말은 전능하신 하나님의 행위에 대하여도 쓴다(시 106:8; 145:4, 11, 12).

는 여인이었을 것이다. 그래서 남자의 본성으로 누구에게 속했는지를 알고 싶어했을 것이다. 그녀가 나오미를 따라온 룻이란 사실을 알았을 때, 그는 그녀에게 헷세드를 베푼다. 일하는 사람들에게 룻을 괴롭게 하지 말라는 조치도 취하고, 오히려 단에서 이삭을 뽑아 흘려서 여인이 줍도록 하라고 지시한다(룻 2:8-9). 룻은 보아스의 헷세드에 감동하여, "나는 이방 여인이거늘 당신이 어찌하여 내게 은혜(헷세드)를 베푸시며 나를 돌보시나이까" 라고 묻자, 보아스는 벌써 룻이 그 시어머니에게 베푼 헷세드에 대하여 알고 있다고 말한다(룻 2:11).

> "댁이 한 일은 주님께서 갚아 주실 것이오. 이제 댁이 주 이스라엘의 하나님의 날개 밑으로 보호를 받으러 왔으니, 그분께서 댁에게 넉넉히 갚아 주실 것이오"(룻 2:12, 새번역).

보아스는 룻이 시모에게 베푼 헷세드를 정확하게 알고 있었을 뿐 아니라, 그녀가 하나님께 자기를 던졌기에 이곳에 온 것이란 사실도 알았다. 보아스는 룻에게 점심을 같이 먹자고 초대한다. 이런 초대는 예사로운 일이 아니다. 그날에야 베들레헴에 와서 비로소 룻은 배불리 먹어본 것이다.[14] 또 신변의 안전과 넉넉한 수입을 보장받는다. 이제는 일하는 데 머뭇거리거나 눈치를 볼 필요가

14) 내레이터는 룻이 베들레헴에 와서 처음으로 배불리 먹고 음식이 남는 경험을 해본 것이라는 점을 강조한다.

없게 되었다. 그날 룻은 보리 한 에바쯤[15] 거두어 곡식 자루를 들고, 자기가 먹고 남은 음식까지 싸가지고 나오미에게 온다. 옛날 형편이 어려워 하루 끼니를 때우지 못했을 때 부모가 음식을 싸가지고 다니던 우리네 형편을 연상케 한다. 뜻밖에 넉넉한 이삭을 주워온 룻에게서 그녀는 보아스 밭에서 일하고 왔다는 말을 듣고, 하나님께서 죽은 자들과 자기들에게 하나님께서 보아스를 준비해 주신 것을 느끼기 시작한다(룻 2:20).

룻이 모압에서부터 지금까지 시어머니 나오미에게 베푼 헷세드는 보아스의 헷세드가 되어 룻과 나오미에게 돌아왔다. 하나님의 뜻은 베들레헴에서 서서히 그러나 조용히 이루어지고 있다. 또 나오미는 무엇을 예감한 것 같다. 그래서 "그 사람은 우리와 가까운 사이다. 그는 집안간으로서 우리를 맡아야 할 사람이다"(룻 2:20)라는 여운을 남긴다. 그리고 2장 23절부터는 모압 여인 룻이란 말에서 '모압 여인' 이란 딱지가 떨어지고, 룻은 추수가 끝날 때까지 나오미를 정성껏 돌보며 지낸다(룻 2:23).

15) 한 에바는 15kg(20 *l*) 정도의 양이다. 보아스의 배려와 함께 그녀가 얼마나 부지런히 일했는지를 말해 준다.

무리한 요구와 순종 ›› 5

룻기 4장 1-12절

어느 날 이삭을 주우러 밭으로 향하는 룻에게 나오미는 뜻밖의 말을 전한다. "안식할 곳을 구해야겠다"고 한다(룻 3:1). 여기서 '안식할 곳' 이란 중요한 단어가 나온다. 안식처란 룻에게는 결혼을 의미한다. 그러나 단순한 결혼을 의미하는 것보다 그 뜻이 더 깊다. 여하튼 나오미는 갑자기 결혼 이야기를 끄집어 낸 것이다. 일은 빠르게 진행되어 간다. 아마도 나오미의 마음에는 하나님께서 그리시는 그림을 따르느라 바쁘게 움직이고 있었을 것이다. 룻은 나오미가 시키는 대로, 그날 밤 목욕을 하고 기름을 바르고 일할 때와는 다른 옷으로 갈아입고, 보아스가 밤에 밭에서 잠들었을 때,[16] 그의 이불을 들치고 누웠다.[17] 한밤중에 보아스는 깜짝 놀라 깨어서, "네가 누구냐?" 고 놀라 물었고, 그녀는 "나는 당신의 여종 룻이오니 당신의 옷자락을 펴 당신의 여종을 덮으소서 이는 당신이 기업을 무를 자가 됨이니이다"(룻 3:9)라고 한다.

목욕을 하고 몸에 기름을 바르고 옷을 갈아입고, 어떤 사람들은 이것은 에스겔 16장 9-12절에 나오는 결혼식을 준비하는 신부의 모습에 비유한다. 부시(Bush)는 룻이 그녀의 남편의 죽음에 대한 애도 기간이 끝났다는 표시로 해석한다.[18] 그러나 1장 4절을 보면, 룻이 결혼한 지 10년쯤 된다고 한 것으로 보아 남편이 죽은 지가 오래되었다고 생각할 수 있다.

목욕은 고대 이스라엘에서 서민들은 일주일에 한 번 정도, 기름 바르는 것도 흔히 하는 일은 아니다. 나오미의 마음속에 어떤 생각을 품고 있는 것일까? 나오미는 보아스가 룻에게 헷세드를 베푸는 것을 보고 과감한 계획을 진행한 것이 아닐까?

추수 밭에 두 남녀가 이불을 덮고 누워 있는 모습은 완전 개방을 의미한다. 룻도 성적으로 보아스에게 자기를 개방한 것이다.

---

16) 곡식을 까부르려면 지중해로부터 불어오는 강한 바람이 필요하다. 그 바람은 여름이면 4,5시 경에 불기 시작하여 해가 진 조금 후에까지 분다. 어두운 뒤에는 도둑맞지 않기 위하여 곡식 더미를 지켜야 한다. 아마도 보아스가 그래서 밭에서 잠을 잤을 것이다. 유형기, 성서주해, 룻기, p. 217

17) 옷을 들추고 눕는다는 표현도 어떤 학자들은 부부간에 갖는 성적(性的) 암시로도 해석한다.

18) 다윗이 자기 아들이 죽은 후의 행위와 비유한다(삼하 12:20).

"당신의 옷자락으로 나를 덮으소서"라고 말하는 것은 대담하게도 성적 요구를 한 것이다. 사막의 밤은 황홀하다. 구름 한 점 없이 맑은 하늘, 반짝이는 별들 그리고 살랑거리며 다가오는 산뜻한 바람 속에 누워 있는 두 사람을 생각해 보라. 룻은 새벽녘까지 그의 발치에 누워 있었다(룻 3:14).

그런 상황에서도 보아스는 철저히 자기 절제를 한다. 그리고 자기보다 더 가까운 기업 무를 자가 있으니 그분에게 먼저 묻고 그분이 거절하면 자기가 기업을 무르겠다고 말하고 다짐한다. 어떻게 과감하게 자기 앞에 다가온 여인, 룻에 대하여 그는 그처럼 신사다운 행동을 할 수 있었을까? 아니 룻은 어떻게 그런 무모한 행동을 했을까?

3장 11절에서 보아스는 룻을 '에셋트 하일'(ēšet hayil-현숙한)이라고 칭찬한다. 2장 1절에, 보아스를 '깁보르 하일'이라 불렀던 말에 대칭으로 나오는 문구로, 룻을 대단히 가치 있는 여인(woman of worth 3:11)이라고 부른 것이다. 그날 밤 룻을 그처럼 고귀한 여인으로 대한 이유가 이 말속에 들어 있다. 또 에셋트 하일이라고 룻을 부름으로써 보아스는 두 사람 사이의 사회적 문화적 차이를 무너뜨리고 있다. 보아스는 룻을 천한 모압 여인으로 보지 않고 가장 고상한 여인으로 보았기 때문에 그녀에게 합당한 대우를 해준 것이다.

사실 나오미가 부탁한 일은 룻이 선뜻 받아들일 수 있는 제안이 아니었다. 이건 정숙한 여인이 할 짓은 아니다. 그러나 이처럼 수치스런 행동까지도 서슴지 않고 시어머니 나오미의 요청대로 그녀가 순종한 것은 인간적인 욕망이나 어려움을 면해보고 싶은 단순한 욕심 때문만이 아니었다. 그것은 기업 무를 자를 통하여 하나님의 뜻을 이뤄가려는 신앙 때문이었을 것이다. 이런 행동이 어떻게 정당화될 수 있겠는가? 그러나 성경은 이것은 마치 다말이 유다를 유혹하고도 칭찬을 들은 것과 같다고 암시하고 있다.19) 과연 룻의 마음에 빛나고 있었던 진실은 무엇일까? 그것은 바로 행동하는 긍휼, 헷세드였다.

> "그가 이르되 내 딸아 여호와께서 네게 복 주시기를 원하노라 네가 가난하건 부하건 젊은 자를 따르지 아니하였으니 네가 베푼 인애가 처음보다 나중이 더하도다"(룻 3:10).

이 헷세드(인애)는 룻이 보아스에게 주는 헷세드이다. 헷세드가 읽혀진다. 룻이 보아스에게, 보아스에게서 룻에게로 간다. 보아스가 룻에게 '내 딸' 이라고 부른다. 빈부를 무론하고 젊은 자를 따르지 않고, 룻은 자기 아버지뻘 되는 사람에게 시집을 가겠다는 것이다.20) 그러므로 나오미 가정에 하나님의 뜻을 이루겠다는 것

---

19) 창세기 38장, 다말은 시아버지 유다가 셋째 아들을 주어 가문의 대를 이어가려고 하지 않자, 창녀로 가장하여 유다를 유혹하여 아들을 낳았다. 도덕적으로는 인정할 수 없으나 신앙적으로는 위대한 행동이라고 성경은 말한다.

20) 당시 결혼 연령이 14세라고 하면, 룻의 나이는 20대 중반이나 늦게 잡아도 30대 초반이며, 나오미의 나이는 50대쯤 된다. 그렇다면 나오미와 동년배쯤 되는 보아스도 50대가 된다. 미드라쉬에서 70대라고 한 것은 너무 늙게 잡은 것 같다.

이다. 보아스는 룻의 헷세드를 보고, 그녀를 존귀하게 대해 준다. 그 다음 날 날이 밝기 전에 보리 여섯을 되어 주고, 사람들의 눈에 띄지 않도록 일찍 집으로 보낸다. 그가 담아준 보리는 40킬로그램 이상이 되는 양이다.

가슴졸이고 기다리던 나오미는 그녀가 오자마자 어떻게 되었느냐고 묻는다. 보아스가 여섯 번 되어 준 보리 자루를 내려놓으며 룻이 대답한다.

"이르되 그가 내게 이 보리를 여섯 번 되어 주며 이르기를 빈 손으로 네 시어머니에게 가지 말라 하더이다 하니라"(룻 3:17).

룻이 들고 온 보리 자루와 그녀가 들려준 말에서 나오미는 빈 손으로 고향을 찾아온 가정을 앞으로 하나님께서 채워가실 거라는 암시를 듣는다. 하나님의 계획은 점점 더 구체적으로 이뤄져 가고 있다.

마을 성문 위에서 열 사람의 장로들이 초청되어 누가 나오미의 기업을 무를 것인가를 의논하기 시작한다. 이 제안은 나오미가 아니라, 보아스를 통하여 소개된다. 나오미가 밭을 팔겠다고 한다. 나오미가 무슨 밭을 팔겠다는 것인가? 그렇다면 아비멜렉이 모압으로 가기 전에 밭을 팔았다는 것인지? 그리고 현재는 나오미가 그 밭을 팔 권한을 가졌다는 것인지? 아니면 그들이 모압으로 가기 전에 자기들의 밭을 누구에게 경작하도록 권한을 맡겨 두었다가 이제 그 권한을 팔겠다는 것인지 확실하지 않다. 여하튼 나오미는 자기 소유의 밭을 팔아야 하는데, 그 밭이 다른 지파에게 넘어가지 않도록 가까운 친족에게 넘겨야 한다. 그래서 가까운 친척에게 기업을 무르라고 한다.

여기서 문제가 되는 것은 밭을 사는 사람은 룻도 함께 사야 한다는 점이다. 룻도 사고 팔 수 있는 소유란 말인가? 여기서 문제는 기업 무를 자가 엘리멜렉의 후사를 이어주어야 한다는 말이다. 이것은 의무는 아니다. 단지 도덕적 신앙적 책임을 말하는 것이다.[21] 4장 11, 12절은 룻이 반드시 결혼해서 아이를 낳아야 한다는 책임감이 없다는 것을 밝혀주는 말이다.

가까운 친척은 룻까지를 책임질 수 없다고 신발을 벗어 던졌다. 그 이유는 밭을 사 주고, 또 룻을 아내로 맞이하여 아이를 낳는다면 그 밭은 자연히 그 아이의 소유로 넘어가기 때문이다. 누가 이런 책임을 진다고 하겠는가? 손해만 보는 투자인데 말이다. 보아스는 자기가 기업 무를 자가 되겠다고 자청한다. 기업 무를 자란 영어로 'redeemer' 이다. 예수님을 redeemer라고 말한다. 여기서는 기업 무를 자라고 하지만 '구속자' 또는 '구원자' 이다. 여기서 보아스는 완전한 구원자이다. 자기를 철저하게 주기만 하고 희생한다. 룻을 통하여 나오미의 가정에 구원을 가져다 주는 구속

21) 룻을 사라는 제안은 법적인 책임은 아니고, 보아스가 룻의 현명한 행동을 보고 약속한 것(룻 3:13)을 지키려고 하는 도덕적인 책임감으로 이해할 수 있다.

자, 보아스의 행위는 자기를 희생하는 십자가 정신의 실현이다.

보아스는 모든 백성들에게 선언한다.

> "내가 엘리멜렉과 기룐과 말론에게 있던 모든 것을 나오미의 손에서 산 일에 너희가 오늘 증인이 되었고 또 말론의 아내 모압 여인[22] 룻을 사서 나의 아내로 맞이하고 그 죽은 자의 기업을 그의 이름으로 세워 그의 이름이 그의 형제 중과 그 곳 성문에서 끊어지지 아니하게 함에 너희가 오늘 증인이 되었느니라"(룻 4:9-10).

마을 사람들은 라헬과 레아 두 사람과 같게 되어 에브랏에서 유력하고, 베들레헴에서 유명하게 되고, 다말이 유다에게 낳아준 베레스의 집같이 되기를 원한다고 보아스를 축복한다.

룻을 라헬과 레아로 비유한다. 야곱과 결혼함으로 야곱의 가정을 세운 여인들이다. 이들처럼 보아스는 룻과 결혼하여 나오미의 집을 세우라는 뜻이다. 그리고 유다와 다말과 비교한다. 다말과 룻은 예수님의 족보에 나란히 들어간 여인들이다. 두 사람은 모두가 남편을 잃은 과부이다. 그리고 아이가 없는 소망이 없는 여인들이다. 또 다말은 나이가 많은 시아버지를 속여 임신을 하고, 룻도 나이가 많은 보아스와 결혼하여 임신을 한다. 또 이 여인은 아들 하

22) 룻은 말론의 아내인가가 논쟁거리가 된다. 그러나 내러티브로 읽으면, 룻이 아이를 낳아 줌으로 장남의 아내로 그 가정의 대를 이어준 셈이 된다는 의미로 해석할 수 있다.

나씩만을 얻었다. 단지 다말은 자기가 시아버지를 유혹하여 아이를 낳았고, 룻은 보아스를 유혹한 셈이다.

다말의 경우와 다른 점은 보아스와 룻은 결혼을 한 것이다. 유대 전통적 해석에서는 보아스의 아내가 죽은 후에 룻과 결혼을 하고 보아스는 결혼 후에 바로 세상을 떠났다고 한다. 룻기 1장 4-5절에 의하면, 기룐이 죽은 지 10년이 되었다고 한다. 그렇다면 룻은 사라와 같이 결혼한 지 10년이 되도록 아이를 갖지 못한 여인이다.

하나님의 날개 아래에서 얻은 '안식처' 〉〉 6

룻기 4장 13-22절

드디어 두 사람은 결혼한다.

4장 13절, 보아스와 룻이 결혼하는 장면을 그리고 있는 절이다. 히브리어로 15단어로 된 절이다.

> "룻을 아내로 삼고, 그에게 들어갔더니, 임신하게 하시므로 그가 아들을 낳았다."

여호와께서 선하신 인도하심으로 룻은 완전한 의미에서 보아스의 아내가 되었으며, 하나님이 그녀에게 임신하게 하신 분이란 사실을 강조한다. 그리고 그녀는 하나님의 은혜로 '안식처' 를 찾았다. 이것으로 '룻의 이야기' 는 끝이 나고 이제 '나오미와 후사 문제' 로 이어진다.[23] 하나님이 임신하게 하셨다고 한다. 룻기에 두 번 하나님의 개입을 직접적으로 언급하는데, 베들레헴에 양식을 주시고(룻 1:6), 룻이 결혼해서 10년 동안 아들이 없던 집에 아들을 주신다(룻 1:6, 4:13).

베들레헴 여인들의 찬송이 나온다.

"찬송할지로다 여호와께서 오늘 네게 기업 무를 자가 없게 하지 아니하셨도다 이 아이의 이름이 이스라엘 중에 유명하게 되기를 원하노라 이는 네 생명의 회복자이며[24] 네 노년의 봉양자라 곧 너를 사랑하며 일곱 아들보다 귀한 네 며느리가 낳은 자로다"(룻 4:14-15)

"나오미가 아기를 받아 품에 품고 그의 양육자가 되니 그의 이웃 여인들이 그에게 이름을 지어 주되 나오미에게 아들이 태어났다 하여 그의 이름을 오벳이라 하였는데 그는 다윗의 아버지인 이새의 아버지였더라"(룻 4:16-17).

---

23) 헤르츠베르그. H.W. 룻기, 국제주석, 1997, p.317
24) 생명의 회복자란 시편에서는 하나님을 말한다. 시 19:7, 23:3

룻기 처음에 나오는 나오미가 잃어버린 '아기들' 이 남긴 빈 그릇을 하나님께서는 '새로 태어난 아기' 로 채워주셨다. 나오미가 그 아기를 품에 안으니, 이웃 여인들이 "나오미에게 아들이 태어났다" 고 말한다. 그 말이 오벳이란 뜻이다.[25] 룻이 낳았는데, 나오미가 낳았다고 한다. 하나님이 아기를 안겨 주심으로써 나오미의 텅 빈 것을 가득 채워 주셨으며, 이 아기 하나로 나오미와 룻의 모든 것이 해결되었다. 보호자, 생계 문제, 이들의 미래 그리고 가문의 대를 이어나가게 된 것이다. 그리고 3장 1절에서 나오미가 말한 '안식처' 도 나오미의 품에 아기를 안겨주심으로 하나님께서 이루어주셨다.

텅 빈 가슴을 채워주시는 하나님의 이야기는 사무엘서로 이어진다. 사사기로부터 사무엘 초까지 이스라엘은 텅 빈 나라이다. 이 나라에 사무엘이 나오고, 다윗이 들어섬으로써 나라가 차기 시작한다. 그래서 여기서부터 다윗의 고향, 베들레헴 에브랏 족보가 시작된다.

룻기는 다윗의 혈통을 밝혀 줌으로써 그의 왕권을 지원해 주는 책인가, 아니면 이방인들이 유대 공동체 안으로 들어오는 것을 허용해야 한다고 주장하는 책인가는 학자들 간에 논쟁의 주제가 된다. 그러나 룻기는 나오미와 룻, 그리고 보아스를 통하여 이뤄가시는 가장 아름다운 하나님의 이야기이다. 동시에 유대 중심에 서

25) 오벳의 이름의 뜻은 'the serving one' 그의 할머니를 온전히 섬기며 살았던 사람, 또는 그 할머니를 돌보아 준 사람으로 '섬기는 사람' 이란 뜻이다(P. 492).

있는 보아스 같은 인물이 모압 여인에게 헷세드를 베풀어 주었던 아름다운 이야기, 그리고 하나님의 선택을 받은 다윗의 조상에 룻과 같은 모압 조상이 있다는 사실을 밝히는 것은 룻과 같은 이방인들이 유대 공동체에 들어왔을 때 이들을 배척해서는 안 된다는 진리를 선언하는 책이기도 하다.[26]

보아스와 룻의 아름다운 아가페 사랑, 자신들의 욕망과 일시적인 안식을 넘어서 하나님의 뜻을 이뤄가려는 사랑, 그리고 그 중간에서 지혜롭게 하나님의 뜻을 찾아가도록 다리를 놓았던 나오미, 이들이 엮어가는 아름다운 로맨스가 결국 다윗의 조상을 이 땅에 태어나게 했고, 이들의 이름은 예수님의 족보에 들어가는 영광을 얻게 되었다.

26) Sakenfeld, Ruth, p.84

사무엘상 · 하

>> 3

나는 단지 평범한 사람입니다.
특별한 은사도 없습니다. 나는 웅변가도, 학자도
심오한 사색가도 아닙니다.
내가 그리스도와 우리 세대를 위해
무언가를 했다면
그것은 내가 나 자신을 전적으로
그리스도께 드렸고,
그가 원하시는 것은
무엇이든 하려고 했기 때문입니다.

– F.B 마이어

들어가기

사사기는 하나님을 섬기던 백성들이 이방신을 섬기고, 마침내는 자기들 멋대로 살아가는 역사를 기록한 책이다. 반면 사무엘서는 그들 멋대로 살아가던 사람들을 치료하고, 하나님 예배를 회복하며, 마침내는 다윗을 통하여 하나님이 통치하시는 나라를 세워 나가는 역사를 기록한 책이다.

그래서 사무엘서는 엘리 제사장의 몰락과 사무엘이 일어나는 이야기로부터 시작된다. 엘리는 제사장이면서 동시에 사사였다. 이스라엘의 사사로서 40년을 지나는 동안(삼상 4:18) 처음에는 이스라엘 전체 나라를 실로(Shiloh)를 중심으로 하나님께 예배하는 나라로 회복하였다. 그러나 엘리 가문은 두 아들 홉니와 비느하스가 자기 멋대로 살아가는 범죄로 인하여 무너지고[1], 사무엘이 세워지고 미스바(Mizpeh)를 중심으로 이스라엘을 통치하기 시작한다.

사무엘은 그의 두 아들, 요엘과 아비야를 사사로 세운다(삼상 8:1, 2). 이렇게 보면 사무엘도 사사로 보아야 할 것이다. 사무엘 시대에 와서 비로소 이스라엘이 이방 우상을 버리고 온전히 하나님만 섬기게 된다.

> "이에 이스라엘 자손이 바알들과 아스다롯을 제거하고 여호와만 섬기니라"(삼상 7:4).

사무엘의 노년에 그의 아들들이 타락하자 백성들은 이제 인간 사사가 아닌 왕을 요구하였다. 백성들의 요구를 하나님께 내놓고 사무엘이 기도하였을 때, 하나님은 그에게 이렇게 대답하신다.

> "백성이 네게 한 말을 다 들으라 이는 그들이 너를 버림이 아니요 나를 버려 자기들의 왕이 되지 못하게 함이니라 내가 그들을 애굽에서 인도하여 낸 날부터 오늘까지 그들이 모든 행사로 나를 버리고 다른 신들

1) 사사기에서 언급했던 '사람들이 자기 눈에 좋은 대로' 살았던 모습과 엘리의 두 아들 홉니와 비느하스가 살아가는 모습이 똑같았다.

을 섬김 같이 네게도 그리하는도다 그러므로 그들의 말을 듣되 너는 그들에게 엄히 경고하고 그들을 다스릴 왕의 제도를 가르치라"(삼상 8:7-9, 참고 삼상 11:12).

이 책을 읽는 독자들은 삼손 이후로 사사(judge)가 그치고 그 땅은 짙은 어둠으로 덮이게 되었고, 사사기가 "그때에 이스라엘에 왕이 없으므로 사람이 각기 자기의 소견에 옳은 대로 행하였더라"(삿 21:25)라는 말로 마쳤던 것을 기억할 것이다. 마지막 '이스라엘에 왕이 없다' 는 말에서, 우리는 '이 왕은 누구를 가리키는가?' 하고 물음표를 남겨 놓았었다. 과연 여기서 말하는 왕은 하나님이신가, 아니면 세상의 왕을 가리키는가? 그러나 사무엘상 8장 7절에서는 그들이 "나를 버려 자기들의 왕이 되지 못하게 함이니라"(삼상 10:19)라고 말씀하심으로 사사기에서 말하는 왕은 여호와이시라는 사실을 확인해 준다. 하나님은 우리의 왕이시다. 그분이 통치하시는 곳마다 하나님의 샬롬이 이뤄진다.

그럼에도 불구하고 당시 백성들은 이웃 나라와 같이 인간 왕을 요구했다. 그들의 요구 때문에 하나님께서는 왕을 세워 주시는데, 그러나 진정한 사사로서의 왕은 다윗에 이르러서야 이뤄진다. 이렇게 보면 사무엘서는 사사기의 연속으로 이어지는 하나님의 이야기이면서 동시에 하나님의 나라를 회복해 가는 희망적인 이야기라고 말할 수 있다.

제 1장 떠오르는 사무엘, 몰락하는 엘리 가정

새 시대의 여명 ›› 1

사무엘상 1-3장

사무엘서는 에브라임 산지 라마다임소빔(Ramathaimzophim)에 사는 에브라임 사람, 엘가나(Elkanah)의 가정 이야기로부터 시작한다. 분명 그 시대에 이스라엘을 통치하던, 제사장이면서 동시에 사사인 엘리(Eli)가 있었다. 그런데도 그의 이야기로부터 시작하지 않고 엘가나의 가정으로부터 시작된다. 시작부터가 엘리는 새 시대를 열어가는 보조 역할로 출발한다. 왜 그럴까?

당시에 엘리란 제사장이 있었고, 실로에서 제사가 절기 때마다

▲ 실로가 있던 자리

이어지기는 했어도 영적으로 어둠의 시대가 계속되었다. 그 시대의 어두움을 사무엘서 저자는 "아이 사무엘이 엘리 앞에서 여호와를 섬길 때에는 여호와의 말씀이 희귀하여 이상이 흔히 보이지 않았더라"(삼상 3:1)는 말로 표현한다. 하나님과 진정한 관계가 끊어진 상태에서 제사가 진행되고 있었다는 뜻이다. 하나님과의 관계를 상실한 제사가 진정한 제사일까? 결국 하나님의 관심은 새 시대를 이끌어갈 사람을 찾아 그가 태어날 곳으로 가신다. 에브라임 산지 라마다임소빔에 살고 있는 엘가나의 가정이다. 이곳이 바로 후에 태어날 사무엘의 가정이다.

이상한 것은 성경 저자들은 간단하게 요약해서 말하지 않고 어떤 사건을 말하려고 할 때, 그 앞에 있는 긴 이야기로부터 시작한다. 예를 들면 사무엘에 대한 이야기도 간단하게 그가 태어날 때부터 시작하든지, 또는 엘리 제사장 밑에서 자라나는 것부터 시작할 수 있을 것이다. 그런데 성경은 그가 태어나기 전 이야기부터 끄집어 낸다. 이스라엘 백성들이 이집트에서 고통에서 부르짖을 때, 하나님은 모세의 부모로부터 이야기를 시작한다. 암흑 시기에 태어나서 활동하였던 사사 삼손의 이야기도 그 부모로부터 시작했다. 사무엘의 이야기도 부모로부터 시작한다. 다윗의 이야기는 어떻게 보면 고조부(高祖父, grand-grand parent)로부터 시작하지 않는가? 성경은 가문이나 공동체를 중요시한다. 어떤 가정에서, 어떤 정신으로 교육을 받으며 자랐는가를 대단히 중요하게 생각한다. 하나님은 공동체(가문)를 중요시하는 하나님이시며, 역사의 하나님이시란 사실을 기억해야 할 것이다. 동시에 하나님은 이야기(역사)의 하나님이시다.

엘가나의 가정이 매년 실로 성소를 순례한 것을 보면, 그의 가정은 옛 이스라엘의 경건한 가정이었음을 알 수 있다. 엘가나 가정에 두 아내가 있었는데,[2] 한 사람은 브닌나요 또 한 사람은 한나였다. 그런 이유로 이 가정에는 불화가 그칠 날이 없었다. 더욱이 브닌나는 자녀가 있었고, 한나는 아이를 낳지 못하기 때문에 브닌나의 멸시와 구박은 말이 아니었다. 그래서 한나는 매일 눈물로 세월을 보내고 있었고, 그 고통은 남편의 위로로 진정될 아픔이 아니었다.

남편 엘가나는 실로에 매년 제사 드리러 갈 때 한나를 위로하기 위하여 제사에 드릴 제물을 두 배로 주었다.[3] 이것이 또 가정싸움의 원인이 되기도 했다. 실로에 올라간 한나는 마음이 괴로워 가족이 함께 모여 먹고 즐거워하는 자리에 있을 수 없었다. 자기 혼자 성소에 들어가 자기 마음을 쏟아 놓으며 하나님께 통곡하며 기도했다.

"만군의 여호와여 만일 주의 여종의 고통을 돌보시고 나를 기억하사 주의 여종을 잊지 아니하시고 주의 여종에게 아들을 주시면 내가 그의 평생에 그를 여호와께 드리고 삭도를 그의 머리에 대지 아니하겠나이다"(삼상 1:11).

원문을 보면 한나는 세 번이나 자신을 '주의 여종' 이라고 부르면서 자신을 낮춘다. 그리고 '돌아보시고', '기억하시고' 그리고 '잊지 아니하시고' 라고 반복한다. 얼마나 애절한 기도인가? 그리고 아들을 주시면 그를 여호와께 드린다는 것과 하나님 앞에서 키우겠다는 결심이 그녀의 표현 가운데 강력하게 나타나 있다.

한나가 기도하는 모습이 특별해서 그랬던지 제사장 엘리는 그녀의 기도하는 모습을 처음부터 끝까지 유심히 살펴보았다. 그리고 "술주정하지 말고 포도주를 끊으라" 고 책망했다. 엘리는 한나가 술에 취하여 술주정을 하는 것으로 판단했다. 그러나 곧 그녀의 슬픔과 정성을 보고 너무 안까웠던지 그녀를 축복해 준다.

---

2) 신명기 21:15-17에 보면 그 당시 일부 가정에서는 일부다처제의 풍습을 허용한 듯하다. 요아힘 예레미아스에 의하면, 예루살렘의 귀족 가문에서 일부다처제가 있었음이 확인되지만, 그건 결코 통상규칙이 아니고, 성경의 결혼제도는 일부일처제라고 한다. 요아힘 예레미아스, 예수시대의 예루살렘, p.134

3) 엘가나는 한나에게 특별한 몫의 고기를 주면서 한나를 대우한다. 여기에서 말하는 제사(zabach) 방식에 있어서 이 희생 제물은 완전히 하나님에게 바쳐지지 않았으며 오로지 기름기만 불에 태워졌다. 그리고 나면 사제가 자기 몫을 차지하고 나머지 부분으로는 식사가 준비되었다. 식사는 구약성서 시대의 생활에서 절정을 이루는 것 가운데 하나였음에 틀림없다. 사람들은 이 축제들을 '야훼 앞에서 즐기다' 란 말로 표현했다(신 14:26 등등). 스톨츠, 프리츠, 사무엘 상 · 하, 한국신학연구소, 1991, p. 34에서 인용

"평안히 가라 이스라엘의 하나님이 네가 기도하여 구한 것을 허락하시기를 원하노라"(삼상 1:17).

한나는 제사장 엘리의 축복을 하나님이 주신 기도 응답으로 믿고 집으로 돌아가 그때부터 마음에 평화를 유지하며 먹고 평안히 잠들며 생활하였다.

마침내 그녀가 잉태하여 아들을 낳게 되자, 서원한 대로 아이 이름을 사무엘이라고 지었다. 사무엘이란 뜻은 '하나님의 이름이 그의 위에 불린다' 는 뜻이다. 어머니의 신앙적 의지가 담긴 이름이다. 한나는 아이를 젖 뗄 때까지 집에서 길렀고, 그후에 실로로 데리고 간다. 옛 이스라엘 사람들이 아이들에게 젖 먹이는 기간은 길어서 3년 정도였다고 한다. 실로 성전으로 올라가던 사무엘을 가리켜 저자는 '아이가 어리더라' 고 하였다.

아이를 하나님께 드릴 때 드렸던 한나의 기도가 사무엘상 2장에 길게 나온다. 그녀의 기도 내용은 잉태치 못하던 자에 대한 하나님의 도우심을 찬양하고 무시당하는 자, 가난한 자, 낮아진 자, 힘없는 자에 대한 하나님의 자비하심을 찬양하는 내용이다. 그 찬송은 후에 예수님의 어머니 마리아의 찬가에 영향을 준 듯하다.

성소에서 엘리 제사장의 지도 아래 훈련을 받는 사무엘은 아이인데도 에봇을 입혔다. 어리지만 제사장(후보자)이란 암시로 에봇을 입혔을 것이다. 오랜 옛날에는 에봇은 허리 둘레를 두르는 모시로 된 하나의 천이었다. 한나는 사무엘에게 매년 새 에봇을 가져다가 갈아입혔다(19절)는 말로 사무엘이 자라고 있다는 것을 상상하게 만든다. 한나는 하나님의 은혜를 받고 아이를 낳지 못하던 여인이 계속해서 아들 셋과 딸 둘을 더 낳았지만, 반대로 엘리의 가정에는 어둠이 짙어만 간다.

사무엘서 저자는 엘리의 가정 이야기와 사무엘의 이야기를 교차해서 기록해 놓았다.

엘리의 악한 아들들: 2:12-17

사무엘의 성장: 2:18-21

엘리 가정 범죄와 심판: 2:22-36

사무엘을 부르고 세우심: 3:1-21

무너지는 엘리 가정: 4:1-21

법궤에 관한 기사: 5:1-7:2

사무엘의 통치 시작: 7:3-17

성경에 나타나는 교차기법(交叉技法)을 사용할 경우는, 두 사건이 시간적으로 같은 기간에 동시(coincidence)에 일어나고 있다는 것을 생생하게 독자에게 보여주는 방법이다.[4)]

사무엘은 성소 안에서 점점 자라고 있는데 엘리의 아들들은 제

4) 예: 요한복음 18:15-18(베드로가 불을 쬐고 있다), 18:19-24(예수님께서 대제사장에게서 심문받고 계심), 18:25-27(베드로가 세 번이나 예수님을 부인함). 이것은 예수님의 재판 과정과 베드로의 부인이 동시에 일어난 사건임을 보여준다.

사도 드리기 전에 제물의 고기를 가져가는 일을 다반사로 행하고, 그뿐 아니라 회막 어귀에서 일하는 여인들과 동침하기도 한다. 그래도 엘리는 자식들을 책망하지도 못하고 지켜만 보고 지내는 신세가 되었다. 드디어 이름 없는 하나님의 사람을 통하여 엘리의 아들들과 그 가문에 닥칠 재난이 선언된다. 엘리는 자기 욕심 때문에 여호와의 성소를 더럽힌 아들들에게 경고한다. 그러나 그들은 아버지의 말을 듣지 않았다.

"사람이 사람에게 범죄하면 하나님이 심판하시려니와 만일 사람이 여호와께 범죄하면 누가 그를 위하여 간구하겠느냐 하되 그들이 자기 아버지의 말을 듣지 아니하였으니 이는 여호와께서 그들을 죽이기로 뜻하셨음이더라"(삼상 2:25).

그리고 하나님의 사람은 엘리 가문에 저주를 내린다.

"너희는 어찌하여 내가 내 처소에서 명령한 내 제물과 예물을 밟으며 네 아들들을 나보다 중히 여겨 내 백성 이스라엘이 드리는 가장 좋은 것으로 너희들을 살지게 하느냐 그러므로 이스라엘의 하나님 나 여호와가 말하노라 내가 전에 네 집과 네 조상의 집이 내 앞에 영원히 행하리라 하였으나 이제 나 여호와가 말하노니 결단코 그렇게 하지 아니하리라 나를 존중히 여기는 자를 내가 존중히 여기고 나를 멸시하는 자를 내가 경멸하리라"(삼상 2:29-30).[5]

하나님께서는 엘리 가문을 제사장 가문으로 대대로 이어가리라고 한 약속을 취소한다고 하셨다. 이제부터는 "나를 존중히 여기는 자를 내가 존중히 여기고 나를 멸시하는 자를 내가 경멸하리라"(삼상 2:30)고 하나님께서 말씀하신다. 이 말씀은 앞으로 세울 사울 왕에게 바로 적용되는 원리가 된다. 그리고 "보라 내가 네 팔과 네 조상의 집 팔을 끊어 네 집에 노인이 하나도 없게 하는 날이 이를지라"(삼상 2:31)고 하신다.[6] 엘리의 집에 재앙이 닥쳐오기 시작하는 말머리에 어린 사무엘의 소식을 전한다. "어린 사무엘은 커 갈수록 주님과 사람들에게 더욱 사랑을 받았다"(삼상 2:26, 새번역).

엘리와 그 가정의 비극적인 면을 내레이터는 "그 때에는 여호와의 말씀이 희귀하여, 이상이 흔히 보이지 않았고"(삼상 3:1), '엘리의 눈이 점점 어두워가서 잘 보지 못하게 되었다' 는 상징적인 표현을 쓴다. 여호와의 말씀과 환상은 구약 성경에서 하나님이 예언자들에게 자신을 계시하시는 방법이다. 그런데 '말씀' 도 '환상' 도 없었다는 표현은 엘리의 영혼이 어두워졌을 뿐 아니라, 백성들의 마음도 어두워지고 있는 암울한 시대인 것을 보여주는 말이다. 엘리가 백성들에게 전해줄 하나님의 말씀이 없었다는 말은 그 시대가 얼마나 영적으로 어두웠는가를 보여주는 말이다.

---

5) 사무엘상의 저자가 누구인지 분명하지 않다. 25장까지는 사무엘이 기록했다는 주장이 있는데, 그렇다면 사무엘은 자기 가정에 내린 저주를 뼈를 깎는 마음으로 상세하게 기록했을 것이다. Vos, Howard F. p. 127

6) 이 예언은 훗날 엘리 가문의 후손으로 다윗 시대에 활동했던 사독과 아비아달이 불행을 당할 것을 예언한 말로 이해한다(참고 삼상 22:20 이하). 국제성서주석, p. 53

▲ 실로 회막이 있었던 자리

반면에 사무엘은 하나님의 궤 있는 전을 떠나지 않고 아예 그곳 성소 안에서 '누워 지낸다' (삼상 3:3). 그리고 마침내 자기를 부르는 소리인 하나님의 음성을 듣는다. 아직 어린 사무엘은 그것이 하나님의 부르심이란 사실을 모른다. 사무엘은"내가 여기 있나이다"하고 엘리 제사장에게 달려가서 엎드린다. 어리지만 뭔가를 듣고자 하는 태도를 보여준다. 엘리가 부르지 않았다는 말에 고개를 갸웃거리며 다시 자리로 돌아온다. 그를 부르는 소리가 다시 들린다. 그러나 엘리가 부르지 않았다는 대답을 듣게 될 뿐이었다. 세 번째 자기를 부르는 소리를 들었다. 하나님이 자기를 부르신 것이라고는 꿈에도 생각지 못한 사무엘은 두 번의 실패에도 불구하고 그래도 엘리 제사장에게로 간다.[7] 그때야 엘리는 사무엘을 부르신 분이 하나님이란 것을 알았다. 하나님의 음성을 들은 지 너무 오래된 엘리는 사무엘을 통하여 하나님의 음성을 들어야 하는 처지가 되

---

7) 사무엘이 하나님의 음성을 몰라서 엘리에게 달려간 것이 아니라, 그는 끝까지 스승인 엘리를 존경하는 마음으로 그를 통하여 하나님을 만나기를 원했기 때문이라고도 해석한다.

었다. 대신 엘리는 사무엘에게 하나님의 음성 듣는 법을 가르쳐 주는 것으로 그의 역할을 마쳐간다.

> "가서 누웠다가 그가 너를 부르시거든 네가 말하기를 여호와여 말씀하옵소서 주의 종이 듣겠나이다 하라"(삼상 3:9).

얼마나 비참한 엘리의 현실인가? 마침내 사무엘은 하나님의 음성을 듣는다. 그리고 엎드려 "말씀하옵소서, 주의 종이 듣겠나이다"고 말한다. 그때 하나님의 신탁(信託)이 내렸다.

> "여호와께서 사무엘에게 이르시되 보라 내가 이스라엘 중에 한 일을 행하리니 그것을 듣는 자마다 두 귀가 울리리라 내가 엘리의 집에 대하여 말한 것을 처음부터 끝까지 그 날에 그에게 다 이루리라 내가 그의 집을 영원토록 심판하겠다고 그에게 말한 것은 그가 아는 죄악 때문이니 이는 그가 자기의 아들들이 저주를 자청하되 금하지 아니하였음이니라 그러므로 내가 엘리의 집에 대하여 맹세하기를 엘리 집의 죄악은 제물로나 예물로나 영원히 속죄함을 받지 못하리라"(삼상 3:11-14).

엘리의 눈이 어두워지듯 그의 영(spirti)이 어두워졌다. 그때 여호와께서는 사무엘을 부르셨다. 하나님께서 사무엘에게 얼마나 가깝게 계셨는가는 10절과 11절이 보여준다. 주님께서 다시 찾아와 곁에 서서, 조금 전처럼 '사무엘아' '사무엘아' 하고 부르셨다. 그리고 하나님께서 사무엘에게 직접 말씀하셨다(삼상 3:11). 이후로부터 사무엘은 새로운 칭호를 받게 되는데, 그는 예언자가 된 것이다. 엘리와 같은 제사장이 된 것이 아니다. 그는 실로에서 계속 활동하면서 하나님의 계시를 받았고, 이 점에서 그는 이미 끝난 시대보다 훨씬 우위에 있는 새로운 시대를 열어가는 사람이 된 것이다(21절, 4:1).[8]

하나님의 음성이 들리지 않는 게 정상이 아니라, 그것은 심판이다. 하나님은 지금도 사랑하는 사람들을 부르고 말씀하고 계신다. 그러나 하나님의 말씀을 들은 경험이 없어서 그 부르심을 듣지 못하고 살아가는 사람들이 너무도 많다. 아니 이전에는 하나님의 음성을 듣고 살았지만, 지금은 전혀 들리지 않는 생활을 하는 사람들도 많다. 믿는 자들은 받은 은혜를 상실할 수 있다는 사실을 늘 되새기며 살아야 한다.

반면 사무엘에게는 하나님의 은총이 충만하게 나타나고 있다.

"아이 사무엘이 점점 자라매 여호와와 사람들에게 은총을 더욱 받더라"(삼상 2:26).

"사무엘이 자라매 여호와께서 그와 함께 계셔서 그의 말이 하나도 땅에 떨어지지 않게 하시니 단에서부터 브엘세바까지의 온 이스라엘이 사무엘은 하나님의 선지자로 세우심을 입은 줄을 알았더라"(삼상

8) 국제성서주석, p. 59

3:19,20).

"여호와께서 실로에서 다시 나타나시되 여호와께서 실로에서 여호와의 말씀으로 사무엘에게 자기를 나타내시니라 사무엘의 말이 온 이스라엘에 전파되니라"(삼상 3:21–4:1).

"이에 이스라엘 자손이 바알들과 아스다롯을 제거하고 여호와만 섬기니라"(삼상 7:4).[9]

"이에 블레셋 사람들이 굴복하여 다시는 이스라엘 지역 안에 들어오지 못하였으며 여호와의 손이 사무엘이 사는 날 동안에 블레셋 사람을 막으시매……그 사방 지역을 블레셋 사람들의 손에서 도로 찾았고 또 이스라엘과 아모리 사람 사이에 평화가 있었더라"(삼상 7:13–14).

이제 사무엘의 시대가 시작되었다. 여호와께서 그와 함께 계셔서 그의 말이 하나도 헛되지 않고 다 이루어지므로 하나님께서 사무엘을 여호와의 선지자로 세우신 것을 북쪽 단에서, 남쪽 브엘세바까지의 온 백성이 다 믿게 되었다(삼상 3:20).

9) 드보라 이후에 "여호와만 섬겼다"는 말을 사무엘 시대에 와서 처음 다시 듣게 된다.

제 1장 떠오르는 사무엘, 몰락하는 엘리 가정

포로로 잡혀 가는 법궤 ›› 2

사무엘상 4-6장

사무엘이 사사요, 예언자요 그리고 제사장으로 활동하고 있었지만 아직도 엘리를 보좌하는 역할을 하고 있었다. 엘리의 아들들이 하나님 앞에서 범죄를 저지르고 엘리는 늙고, 그렇다고 사무엘의 시대가 본격적으로 시작된 것은 아니고……. 바로 그런 불안하고 혼란스러운 때에 블레셋이 이스라엘을 공격해 왔다. 신앙이 안정되지 못하면 백성들도 안정되지 못한다. 블레셋 사람들은 아벡에 진을 치고 이스라엘은 에벤에셀에 진을 쳤다. 이스라엘 백성들은 하나님이 함께 계심을 믿고 마음놓고 싸움을 벌였을 것이다. 그러나 이미 하나님께서 그들과 함께 계시지 않는다는 사실은 모르고 있었다. 하나님이 하시는 거룩한 전쟁에서 필수 조건은 하나님 앞에서 성결한 것이요, 하나님만 절대 의지하는 믿음인데, 지금 이스라엘은 그와는 정반대로 가고 있지 않은가!

싸움의 결과는 이스라엘의 참패였다. 사천 명이나 죽었으니 그들이 얼마나 놀랐겠는가? 패전 소식에 장로들은 서로 물었다. "여호와께서 어찌하여 우리에게 오늘 블레셋에 패하게 하셨는고." 그리고 실로에서 언약궤를 가져오도록 하였다. 여호와 하나님을 전쟁에 직접 개입시킨다는 의미일 것이다. 하나님이 함께하시지 않아서 전쟁에 패하였는데, 법궤를 가져왔다고 사정이 달라지겠는가? 이스라엘 백성들이 가데스 바네아에서 하나님의 책망을 받고, 법궤가 움직이지도 않았는데, 자기들이 "여호와께서 허락하신 곳으로 올라가자"고 하며 올라간다. 그때 모세는 "여호와께서 너희 중에 계시지 아니하니 올라가지 말라. 너희의 대적 앞에서 패할까 하노라"라고 했다. 모세의 말대로 그들은 아말렉 사람과 가나안 사람들에게 무참히 무너지고 말았다.(민 14:39-45) 그때 성경은 이렇게 말하고 있다. "그러나 주님의 언약궤와 모세는 진 안에서 움직이지 않았다"(민 14:44).

성경은 언약궤를 가져왔을 때, "엘리의 두 아들 홉니와 비느하스가 하나님의 언약궤와 함께 거기에 있었더라"는 말을 띄움으로 앞으로의 불길한 예감을 주고 있다(삼상 4:4). 이스라엘 군사들은 언약궤를 보고 하늘이 진동하도록 환호성을 질렀고, 블레셋 진영에서는 그 소리를 듣고 이스라엘 진에 그들의 신이 들어갔다고 생각했다. 그래서 그들은 외쳤다.

> "이제 우리에게 화가 미쳤다.…… 누가 저 강력한 신의 손에서 우리를 건질 수가 있겠느냐?"(삼상 4:7-9, 새번역)

이스라엘의 승리는 불보듯 뻔한 듯했다. 그러나 막상 전투가 시작되자, 이스라엘의 전선은 힘없이 무너졌다. 전쟁의 결과보고가 간단하다. "이스라엘이 패하여 각기 장막으로 도망하였고 살륙이 심히 커서 이스라엘 보병의 엎드러진 자가 삼만 명이었으며, 하나님의 궤는 빼앗겼고 엘리의 두 아들 홉니와 비느하스는 죽임을 당하였더라"(삼상 4:10-11).

지난 번 전쟁에서보다 10배나 더 죽고, 군사들은 자기 집으로 도망가 버렸다. 그리고 하나님의 궤는 블레셋의 포로가 되었다. 정말 허망한 전쟁이다. 마치 남의 나라 전쟁 상황을 리포트하는 것 같다. 당연히 그렇게 될 줄 알았다는 표현이다. 범죄한 이스라엘 때문에 전능하신 하나님이 블레셋에 포로가 된 셈이다.[10] 그런데도 4장 12-27절에서는 엘리와 비느하스의 부인이 죽는 장면을 설

---

10) 블레셋 군사들이 외친 "이스라엘 진에 그들의 신이 들어갔다"(삼상 4:7)는 표현은, 후에 법궤를 빼앗은 것은 하나님을 포로로 잡아온 것이라고 고대인들은 생각했다는 암시이다.

명하고, 그 뒤에 법궤의 행방에 대하여 언급한다. 성경 저자는 홉니와 비느하스의 죽음을 법궤를 빼앗긴 것보다 더 강조한다. 결국 하나님의 사람의 예언대로 그들이 죽었다는 사실, 그리고 그 범죄로 인하여 전쟁에서 패하고 법궤를 빼앗겼다는 사실을 강조한다.

하나님의 궤가 블레셋에 포로된 사건과 엘리의 두 아들이 죽는 것과 비교할 때 어느 것이 더 중요한 사건인가? 법궤를 빼앗긴 사건은 이스라엘 신앙에서 가장 중대한 사건이다. 그런데도 성경 저자는 엘리의 죽음을 먼저 알리기에 급하다. 그 이유는 성경 저자에게는 법궤를 빼앗긴 이유가 더 중요하다는 말이다. 백성들의 범죄로 인하여 법궤가 포로가 됨으로 하나님께서 잠시 수치를 당하셨지만, 하나님은 스스로 거룩을 지키시는 분이기 때문에 하나님의 궤에 대하여는 염려하지 않는 느낌이다. 하나님에 대하여 염려하지 말고, 너희들의 장래를 염려하라는 뜻이리라.[11]

엘리는 알았을 것이다. 그래서 마음속으로 하나님의 궤에 대하여 염려하고 있는데 두 아들은 죽고, 법궤는 빼앗겼다는 소식을 듣고 엘리는 의자가 뒤로 넘어져 죽는다. 그리고 이어서 출산의 진통을 겪고 있던 비느하스의 아내는 아들 이름을 '이가봇'(하나님의 영광이 떠났다)으로 하라고 이르고 죽는다. 정말 이스라엘에서

11) 예수님께서도 십자가를 지고 가시면서 울고 있던 여인들을 향하여, "예루살렘의 딸들아 나를 위하여 울지 말고 너희와 너희 자녀를 위하여 울라"(눅 23:28)고 하셨다.

영광이 떠났다. 엘리의 두 아들이 하나님 앞에서 보인 악한 죄로 인하여 그 가문은 이처럼 비참하게 무너졌다.

하나님의 궤 이야기가 5장에서부터 7장 4절에까지 이른다. 블레셋에 포로로 잡혀간 법궤가 어찌 되었는가를 아주 길게 설명한다. 포로로 잡혀간 하나님의 궤는 아스돗에 있는 다곤 신전 안에, 다곤 신상 옆에 놓여졌다. 전리품으로 다곤에게 바치듯, 또는 전쟁의 트로피를 자기들 신 앞에 바치듯 배치해 놓았다. 아니면 전쟁에서 패배한 하나님을 승리한 다곤 옆에 세워 둠으로 이제는 직접 다곤에게 수치를 당해보라는 계산이었을까? 마치 다곤 신전에 바쳐진 삼손과 같다. 아니 빌라도 앞에서 재판을 받으시던 예수님의 모습을 생각나게 한다. 못난 백성들 때문에 하나님이 수치를 당하신 것이다. 다곤 사람들은 그 다음날 아침 일찍이 일어났다. 그리고 그 즉시 다곤 신전으로 갔다(삼상 5:3). 하나님이 다곤에게 당한 수치를 보기 위해서일 것이다.

그러나 기대는 빗나갔다. 다곤이 도리어 여호와의 궤 앞에 그 얼굴을 땅에 박고 엎드러져 있는 게 아닌가! 마치 다곤이 사람들처럼 하나님을 경배하는 자세였다. 이튿날에는 그 머리와 두 손목이 다 끊어져 문지방에 있었고 몸뚱이만 남은 다곤은 다시 엎드러져 얼굴을 땅에 대고 있었다(삼상 5:1-5). 그뿐 아니라 아스돗 사람들에게 독한 종기가 나기 시작했다.

하나님은 다곤의 신전만 아니라 아스돗에 가둬둘 수 없는 분임을 안 그들은 궤를 가드로 옮긴다. 가드에 법궤가 온 후부터 그곳 사람에게 독한 종기가 나기 시작하였다. 다시 하나님의 궤는 에그론으로 옮겨진다. 놀란 에그론 사람들은 자기들을 죽이려 한다고 두려워하면서 항의하자 드디어 법궤를 이스라엘로 돌려보내기로 한다. 일곱 달 만에 궤는 당당하게 자유의 몸으로 스스로 돌아온다. 블레셋 사람들은 능력의 하나님을 빈손으로 돌려보낼 수 없다고 생각하고(삼상 6:3), 그곳에 속건제물로 악성 종양 모양 다섯 개와 금으로 만든 쥐의 모양 다섯 개를 바쳐서 보내기로 한다.[12] 이것은 전능하신 하나님에 대한 굉장한 존경과 예의를 갖춘 모습이다. 그리고 이것들은 여호와 하나님에 의해 자기들에게 닥친 액운을 돌려보낸다는 뜻도 담겨 있다.[13] 블레셋 사람들은 바로가 하나님께 항복하고 애굽에 살던 하나님의 백성을 가나안 땅으로 내보내듯이 하나님의 궤를 흠 없는 암소가 끄는 수레에 실어 보낸 것은 곧 출애굽이다. 블레셋 사람들은 바로가 하나님께 항복하고 애굽에 살던 하나님의 백성을 내보내듯이 하나님의 궤를 흠 없는 암소가 끄는 수레에 실어 보낸다. 이것은 곧 출애굽이다. 여호와 하나님은 영광 가운데 집으로 돌아오신 것이다.[14]

그러면서도 그들은 다시 의심을 해본다. 새끼와 떼어 놓인 암

12) 다섯 개의 악성 종양 모양과 금 쥐 모양은 블레셋 다섯 도시(아스돗, 사가, 아스글론, 가드, 에그론)를 뜻한다(삼상 6:17, 18).

13) Bruggmann, p. 40

14) 상게서, p. 42

소 두 마리가 끄는 수레가 하나님의 궤를 싣고 벧세메스 쪽으로 곧장 가면 자기들 땅에 내린 모든 것이 여호와로 인하여 온 것이고, 그렇지 않으면 우연히 당한 재앙으로 알겠다는 것이다. 법궤를 실은 암소들은 오른쪽으로나 왼쪽으로 벗어나지 않고 벧세메스에 이르렀다. 하나님은 끝까지 하나님의 위대하심과 전능하신 하나님이신 것을 보여주신 것이다.

법궤가 스스로 돌아오는 모습을 본 벧세메스 사람들은 신기해하며 하나님의 궤를 열어 보았다. 그 결과 그 즉시로 오만 칠십 명이나 죽었다. 그들은 '이렇게 거룩하신 주 하나님을 누가 감히 모실 수 있겠는가?' (삼상 6:20)고 하면서 기랏여아림 사람들에게 기별하여 가져가 달라고 요청한다. 기랏여아림 사람들이 내려와서 여호와의 궤를 옮겨다가 아비나답의 집에 들여 놓고, 그의 아들 엘르아살을 거룩하게 구별하여 궤를 돌보도록 하였다. 기랏여아림은 벧세메스 동북쪽 15킬로미터 지점에 있는 높은 성읍이다.

법궤가 그곳으로 들어간 날로부터 20년 동안 이스라엘 온 족속이 여호와를 사모하였고(삼상 7:2), 바알과 아스다롯을 제거하고 여호와만 섬겼다(삼상 7:4). 20년 동안의 평화, 이것은 법궤 사건이 이뤄낸 결과이다. 법궤의 무언(無言)의 귀환 이야기는 온 이스라엘 백성들과 그 후손들에게 하나님이 누구신가를 알게 해주는 가장 크고 확실한 증거가 되었을 뿐만 아니라, 블레셋 사람들에게도 여호와는 다곤 따위와 같은 죽은 신이 아니고 살아 계신 전능하신 하나님이신 것을 깊이 새겨 주었던 사건이다.

그렇다면 벧세메스 사람까지도 두려워했던 하나님의 궤를 어찌하여 기럇여아림 사람들은 그처럼 기꺼이 모셔간 것일까?

제 1장 떠오르는 사무엘, 몰락하는 엘리 가정

법궤의 이동 경로 ›› 3

여기서 잠깐 가나안 땅에 들어가던 시기로부터 하나님의 궤가 어디에 있었는가를 찾아보자.

성막의 목적은 '증거의 궤'(aronha-edut)를 보관하는 것으로 규정되었다. 법궤 위에는 똑같은 크기의 순금 덮개판이 놓여 있다. 이 덮개판을 히브리어로 '캅포레트'라고 하는데, 이 단어의 어근은 '화해', '속죄'를 의미한다. 민수기 10장 33-36절에 보면, 이스라엘 백성이 시내 산에서부터 행군할 때에, 법궤가 그 행렬의 선두에서 갔고, 그들이 진을 쳐야 하면 진을 쳐야 될 곳들을 알려주기도 했다(민 10:33). 그리고 법궤가 출발할 때 사람들은 이렇게 외쳤다. "여호와여, 일어나셔서 주님의 대적들을 먼지처럼 흩날리소서"(민 10:35 참조). 또 법궤가 한 곳에 머물게 될 때면 이렇게 외쳤다. "여호와여, 이스라엘의 천만 인 부대들이 있는 곳에 머물러 계시옵소서"(민 10:36 참조).[15] 법궤는 하나님의 임재의 상징이어서 하나님의 궤가 앞서 갈 때 요단 강이 갈라지고, 여리고 성이 무너졌다. 반면 법궤 없이 싸우러 나갔다가 실패한 경우도 있다(민 14:44).

하나님의 궤를 두는 성막이 출애굽 과정에서 마지막 머물렀던 곳이 바알브올 사건이 일어났던 모압 초원이었다(민 25:6). 그 후에 법궤는 이스라엘 백성을 인도하고 길갈에 머문다(수 4:23). 그 후로 법궤는 벧엘로 옮겨졌다(삿 20:27). 아마도 아이 전쟁과 함께 법궤를 그곳으로 옮겼다가 벧엘에 모신 것으로 생각된다. 그리고 법궤는 실로에 있던 회막 안에 모시었다. 아벡 전쟁 때에 실로에 있던 법궤를 싸움터로 모시고 나갔다가(삼상 4:3f), 블레셋에게 빼앗긴다(삼상 4:11), 그리고 아스돗, 갓, 에그론, 벧세메스, 그리고 기럇여아림(삼상 5:1-7:1)을 거쳐 다윗 왕 때에 예루살렘으로 옮겨지고, 마침내 성전 안에 두었다(삼하 6; 왕상 6:19, 8:1-9),

다윗은 법궤를 예루살렘으로 옮겨서 그곳에 모시었고, 기브온 산당에는 회막만 있었던 것으로 나와 있다. 솔로몬 성전이 건축되

15) 구약시대의 사회풍습, p. 206

고 회막은 사라지고, 법궤만 성전 안에 두었다. 그리고 그 뒤로 법궤에 대한 언급이 없다. 아마 587년 성전이 파괴되었을 때 법궤는 사라졌을 것으로 추측된다(렘 3:16). 어떤 학자들은 예레미야가 법궤를 어디에 숨겨두었을 것이라고 추측하기도 하지만 확실한 증거는 없다.

제 1장 떠오르는 사무엘, 몰락하는 엘리 가정

하나님의 성소 미스바에서 ›› 4

사무엘상 7-8장

엘리 제사장이 머물렀고, 사무엘이 성장한 실로 성소는 뒤로 사라지고 미스바로 역사의 무대가 옮겨진다. 여호수아서에 의하면 여호수아 시대에 실로를 종족들의 집결 장소로 만들어 놓았다(수 18:1; 21:2, 22:9, 12). 7지파가 실로 성소의 여호와 앞에서 제비 뽑아 자기들의 영토를 나누어 가지기도 하였고(수 18:8), 그곳에 회막을 세우고(수 18:1, 19:51) 법궤도 보관하였다(삼상 3:3).

실로에서 매년 순례의 축제(하그)를 거행하였고, 처녀들이 무리를 지어 포도원에 들어가 춤을 추기도 했다(삿 21:19ff). 그래서 사무엘서 저자는 이곳을 여호와의 집(삼상 1:7, 24; 3:15) 여호와의 궁전

(헤칼, 삼상 3:3)이라고 부른다.[16] 그런 실로가 사라지고 미스바가 부상하게 된 이유는 무엇일까?

베냐민 지파의 미스바(Mizpah)는 사사기 20장 1, 3절에 나오기 시작하였다. 어느 레위 사람이 달아난 첩을 찾아 데리고 오다가 베냐민 지파의 기브아 마을에서 자게 되었고, 그날 밤에 그 마을의 남색하는 자들이 몰려 와서 그 첩을 밤새도록 욕보여서 결국 죽였던 사건이 나온다(사사기 20장 참고). 그러자 이를 심판하기 위하여 온 이스라엘 백성이 미스바의 여호와 앞에 모이고(삿 20:1, 3), 온 이스라엘이 베냐민 지파의 남자에게는 딸을 시집보내지 않기로 맹세하고(삿 21:1), 그 모임에 나오지 않은 사람은 죽이기로도 맹세하였다(삿 21:5). 이들이 모여 맹세한 그 장소가 바로 미스바 성소의 여호와 앞임이 틀림이 없다. 그러니까 미스바 성소는 그 이전부터 있었던 것이다.

아마도 이스라엘이 법궤를 블레셋에 빼앗겼을 때, 블레셋 군대는 그 기세를 몰아 실로까지 올라와서 성소를 약탈하였을 가능성이 높은 것으로 본다. 고고학적 발굴에 의하면 기원전 1050년에 실로가 무너졌고, 오랫동안 그처럼 무너진 상태로 버려져 있었던 것으로 밝혀졌다.[17] 그리고 50년쯤 지나서 다윗이 법궤를 예루살

16) R. 드보는 실로와 기브온에 있었던 회막은 본래의 회막이 아니라고 주장한다. 실로에 있었던 회막은 천막이 아니라 건물이었을 것으로 보고, 그래서 실로의 성전을 솔로몬 성전 이전에 있었던 제1성전이라고 부른다. pp. 204, 205

17) 상게서, pp. 218-219

렘으로 모심으로써 이곳이 실로의 성소를 대신하게 되었다. 예레미야는 예루살렘이 무너질 것을 예로 들면서 실로가 무너졌던 사실을 언급하고 있다(렘 7:12ff).

법궤를 빼앗겼다가 돌아온 일이 있은 후에 사무엘은 이스라엘 백성들을 미스바로 모이게 한다. 그리고 자기들의 죄를 고백하고 용서를 빌며 기도를 드린다. 물을 길어다가 여호와 앞에 붓고 온종일 금식하며 "우리가 주님을 거역하여 죄를 지었습니다"라고 하면서 회개하였다(삼상 7:5-12).

이스라엘이 미스바에 모였다는 소식을 들은 블레셋은 이스라엘을 무너뜨릴 좋은 기회를 얻었다고 생각했던지 미스바를 공격해 왔다. 법궤까지 동원했으나 큰 실패를 경험한 이스라엘은 블레셋의 공격에 몹시 두려워 떤다. 그러나 미스바에 하나님의 궤는 없었으나 하나님이 이미 거기 계시는데, 더 이상 어떤 어려움을 당하겠는가? 마침내 여호와께서 큰 천둥을 일으키셨고, 블레셋 군대들은 당황하여 도망가기 시작하였다. 이스라엘은 미스바에서 블레셋 땅 벧갈까지 뒤쫓아 가면서 적들을 무찔렀다. 하나님이 함께 계시면 전쟁이 이처럼 쉬운 것이다. 이번 승리는 철저히 하나님에 의해 이뤄진 것이다.

그때 사무엘은 돌을 하나 가져다가 미스바와 센 사이에 세우고[18],

18) 그곳에 세운 돌은 단순한 돌이 아닌 곧게 세워놓은 돌기둥으로 일종의 기념비(맛세바-masebah)이다.

"여호와께서 여기까지 우리를 도우셨다"는 뜻으로 '에벤에셀'(도움의 돌이란 뜻)이라고 하였다. 미스바에서 이룬 승리를 에벤에셀이라 하며 기념한 것은 지난 번 '에벤에셀'(아벡 전투, 삼상 4:1-4)에서 법궤를 빼앗기기까지 이스라엘이 블레셋에 당한 수치를 되갚아 주었다는 뜻으로도 해석할 수 있다.

그 이후로 사무엘이 살아 있는 동안에는 주님의 손이 블레셋 사람을 막아 주시므로 그들이 침범하지 못했을 뿐 아니라, 블레셋의 여러 도시들을 쳐서 빼앗았고, 이스라엘에는 평화가 지속되었다(삼상 7:12-15). 사무엘은 벧엘과 길갈의 두 성소에서와 마찬가지로 미스바에서도 이스라엘을 재판하였다(삼상 7:16).[19] 사무엘은 그 당시 영적 영향력을 확대하기 위하여 선지자 학교를 세워서 젊은 선지자들을 양성해 내기도 했다(삼상 10:5-12, 19:19-24).

---

19) 당시에는 길갈, 벧엘, 실로, 미스바, 라마, 브엘세바, 기브온, 오브라 등에 성소가 있었다(삼상 7:16f). 이런 지역에서 역사적 사건이 일어났을 경우, 그것은 단순히 지역이 아니라, 바로 그곳에 있는 여호와의 성소 앞에서 이뤄진 것이라고 생각해야 한다.

제2장 이스라엘의 초대 왕 사울

왕 세우는 일을 반대하시는 하나님 ›› 1

사무엘상 9-10장

물이 수평선 위로 올라올 수 없는 것처럼
인간 스스로만으로는
인간의 수준 이상으로 올라갈 수 없다.
초인적인 직무를 위해서는
초인적인 능력이 요구되었고
그들은 그것을 가지고 있지 못했다.
하나님의 자녀가 도끼머리가 떨어진 자루를 가지고
나무를 찍는 것을 보는 것처럼 애처로운 일은 없다.

-작자 미상

사무엘은 해마다 벧엘과 길갈과 미스바로 순회하며 이스라엘을 다스렸고, 가는 곳마다 여호와의 제단을 쌓았다.[20] 그러나 사무엘이 나이가 많아지고, 두 아들이 아버지의 행위를 따르지 않고 자기 이익을 따라 판결을 굽게 하게 된 때를 계기로 하여 이스라엘 장로들이 라마에 있는 사무엘을 찾아와 왕을 요구한다. 그러나 사무엘은 그들이 왕을 요구하는 조건을 기뻐하지 않는다. 그 이유가 무엇이었을까? 장로들이 요구한 내용을 보자.

> "보소서 당신은 늙고 당신의 아들들은 당신의 행위를 따르지 아니하니 모든 나라와 같이 우리에게 왕을 세워 우리를 다스리게 하소서 한지라"(삼상 8:5).

여기서 반복되는 문장이 나온다. "우리에게 왕을 세워 우리를 다스리게 하라"(삼상 8:5, 6, 20). 8장에서만 세 번이나 반복해서 나오는 이유는 사무엘이 백성들의 요구를 기뻐하지 않았지만, 백성들의 끈질긴 요구 때문에 여호와께 기도했다는 것을 강조하는 것이다. 또 사무엘의 기도를 들으신 하나님께서도 "그들이 너를 버림이 아니요 나를 버려 자기들의 왕이 되지 못하게 함이니라"(삼

20) 라마에서도 '또 여호와를 위하여 제단을 쌓았다'는 말은 가는 곳마다 제단을 쌓았다는 의미이다.

상 8:7, 10:19)고 하신 것을 보면 왕을 세우는 일을 하나님께서 반대하셨다는 뜻이고, 백성들의 아우성 때문에 허락해 주셨다는 의미가 강하다.

사무엘상 7장 2절에서는 엘리가 죽고 사무엘 시대에 20년 동안이나 평안했다는 사실을 언급하였다. 짧은 언급이지만 깊은 의미가 있다. 그 당시 엘리는 죽었고, 사무엘은 겉으로 나타나 있지 않았다. 그럼에도 불구하고 20년 동안이나 나라가 평안했다는 말은 왕이 없어도 하나님만 이스라엘의 왕이 되신다면 그 나라는 안전하다는 것을 보여주는 대목이다.

사사기에서 하나님께서 이스라엘 백성들과 계속해서 다투신 내용은 '누가 이스라엘을 통치할 것인가?' 하는 문제였다. 기드온 내러티브의 중심도 바로 이 점이었다. "내가 너희를 다스리지 아니하겠고 나의 아들도 너희를 다스리지 아니할 것이요 여호와께서 너희를 다스리시리라"(삿 8:23). 그런데 지금 이스라엘의 지도자들은 "모든 다른 나라와 같이"(삼상 8:5) "왕이 우리를 다스리게 하소서"라고 요구한다. 이것은 이스라엘의 기초(foundation)를 바꾸겠다는 요구이다.

이스라엘의 생명은 다른 나라와 같지 않은 데 있다. 여호와만이 그들을 다스리는 나라라는 데 있다. 이것은 출애굽기 19장 1-6절에서 하나님과 그들의 조상이 계약한 내용이다.[21] 이 계약은 구약의 중심이 되는 내용이다. 그런데 장로들의 요구는 그 계약 내용을 완전히 파기하겠다는 것이다. 즉 하나님과의 계약의 파기이다. 이제 하나님이 통치하시던 나라가 사람들이 통치하고 지배하는 나라가 되는 것이다. 이 말은 앞으로 그들이 이방신들을 섬기게 될 것이란 암시이기도 하다. 하나님은 기뻐하시지 않으면서도 그들의 요구를 받아주라고 말씀하신다. 사사기와 사무엘서를 연결된 문서로 볼 때, 사무엘서는 사사기 시대의 사람들보다 더 악한 사람이 되었다는 것을 보여준다. 그 이유가 더 무섭다.

> "내가 그들을 애굽에서 인도하여 낸 날부터 오늘까지 그들이 모든 행사로 나를 버리고 다른 신들을 섬김 같이 네게도 그리하는도다 그러므로 그들의 말을 듣되 너는 그들에게 엄히 경고하고 그들을 다스릴 왕의 제도를 가르치라"(삼상 8:8-9).

하나님께서는 왕을 세우도록 허락하시면서도 백성들을 철저히 가르치라고 하신다. 사무엘은 왕을 세우는 일의 위험 요소를 백성들에게 가르쳐 준다.

1) 왕을 세우면, 모든 백성은 왕을 위해 존재하게 된다.[22]

2) 백성들의 소출의 10분의 1과 밭과 포도원의 10분의 1도 왕의 것이 될 것이다.

---

21) 이연길, 에덴에서 가나안으로, 쿰란, pp. 195-97 참고

22) 삼상 8:10-18의 내용에서 지배적인 단어는 'take-가져가다' (11,13,14,15,16,17)이다. 아들들(11-12), 딸들(13), 포도원과 감람원(14-15) 등등. Brueggmann, Walter, First and Second Samuel, Interpretation, John Knox, 1990, pp.63-64

3) 백성들은 그의 종(slaves)이 될 것이다.

4) 자기들이 세운 왕 때문에 백성들이 부르짖게 될 경우에도 하나님은 응답하지 않을 것이라고 말씀하신다(삼상 8:10-21).

사사기에서는 어떤 경우에도 '부르짖는 기도' 만은 응답해 주셨다. 그러나 이제는 부르짖어도 들어주지 않을 것이라고 하신다. 부르짖어도 듣지 않으신다는 말씀은 왕이 잘못하여 생기는 결과에 대하여 하나님은 책임지지 않으신다는 말이다. 너희들이 선택한 왕이니, 너희들이 책임지라는 것이다. 여호와께서 왕을 세우는 일로 얼마나 마음이 상하셨는가를 보여주는 말씀이다. 그런데도 그들의 요구가 이뤄졌을 때 백성들은 평안히 자기 성읍들로 돌아갔다(삼상 8:22). 이 평안은 평안한 상태가 아니다. 성경은 앞으로 닥칠 불행을 예고하고 있다.

백성들의 요구에 마침내 하나님께서는 왕을 세우라고 사무엘에게 말씀하신다. 왕을 세우는 일이 마음에 들어서, 하나님 스스로가 원해서 세우는 게 아니다. 백성들의 요구를 사무엘이 하나님께 아뢰었기 때문에 허락해 주시는 것이다. 백성들이 왕을 원하는 이유는, "우리도 다른 나라들 같이 되어 우리의 왕이 우리를 다스리며 우리 앞에 나가서 우리의 싸움을 싸워야 할 것이니이다"(삼상 8:20)라고 한 말 속에 잘 나타난다. 이방 나라와 같이 백성들 앞에 싸워야 할 사람이 필요하기 때문이라고 하였다. 그렇기 때문에 바로 그런 사람, 키가 크고 장대하여 전쟁을 잘할 사람을 세워주신다는 것이다. 왕을 선택하는 조건은 사람들이 내세운 것이어서, 사람들의 마음에 맞는 왕을 세운 것이지, 하나님께서 원하시는 왕을 세운 게 아니란 말이다.[23] 뭔가 심상치 않은 예감이 들기 시작한다. 여하튼 백성들의 요구를 거절하지(resist) 아니하시고, 허락해 주신 왕이 바로 사울이다.

그는 키가 다른 사람보다 커서 어깨와 머리가 하나 더 있는 사람, 그보다 잘생긴 사람이 없을 만큼 준수한 사람(삼상 9:2)이다. 또 잃어버린 암나귀를 찾아오라고 아버지가 명령하자, 아버지가 염려할 만큼 찾아다닌 착한 사람(삼상 9:3-6), 그리고 하나님의 사람을 존귀하게 여겼던 사람이다(삼상 9:7-14). 사울이 그의 아버지 나귀를 찾다가 선견자에게 물어보자고 사무엘을 찾아오기 전날 여호와께서 사무엘에게 말씀하시기를 "내일 이맘 때에 내가 베냐민 땅에서 한 사람을 네게로 보내리니 너는 그에게 기름을 부어 내 백성 이스라엘의 지도자로 삼으라"(삼상 9:16)고 지시하셨다. 그런데 사울이 사무엘을 찾아왔을 때 하나님께서 이렇게 말씀하셨다.

> "보라 이는 내가 네게 말한 사람이니 이가 내 백성을 다스리리라 하시니라"(삼상 9:17).

사람들이 왕의 조건으로 생각한 것은 장대하고 싸움 잘할 사람

23) 삼손 내러티브에서 딤나의 여인을 보고, 자기 눈에 좋으니 허락해 달라고 한 말과, 백성의 지도자들이 좋아하니 그런 왕을 세워달라고 한 내용이 비교된다. 하나님의 기준에서 선택된 것이 아닌 점이 두 사건에서 공통점을 이룬다.

이다. 그렇다면 하나님이 생각하시는 왕의 조건은 무엇이었을까? 사울을 왕으로 세우시면서도, "너희는 너희를 모든 재난과 고통 중에서 구원하여 내신 너희 하나님을 버리고, 너희에게 왕을 세워 달라고 나에게 요구했기에 왕을 세운다"는 것을 강조하셨다(삼상 10:19, 8:7 참조). 앞에서 성경 저자는 사울의 장점을 자세하게 나열했다. 그러나 하나님이 보시는 왕의 조건은 오직 한 가지였다. '자기를 낮게 생각하는 사람' 이다. 이 사실은 사무엘상 15장에 가서야 밝혀진다.

> "왕이 스스로 작게 여길 그 때에 이스라엘 지파의 머리가 되지 아니하셨나이까?"(삼상 15:17)[24]

위에서 사울의 사람 됨을 나열한 모든 내용, 미스바에서 왕으로 뽑혔을 때에도, '짐짝 속에 숨어 있었던 사람', 그리고 어떤 불량배들이 사울이 왕 되는 것을 반대했을 때에도 관용을 베풀던 모습(삼상 10:27), 이런 모든 모습은 모두가 하나님 앞에서 자기를 낮추는 모습들을 강조한 내용들일 뿐이다. 자기를 낮게 생각한다는 것은 반대로 하나님을 크게 여긴다는 말이다. 자기 고집대로(self-assertion)[25] 하지 아니하고 하나님의 뜻에 따라 산다는 말이다.

이런 모습이 왜 하나님께 귀한 것일까?

---

24) 삼상 2:30에서, 엘리 가문을 심판하실 때도 같은 원리를 적용하셨다. "나를 존중히 여기는 자를 내가 존중히 여기고 나를 멸시하는 자를 내가 경멸하리라."

25) 사사기는 하나님께 가장 큰 죄는 '우상숭배와 자기 고집' 이란 사실을 계속해서 강조했다.

이스라엘의 왕은 다른 이웃 나라들의 왕과 다르게 하나님 앞에서 백성을 섬기는 사람이기 때문이다. 하나님 앞에 서 있는 왕은 공적이며 사적인 생활에 있어서 하나님의 명령을 따라야 하며, 또 그는 제사장의 일들에 간섭해서는 안 되며, 왕은 우상 숭배의 길에서 반드시 벗어나 모든 역량을 결집시켜 그의 백성들로 오직 하나님께 영광을 돌리는 길로만 매진하도록 해야만 했기 때문이다.26)

사울을 왕으로 세우는 과정을 보면, 사무엘이 세우는 것 같아 보이지만, 철저하게 하나님이 그 일에 간섭하신다. 왕을 세우기는 하지만 하나님께 듣고 통치할 왕을 세우시려고 하신 것이다. 드디어 하나님은 한 사람을 마음에 두셨다. 사울이 자기 아버지의 잃어버린 암나귀들을 찾아다닐 때, 그가 오기 하루 전에 여호와께서 사무엘에게 그가 올 것과 그를 왕으로 세우라고 말씀하신다.

> "사울이 오기 하루 전에 주님께서 사무엘에게 알리셨다. 내일 이맘 때에 내가 베냐민 땅에서 온 한 사람을 너에게 보낼 것이니, 너는 그에게 기름을 부어 나의 백성,27) 이스라엘의 영도자로 세워라. 그가 나의 백성을 블레셋 사람의 손에서 구해 낼 것이다"(삼상 9:15-16).

그리고 그에게 새 마음을 주셨고, 사무엘에게 말한 모든 증거

26) 보스, Howard F. p.133
27) 여기서도 '내 백성'을 강조함으로, 왕은 하나님의 대리자로서 하나님의 백성을 통치하는 자라는 것을 강조하신다.

들을 이루어주셨다(삼상 10:9). 그에게 예언의 은사도 주셔서 예언하게 하셨다(삼상 10:10-13). 다시 미스바 성소에서 백성들이 보도록 베냐민 지파에 기스의 아들 사울을 뽑아주셨다(삼상 10:20-21).28)

사울은 왕이면서 사사이다. 사울을 사사들의 연속선상에서 본다면 사울은 이상한 사사이다. 사사기에서 사사들은 대부분 하나님께서 세우셨다. 그리고 끝까지 하나님이 책임지셨다. 그런데 사울은 백성들의 요구에 의하여 하나님께서 세우신 왕이다. 때문에 앞으로 모든 책임은 왕과 백성들이 져야 한다. 과연 사울은 끝까지 하나님 앞에서 그 책임을 잘 이뤄낼 것인지?

28) 사울이 왕이 되는 과정이 복잡하다. 숩 지방에서 사무엘에 의하여 기름 부음을 받았고, 또 미스바에서 제비를 뽑아서 선택을 받았고(삼상 10:17-20), 길갈에서 왕으로 취임하였다. 다윗도 베들레헴에서 기름 부음을 받았고(삼상 16:13), 헤브론에서 기름 부음을 받고 왕이 되었고(삼하 2:4), 후에 이스라엘 왕으로 기름 부음을 받은 점이 비슷하다(삼하

제2장 이스라엘의 초대 왕 사울

사울의 통치와 사무엘의 고별사 ›› 2

사무엘상 11-12장

서쪽 블레셋 사람들이 이스라엘을 점점 압박해 오자, 암몬(현재 요르단 지역) 사람들은 이를 이용하여 요단 동편 이스라엘 지역을 자기들의 지배 아래 두려고 한다. 그러자 길르앗 야베스(얍복강 북쪽 지역) 사람들은 기가 죽어 암몬 사람들에게 언약을 맺자고 제안하지만, 암몬 사람들은 제안을 거부하고 그들을 불구로 만들어 놓고야 말겠다고 협박을 한다. 다급해진 야베스 사람들이 사울의 고향 기브아에 사람을 보내어 그들의 위급한 소식을 전한다. 마침 밭에서 소를 몰고 오던 사울이 이 소식을 들었을 때 하나님께서 그의 마음에 감동을 주셨고, 사울은 무섭게 분노를 터뜨린다

(삼상 11:1-6).[29]

사울은 자기가 몰던 소 두 마리를 잡아 각을 뜨고 그것을 이스라엘 사방으로 보내어 자기를 좇으라고 권하고, 만약 좇지 않으면 이 소들처럼 만들겠다고 외쳤다. 그러자 이스라엘이 삼십만이요, 유다 사람 삼만이 모였다. 당시에 이처럼 많은 사람이 모였다는 것은 기적에 가까운 일이다. 이처럼 많은 사람들이 모인 이유를 사울 때문이 아니라, 여호와께서 두려워하는 마음을 백성에게 주셨기 때문이라고 성경은 말한다. 사람의 마음을 움직이고 모이게 하는 것은 성령의 역사이지 사람이 할 수 있는 것은 아니다. 참된 지도력은 하나님께서 주시는 것이다. 그날 사울의 군사는 야베스로 올라가서 암몬 사람들을 치고 승리를 거둔다.

이 일 후에 길갈에 가서 사울을 왕으로 세우는 공식적인 행사가 있었다(삼상 11:12-15). 그리고 이어서 사무엘의 고별사가 나온다. 이제부터는 사울이 이스라엘의 지도자로 나서게 되었고, 사무엘은 뒷전으로 물러난다는 암시를 준다.

사무엘은 이스라엘 건국의 아버지이다. 혼란스러웠던 나라를 안정시켰고, 신앙적으로 혼미했던 백성들에게 참 하나님을 섬기는 법을 보여주었다. 그의 지도력 아래서 나라를 이끌어 갈 왕도 세워졌다. 그러던 어느 날 사무엘은 이스라엘 온 백성들을 모여

29) 삼손이 하나님의 사역을 감당해야 할 때마다 하나님의 영을 부어주셔서 그 일을 이루게 하신 것과 비슷한 역사를 하신다.

놓고 고별사를 하였다.

"내가 젊어서부터 오늘까지 너희를 지도하여 왔는데, 내가 여기 있으니, 주 앞에서 나를 고발할 일이 있으면 하여라……그런 일이 있다면 나를 고발하여라. 내가 너희에게 갚겠다."

백성들은 일제히 소리 높여 외쳤다. "우리를 속이시거나 억압하신 적이 없습니다. 누구에게서든지 무엇 하나 빼앗으신 적도 없습니다"(삿 12:4).

고별사는, 사무엘은 이제 모든 것을 사울 왕에게 위임하고, 자기는 조용히 사울의 뒷자리로 물러난다는 것을 선언한 것이다.

나라에 좋은 지도자가 있으면 그로 인하여 한 나라가 행복하게 된다. 교회에 좋은 지도자가 있으면 그 교회가 행복하게 된다. 한 가정에 그런 가장이 있으면 그 가정은 행복하다. 그러나 가장 중요한 것은 그런 사람 자신이 행복하다는 점이다. 행복은 소유에서 오는 게 아니다. 소유가 주는 행복은 오래 가지 못한다. 또한 불행하게 사는 사람이 행복의 조건을 갖추었다고 행복해지는 게 아니라 행복한 조건을 다 갖추고도 일정 기간이 지나면 다시 불행으로 돌아간다고 한다. 누가 그런 지도자가 될 수 있을까? 좋은 지도자는 태어나는 게 아니다. 하나님께서 만드신다. 단지 자신이 좋은 지도자가 되려는 노력과 헌신이 필요하다. 좋은 지도자가 되어보고 싶지 않은가?

제2장 이스라엘의 초대 왕 사울

당황해서 드리는 제사 〉〉3

사무엘상 13장

이스라엘보다 언제나 강했던 블레셋은 이스라엘에게 언제나 골치 아픈 존재였다. 블레셋 사람들은 본래 해적 출신으로 이스라엘 서쪽 가자 지구를 중심으로 지중해 해안에 거주한 사람들로, 체구도 건장하고 전쟁에 능한 사람이었을 뿐 아니라, 쇠(鐵)를 다루는 솜씨가 뛰어났던 사람들이다. 그들은 이스라엘에서는 철을 다루지 못하도록 쇠를 다루는 사람들은 모두 블레셋으로 잡아갔다.[30] 이처럼 히브리 사람들이 칼이나 창을 만드는 것을 허락하지 않았을 뿐 아니라 보습이나 곡괭이, 도끼나 낫을 사려면 블레셋 땅까지 가야 했고(삼상 13:19-22), 쇠로 된 창이나 칼은 오직 사울과 아들 요나단에게만 있었다. 이런 상태에서 이스라엘은 블레셋의 상대가 될 수 없었다. 거기에다가 블레셋에는 철병거가 삼만이나 되었으니 이스라엘이 어떻게 그들을 당해낼 수 있겠는가?

사울의 통치 연대나 그의 나이를 계산하는 것은 쉽지가 않다. 예를 들면, 사무엘상 13장 1절에 사울의 나이와 통치 연대가 나오는데, 개역 성경에는 "사울이 왕이 될 때에 사십 세라 그가 이스라엘을 다스린 지 이 년에" 라고 되어 있고, 새번역 성경에는 "사울이 왕이 되었을 때에 그의 나이는 서른 살이었다. 그가 이스라엘을 다스린 것은 마흔두 해였다" 고 되어 있다. 왜 이런 차이가 나게 되었을까? 그 이유는 히브리어 본문에는 "사울이 왕이 되었을 때 그의 나이 ??세였다" 고 되어 있다. 다시 말하면 히브리어 본문에는 사울의 나이를 밝히는 숫자가 떨어져 나간 것이다. 그렇다면 여기에 30이란 숫자를 넣어야 할지, 40이란 숫자를 넣어야 할지, 그게 궁금한 것이다. 새번역 성경은 사울이 왕이 된 해를 이른 나이로 잡아 30세라고 하고, 개역 성경은 좀 늦게 잡아 40세라고 했다.

이 문제를 해결하기 위해서는 요나단의 나이를 생각해야 한다. 요나단이 전쟁에 나가 블레셋을 공격해서 대승리를 거두었다면, 요나단은 소년이 아닌 것을 알 수 있다. 만약 당시 요나단의

---

30) 당시 이스라엘 백성들은 청동기 후기 문화에 머물고 있었고, 블레셋인들은 이미 철기 문화를 누리고 있었기 때문이다.

나이를 20세로 잡는다면, 사울의 나이는 32세라고 볼 수 있는데, 사울이 그처럼 결혼을 일찍 했을 리 없다면, 42세로 잡는 게 합리적일 것이다.[31] 개역 성경은 사무엘상 13장 1절에 사울의 나이를 40세로 말하고 있는 것을 받아들여 사울의 나이를 40세로 정한 것이다.

사무엘상 13-14장에 사울의 전쟁 기사가 나온다. 이때는 사울이 왕이 된 지 불과 2년이 되는 해이다. 사무엘이 뒤로 물러나고 사울이 이스라엘 통치권을 행사하기 시작한 지 불과 2년밖에 되지 않았는데 문제가 불거지기 시작하였다.

블레셋이 다시 이스라엘을 공격해 왔다. 병거가 삼만이요, 마병이 육천이요, 보병은 해변의 모래같이 많은 수가 예루살렘 북쪽 믹마스(Micmash)에 진을 치고 이스라엘을 위협하기 시작하였다. 이에 이스라엘 사람들은 놀라서 굴과 수풀, 바위와 같은 곳에 숨었으며, 어떤 사람들은 아예 요단 강을 건너 길르앗 땅까지 도망가기도 했다. 블레셋이 쳐들어오자, 백성들은 도망치기에 바빴다. 그 당시 이스라엘에는 철공이 없었다고 하였으니(삼상 13:19) 철무기를 든 블레셋과 어떻게 싸울 수 있겠는가? 사울 왕도 두려운 가운데 길갈에서 사무엘을 기다리고 있었다. 12장에서 암몬 사람들과 싸우던 때의 사울의 당당한 모습은 사라지고 없다. 조급하고

---

31) 요아힘 예레미아스에 의하면 예수님 당시 처녀의 약혼 적령기는 평균 12.5세이고, 1년 후에 결혼한다고 한다. 그렇다면 남자들의 결혼 적령기는 그보다 늦게 볼 수 있을 것이다. 예레미아스, 상게서, p. 456

불안해진 사울은 빨리 제사를 드리고 싶었다. 아마도 제사를 드림으로 백성들의 마음을 안정시키고 싶었던 것 같다. 그러나 사무엘은 오지 않았다. 하루, 이틀, 엿새, 그리고 7일, 약속한 7일(삼상 10:8)을 기다려도 사무엘이 오직 않자 다급해진 마음으로 번제와 화목제물을 가져다가 막 번제를 드렸다. 바로 그때 사무엘이 나타났다. 구약학자 브르그만 교수는 이 시간이 얼마나 절묘한지, 거의 함정에 가깝다고 말한다.[32]

어떤 학자들은 사울을 폐위시키려고 사무엘이 음모를 꾸민 것 같다고 말하기도 했다. 하나님이 음모를 꾸며 사람을 잡는 분인가?

성경은 사울이 번제를 드릴 시간까지 기다렸다고 강조한다. 기다릴 만큼 기다렸다는 뜻이다.

사울에게는 제사를 드릴 수 있는 권한이 부여되지 않았고, 단지 재판관으로 그리고 장군으로 활동하도록 권위가 부여되었다는 것도 그는 알았다는 것이다. 그의 말대로 "부득이하게 번제를 드렸다-I forced myself"(12절)는 걸 보면 제사도 어떻게 드리는지 모르게 드렸다는 말이다. 그의 대답이 절박하다.

"이러다가는 제가 주님께 은혜를 구하기도 전에, 블레셋 사람이 길갈로 내려와서 칠 것 같은 생각이 들어서, 할 수 없이 번제를 드렸습니

32) 브르그만, 상게서, p. 99

다"(삼상 13:12, 새번역).

아무리 보아도 제사장 권한에 도전한 것으로 보이지는 않는다. 너무 절박해서 드렸다고 한다. 이 말은 자신이 제사를 드려서는 안 되는 영역을 침범한 것으로 느낀다는 사실을 암시하고 있다. 그런데 왜 이것이 문제가 되는 것일까? 사무엘상 10장 8절에 보면, 사무엘은 사울에게 길갈에서 7일을 기다리라고 했고, 그리하면 자기가 와서 사울이 행할 모든 것을 지시하리라고 했다. 그렇다면 왜 7일을 기다려야 했는지, 또 왜 7일이 다 되도록 사무엘은 이스라엘 백성들이 위급한 상황에 처해 있는 것을 알면서도 오지 않았는지? 그렇다면 이것은 사무엘의 책임이 아닌지…….

그러나 한번 생각해 보자. 사무엘이 7일 만에 온 것은 확실하다. 번제 드릴 시간에 맞춰 온 것이다. 사무엘이 약속대로 오기는 왔어도 사울과 백성들의 애간장을 다 태운 것만은 사실이다. 문제는 사울이 마지막까지 기다리지 못한 것뿐이다. 이것이 문제라는 것이다. 이 일은 사울이 왕이 된 지 불과 2년이 되는 해이다. 그러니까 그의 나이 42세에 일어난 일이다.

사무엘은 사울을 이렇게 책망한다.

"해서는 안 될 일을 하셨습니다. 주 하나님이 명하신 것을 임금님이 지키지 않으셨습니다. 명령을 어기지 않으셨더라면, 임금님과 임금님의 자손이 언제까지나 이스라엘을 다스리도록 주님께서 영원토록 굳게 세워 주셨을 것입니다"(삼상 13:13, 새번역).

위의 말씀에서 보면, "명령을 어기지 않았다면, 사울과 그 자손의 왕권을 굳게 세워주셨을 것이다"는 말은 이전에 말한 적은 없었다. 단지 여기서 처음 나온다. 그렇다면 사무엘은 사울을 왕으로 세워 놓았지만, 2년 동안 그를 지켜보아 왔고, 전쟁을 앞둔 7일 간이 가장 중요한 시험대였던 것을 알 수 있다. 이 말을 듣는 사람들은 하나님은 좀 엉뚱하시다고 생각할지 모른다. 여러분은 지금 전쟁으로 나라의 국운이 촌각에 달려 있는데, 그런 것을 따질 겨를이 어디 있느냐고 물을지도 모른다. 그렇다. 하나님은 제사보다 우위에 계신다. 이 말은 또 예언은 왕권보다 우위에 있다는 것을 의미하기도 한다. 그러므로 하나님께서 왕을 세우실 때, 가장 중요시했던 '하나님에게 듣고 따르는 자세'를 강조하신 것이다. 사울은 이 원칙에서 벗어나기 시작하였다.

하나님에게 전쟁은 관심이 없으시다. 전쟁은 하나님의 손 안에 있기 때문이다. 하나님의 관심은 언제나 사람이다. 하나님께서 원하시는 사람만 되면 그 다음 문제는 문제가 아니다. 하나님을 믿고 따르는 사람들은 언제나 하나님의 관심이 무엇인가를 분명히 알고 따라야 한다.

제2장 이스라엘의 초대 왕 사울

아버지보다 나은 아들 요나단 〉〉4

사무엘상 14장

여기서 뛰어난 한 젊은이 이야기를 해야 한다. 그는 사울의 훌륭했던 아들 요나단이다. 그는 아버지보다 훌륭했고, 어떤 면에서는 다윗보다 뛰어난 사람이다. 그런 그가 왜 불행하게 일생을 마쳐야 했는가?

제사 문제로 하나님의 책망을 들은 사울(삼상 13장)은 전쟁에 아주 소극적이 되었다. 전쟁할 생각은 하지 않고 병사 600명만 데리고 미그론에 있는 석류나무 아래 머물러 있었다. 그러나 요나단의 태도는 아버지와는 달리 적극적이었다. 그는 아버지 몰래 병사 한 사람만 데리고 적진으로 돌진해 들어갔다. 요나단은 병사에게 말하였다.

"저 할례받지 않은 이방인의 전초부대로 건너가자. 주께서 도와주시면 승리를 거둘 수도 있다. 주께서 허락하시는 승리는 군대의 수가 많고 적음에 달려 있지 않다"(삼상 14:6).

이런 신앙의 고백은 앞으로 다윗에게서 만나는 신앙적 모습이다. 그가 적진을 향해 갈 때 하나님께서 블레셋 사람들을 그들의 손에 넘겨주셨고(삼상 14:12 하반절), 모든 블레셋 군인들에게 두려움을 주셔서 모두가 공포에 떨게 되었다(삼상 14:15). 기브아에서 사울의 파수꾼들이 블레셋 진영을 바라다보니, 블레셋 군인들이 자기들끼리 서로 싸우고 있는 게 아닌가! 그때야 비로소 사울은 군사를 거느리고 전쟁터로 달려갔고, 에브라임 산간지방으로 들어가 숨었던 이스라엘 사람들도 블레셋 사람들이 달아난다는 소식을 듣고, 모두 뛰어나와 그들을 뒤쫓으며 싸웠다(삼상 14:22). 여기서 이상한 점은 사울이 처음엔 '하나님의 궤를 가지고 오라' 고 했다가, 블레셋 진영에서 들리는 아우성 소리를 듣고 싸움터로 달려가면서, 제사장에게 궤를 가지고 오지 말라고 하였다(삼상 14:18, 19).[33] 아마도

33) 그때 그곳에 법궤가 없었다고 주장하는 학자들이 있다. 법궤는 기럇여아림에 있었기 때문이다. 칠십인 역에는 '에봇' 이라고 번역했는데, 그 이유는 에봇이란 히브리어 단어가 법궤를 뜻하는 표현과 비슷한 문자로 되어 있기 때문이라고 한다. 국제주석, 상게서, p. 152

자기 아들 요나단이 전장에 나간 것을 보고 당황해서 법궤를 가져오라고 했다가 블레셋 사람들이 아우성을 치며 흩어지는 것을 보자, 자기들 힘으로 능히 싸울 수 있다고 판단했기 때문에 법궤를 가져오지 말라고 했을 것이다. 사울은 더 이상 하나님을 의지하지 않는 모습을 보여준다.

이 전쟁은 블레셋과 사투를 벌였던 대접전이었다.

병사들이 허기져 지쳐 있었던 날, 사울은 피곤에 지쳐 있는 병사들에게 이유 없는 금식을 선포한다. 하나님께와 백성들에게 신앙의 사람으로 보이고 싶은 충동이 그렇게 만들었는지도 모른다. 신앙이 없는 사람이 자기 신앙을 보이려고 하는 일은 항상 엉뚱한 실패작만 만들 수밖에 없다. 사울의 금식 명령이 내려진 줄도 모르고 꿀맛을 본 요나단은 눈이 번쩍 뜨였고 힘이 솟았다. 그러나 자기 부친이 금식 명령을 내린 것을 알고, "내 부친이 이 땅으로 곤란케 하였다"(삼상 14:29)고 말한다. 백성들이 음식을 먹고, 그 시기에 들에 널려 있던 야생 꿀을 먹었더라면 필연 블레셋을 더 많이 쳤으리라고 요나단은 후회한다. 사울의 생각과 아들 요나단의 생각은 정반대이다. 과연 누가 하나님 편일까?

금식 기간이 지나고, 전쟁에서 돌아온 백성들은 짐승을 잡아 급한 나머지 피째 먹었다. 이것은 하나님께서 절대 금하신 것이다(창 9:4-5). 결과적으로 사울은 자기의 금식 명령보다 몇십 배 더 무서운 죄를 짓도록 백성들을 몰아세운 셈이 되었다. 늦게야 사울은 제단을 만들어 하나님의 법대로 짐승을 잡도록 했는데, 이것이 사울이 여호와를 위하여 처음 쌓은 단이다(삼상 14:35).

용기를 회복한 사울은 밤에 블레셋 사람을 쫓아가서 그들을 진멸시키려는 계획을 세우고 부하들에게 묻는다. 그는 이미 하나님께 묻는 것은 잃어버린 지 오래 된 것 같다. 그때 제사장이 하나님께 물어보자고 제안한다. 그때야 사울은 하나님께 묻는다. 그러나 주님께서는 그날에 아무 대답도 아니하시자, 사울은 그 이유가 백성들이 범죄했기 때문이라고 생각하고 온 백성들을 다 한 자리에 모으고, 범죄자를 찾는 일에 나선다. 사울은 왜 하나님께서 자기에게 응답하시지 않는 이유를 백성들에게서 찾으려고 했을까? 사무엘상 13장 14절에, 그가 제사드림으로 하나님의 책망을 받을 때, 하나님께서 자신의 마음에 맞는 사람을 찾아서, 그를 당신의 백성을 다스릴 영도자로 세우셨다는 말을 잊은 것인가?

범죄자를 색출하기 위한 제비뽑기가 시작되었다. 자기와 요나단이 한편이 되고, 백성이 다른 편으로 나누어 제비를 뽑았는데, 처음엔 사울과 요나단이 뽑히고, 마지막엔 요나단이 뽑힌다. 요나단은 자기가 금식 명령을 어기고 지팡이로 꿀을 먹은 것을 고백하고 죽기를 각오한다. 하지만 아버지는 아들의 죽음 앞에서 조금도 슬퍼하는 빛이 없다. 아들 요나단으로부터 오는 어떤 압력을 느끼고 있었기 때문이었을까?

사울의 단호한 태도에 백성들은 반기를 든다. 백성들은 "결코 그럴 수 없다"고 반대하며, 여호와의 사심으로 맹세한다. 그 이유는 그가 오늘 하나님과 함께 이 일을 이루었기 때문이라고 한다(삼상 14:45). 하나님과 함께한 용감한 요나단, 아니 하나님과 동역함으로 블레셋을 물리친 요나단을 누가 해칠 수 있단 말이냐고 강조한다.34) 사울은 하나님을 떠나서 행동하는데, 요나단은 하나님을 의지하고 행동하는 것을 모든 백성들이 다 안다는 역설적인 이야기이다. 이런 백성의 태도는 사울에게 대단한 위협이 되었을 것이다. 사울은 슬프게도 뭔가 자꾸 밀리고 있다는 느낌을 지울 수가 없다.

요나단은 아버지 사울보다도 신앙이 뛰어났고, 용감한 왕자였다. 이젠 이스라엘을 지휘하기에 조금도 부족한 것이 없는 인물이다. 이런 요나단의 운명은 어찌될 것인지?

---

34) 요나단은 아브라함의 종이 하란에서 그랬듯이 하나님의 증거를 보기 위해 조건을 내세우고 기도함으로 하나님의 뜻을 분별한 사람이다. 그리고 요나단은 "주께서 그들을 이스라엘의 손에 넘겨 주셨다"(삼상 14:12)고 말한다.

제2장 이스라엘의 초대 왕 사울

헤렘에 실패한 사울[35] ›› 5

사무엘상 15-16장

그 후에 사울의 운명을 결정할 아말렉 전쟁이 일어난다.

아말렉 전쟁에서 하나님은 다시 그에게 아말렉을 정복하라는 명령을 내리셨다.[36] 이스라엘이 애굽에서 나올 때 이스라엘을 괴

---

35) 승전으로 얻은 사람과 물건을 모두 하나님께 드린다는 뜻에서 그것들을 진멸하는 것이 헤렘이다(신 7 2, 20:17; 수 8:2; 삼상 15:3).

36) 아말렉은 네게브 사막에 거주하던 유목민들로, 낙타를 타고 전쟁하는 용사들이어서 이스라엘은 물론 인접 국가들, 먼 지역까지도 약탈하는 기동성을 구비한 민족이다(삼상 30:17 참고). 사사기 6-7장에서는 '미디안'과 함께 거론되기도 한다. 이스라엘과 아말렉 사이엔 뿌리깊은 적대감이 있었다(출 17:6). 프리츠 스톨츠, 상게서, pp.164,165

롭혔던 아말렉을 치되, 그들의 생명은 물론 그들에게 딸린 것은 모두 진멸하라고 하셨다.

> "여호와께서 나를 보내어 왕에게 기름을 부어 그의 백성 이스라엘 위에 왕으로 삼으셨은즉 이제 왕은 여호와의 말씀을 들으소서"(삼상 15:1).

여기서 '여호와의 말씀을 들으라' 는 말에 강조점이 있다. 사울 왕이 여호와의 말씀을 잘 듣지 않기를 시작한 것 같다는 느낌을 준다. 그래서 '들으라' 를 강조한다. '여호와의 말씀을 들으소서' 를 원어대로 직역하면, '들으라! 여호와의 말씀을' 이라고 할 수 있다. '들으라' 는 말은 이인칭 단수 명령형이다. 과연 이처럼 강조하신 말씀을 그가 잘 들을 것인지?

군사를 모집하니 보병이 20만이나 되었다. 그는 그 군대를 이끌고 아말렉 전 지역을 다 점령하고 하나님의 명령대로 모든 사람이나 가축을 다 죽였다. 그날 하나님께서는 사무엘에게 나타나신다. 사울을 왕으로 선택한 것을 후회한다고 말씀하시고, 사무엘은 그 말씀을 듣고 괴로운 마음으로 밤새도록 그를 위한 중보기도를 한다. 그리고 다음 날 아침에 사울을 만나기 위해 길을 나선다.

사무엘이 길갈에 도착했을 때 사울은 태연하게 맞으면서, "주의 복을 받으시기 바랍니다. 나는 주의 명령대로 다 하였습니다."

그때 양 떼와 소 떼 소리가 사무엘에게 들려 왔다.

"나의 귀에 들리는 이 양 떼의 소리와 내가 듣는 소 떼의 소리는 무엇입니까?"

"예, 그건 아말렉에게서 빼앗은 것인데, 군인들이 당신이 섬기는 하나님께 제물로 바치려고 좋은 것만 골라 놓았습니다. 다른 것들은 다 진멸하였습니다."

그는 좋은 짐승을 감춰둔 것은 군인들이 했다고 강조하고, 하나님도 자기 하나님이 아닌 '사무엘이 섬기는 하나님' 이라는 점을 강조한다. 사울이 하나님을 포기한 흔적이 보인다. 하나님은 사무엘의 하나님이지 자기의 하나님이 아니란 말이다. '들으라' 는 말을 철저히 어겼다. 그리고 하나님이 물으실 때 온갖 핑계를 다 댄 아담처럼 대답한다.

이 말을 들은 사무엘은 더 이상 희망이 없다고 판단하고, 전날 밤 주께서 자기에게 주신 말씀을 선포한다.

> "주께서 어느 것을 더 좋아하시겠습니까? 주의 말씀에 순종하는 것이겠습니까? 아니면, 번제나 화목제를 드리는 것이겠습니까? 잘 들으십시오. 순종이 제사보다 낫고, 말씀을 따르는 것이 숫양의 기름보다 낫습니다. 거역하는 것은 점을 봐주는 죄와 같고, 고집을 부리는 것은 우상을 손기는 죄와 같습니다. 임금님이 주의 말씀을 버리셨기 때문에, 주께서도 임금님을 버려 왕이 되지 못하게 하셨습니다"(삼상

15:22-23, 새번역).

22절에서 '잘 들으라' 고 한다. 처음 '들으라' 는 듣지 않을 수 있었지만 이제 '잘 들으라' 고 하는 말은 듣지 않을 수 없다. 처음 '들으라' 는 말을 들었으면 두 번째 들으라는 말은 없었을 것이다. 이 말은 온 이스라엘을 향하여, 아니 오늘날 모든 크리스천들을 향하여 잘 들으라고 외치는 소리다.

하나님이 싸우시는 전쟁을 '거룩한 전쟁'(聖戰)이라고 한다. 이 성전의 최후 장면은 승리 그 자체가 아니다. 성전의 절정은 패전한 군인들과 그들의 소유에 대하여 집행하는 완전 파멸의 과정인 '헤렘' 에 있다. 이 단어는 패전한 성읍의 주민과 재산을 완전히 말살(소멸)시킨다는 전문 용어이다. 아간이 이 헤렘의 원칙을 위배하였을 때에 그는 온 백성에게 저주를 불러들였고, 그 결과 그는 돌에 맞아죽었고, 그가 훔친 물건들도 다 파괴되었다(수 7장). 사울이 아말렉 족속을 치던 전쟁에서도 완전한 헤렘을 집행하도록 되어 있었다. 그런데 사울이 엄격하게 헤렘을 집행하지 않았다가 무서운 심판을 받았다.[37]

사울은 듣지 않았고, 사무엘은 들었다. 하나님에게 듣지 않는다는 것은 이제는 자신이 모든 것을 결정할 권한을 갖고 결정하겠다는 의미이다. 불복종에 대한 말은 곧 듣지 않는다는 말과 동의

37) 구약시대의 사회풍습, pp. 138-139 참조

어이다.[38)]

사울은 처음 하나님 앞에서 자기를 낮게 여길 때 왕으로 부름을 받으나, 이제 스스로 높은 사람이라고 여기고 자기 멋대로 행동할 때 버림을 받았다. "임금님이 스스로를 하찮은 사람이라고 생각하시던 그 무렵에, 주님께서 임금님께 기름을 부어 이스라엘의 왕으로 세우셨습니다"(삼상 15:17)는 하나님의 평가 기준을 벗어난 것이다. 그가 길갈에 계시는 여호와 앞에서 왕으로 세움을 받았는데(삼상 11:15), 바로 그곳 길갈에서 버림을 받았다.

사무엘의 선언은 모든 왕(지도자)들을 평가하는 시금석이다. 아니 이 땅의 모든 지도자들을 평가하는 시금석이다. 교회 지도자들이 하나님으로부터 듣지 않는 것은 점 봐주는 죄와 같고 우상에게 절하는 죄와 같으며, 여호와의 말씀을 버리면 여호와께서도 그를 버리신다는 사실을! 사울은 '양과 소의 소리'(삼상 15:14)와 '백성의 소리'(삼상 15:24)를 들었기 때문에, '여호와의 말씀의 소리'(삼상 15:1)에 순종하지 못하였다는 사실을!

그 후부터 사울은 정신 이상이 된다. 그의 결말이 어떻게 될 것인지는 불을 보듯 뻔하다.

어디서부터 잘못되기 시작한 것인가? 그가 하나님으로부터 버림받게 된 근본 원인은 무엇이었는가? 사람은 불행하게 된 계기가

---

38) 브르그만, 상게서, p. 113

있고, 행복하게 된 계기가 있게 마련이다. 그것을 찾아야 우리 문제를 해결할 수 있다.

사울이 불행하게 된 시작은 사무엘상 13장에서부터이다.

블레셋과 길갈에서 대치하고 있었을 때, 사울이 약속된 날까지 기다리지 못하고 자기가 제사를 드리고 만 것이 문제였다. 이 장면을 보면 마치 사울이 제사를 드림으로 하나님께 범죄하기를 기다렸다는 듯이 사무엘이 바로 그 순간에 나타난 것이다.

여기서 문제가 되는 게 무엇인가? 7일을 기다리고, 마지막에 실패했다. 99퍼센트 성공에 1퍼센트의 실패라고 할까? 신앙에서는 1퍼센트가 99퍼센트보다 더 중요할 때가 있다. 결국 사울은 온전히 하나님을 신뢰하는 일에 실패하고 말았다. 9퍼센트는 자기의 의지로 할 수 있는 부분이라면 1퍼센트는 오직 믿음으로만 할 수 있는 부분이다. 제사를 드리는 목적이 무엇인가? 하나님을 하나님으로 높이고, 자기들의 모든 삶을 지배하도록 바치는 것이 아닌가? 그렇다면 제사드리는 일 자체가 하나님과의 관계보다 귀하다는 것인가? 하나님의 법을 어기고 드리는 제사가 무슨 가치가 있을까? 사울은 하나님을 경배하는 우선순위를 혼돈한 것이다. 예수님의 말씀이 떠오른다.

> "예물을 제단에 드리려다가 거기서 네 형제에게 원망들을 만한 일이 있는 것이 생각나거든 예물을 제단 앞에 두고 먼저 가서 형제와 화목하고 그 후에 와서 예물을 드리라"(마 5:23, 24).

신앙에서는 최선이 가장 큰 장애물일 때가 많다. 최선은 자기 노력이다. 그래서 최선이 실패할 때는 원망과 불평을 하게 된다. 그러나 온전한 신앙은 자신을 하나님 앞에서 포기하는 것이다. 자기 노력이 개입할 틈이 없어야 한다. 그 결과에 대해서도 하나님께 완전히 맡기는 것이다.

브르그만 교수는 '기름 붓는다'(anointing)는 건 절대로 들을 것을 서약하는 것이라고 말한다.[39] 죽더라도 끝까지 하나님의 말씀을 듣고 순종하겠다는 서약이라고 한다. 그런데 사울은 하나님의 말씀을 100퍼센트 믿고 순종하는 데까지는 미치지 못한다는 것을 하나님이 아셨다. 그런 믿음으로는 하나님의 일을 할 수 없다는 것이다. 그런 믿음은 언젠가는 하나님을 떠날 수도 있다는 것을 아셨다.

아말렉과의 전쟁 후에도 사무엘이 책망할 때, 잘못했다고 하나님 앞에 무릎꿇었더면 그는 무너지지는 않았을 텐데……. 그렇게 된 이유를 성경 저자는 직접 말하지 않고, 사울의 입을 통하여 말하게 한다. "내가 여호와의 명령과 당신의 말씀을 어긴 것은 내가 백성을 두려워하여 그 말을 청종하였기 때문입니다."

여기에 그가 하나님의 명령을 어긴 이유를 두 가지로 설명한

39) 브르그만, 상게서, p. 113, 삼상 13:11-14 참조

다. 하나는 여호와의 명령을 어긴 것과 두 번째는 사무엘 당신의 말을 어긴 것이다. 그런데 사실은 사무엘이 전하는 하나님의 말씀을 어기고 나니 결과적으로 여호와의 말씀을 어긴 것이다.

또 한 가지 상상할 수 있는 것은, 사무엘을 통하여 사울을 폐위한다는 소식을 듣고 그때부터 사울의 마음속에는 사무엘에 대한 어떤 원망이나 복수심이 불타지 않았을까? 다시 말하면 사무엘이 미워지면서 사무엘의 하나님도 그에게서 멀어지고, 그리하여 하나님의 말씀도 그에게 안 들리기 시작했다고도 생각할 수 있을 것이다. 그렇기 때문에 '들으라' 고 강조하였건만 그는 끝내 듣지 않았다.

여기서 우리는 두 가지 갈림길에 서게 된다. 하나는 말씀을 선포하는 자들이 두렵고 떨림으로 말씀을 선포해야 한다는 책임감과 다른 하나는 선포된 말씀에 대한 새로운 이해이다. 결국 사울은 자기를 너무 사랑한 나머지, 자기를 그처럼 위대하게 세워주신 하나님을 사랑하는 데 실패하고 말았다. 자기를 극복해 나가는 자만이 하나님의 위대한 종이 될 수 있다. 그렇지 않으면 사람의 종이 될 수밖에 없다. 사무엘상 15장 34-35절은 이렇게 끝을 맺는다.

"그런 다음에 사무엘은 라마로 돌아갔고, 사울은 사울기브아에 있는 자기 집으로 올라갔다. 그 다음부터 사무엘은, 사울 때문에 마음이 상하여, 죽는 날까지 다시는 사울을 만나지 않았고, 주님께서도 사울을 이스라엘의 왕으로 삼으신 것을 후회하셨다."

여기서 삼손과 엘리, 그리고 그 뒤를 이어 또 한 사람의 사사인 사울의 씁쓸한 종말을 본다. 이제 하나님은 새로운 사람을 찾아 나서신다.

제3장 하나님의 마음에 합한 사람

떠오르는 별 다윗 〉〉1

사무엘상 16장

일들이 곤란해 보일 때에 용기를 잃지 말라.
하나님께서는 항상 폭풍우를 꾸짖으시는 것은 아니다.
그러나 그는 폭풍에 마음이 요동하는 신자를
언제나 안심시켜 주신다.
그는 항상 '평안하고 고요하라' 고 말씀하지는 않으신다.
그러나 그는 항상 '나를 의지하라' 고 말씀하신다.
하나님께서는 언제나 우리로 길의 끝을 보게 하지는 않으신다.
그러나 그는 믿음과 순종과 행복과 충성으로
다음 걸음을 내디디기에 충분한 빛을 우리에게 주신다.

－J 스튜어트 호든.

사무엘상 16장은 사울 때문에 마음 아파하는 사무엘의 모습으로 시작된다. 그는 왜 사울 때문에 슬퍼하고 있는가?

하나님은 사울을 잊어버리라고 하신다. 하나님은 사울을 잊은 지 오래라고 하시면서, 이제는 기름을 뿔에 채워 가지고 이새의 집으로 가라고 명령하신다. 이미 한 왕을 선택해 놓았다(have chosen)고 말씀하신다. 이 말은 이미 내가 그에게 가서 있다(ra' ah-Yahweh has gone)는 의미이다. 하나님의 마음이 벌써 이새의 한 아들에게 가 있다. 성경 저자는 그 아들의 이름을 19절까지 밝히지 않는다.

예언자는 오직 하나님의 뜻만 따라야 한다. 사무엘은 이새의 집으로 간다. 갑자기 나타난 사무엘 때문에 베들레헴의 장로들이 놀라 입을 다물지를 못한다. 당시 사울 왕이 전 이스라엘을 다스리고 있다는 것을 기억해야 한다. 그리고 베들레헴은 기브아(예루살렘)에서 남쪽으로 불과 8마일(직선 거리로 14km) 밖에 떨어지지 않은 작은 마을이다. 베들레헴의 소식이 예루살렘까지, 기브아까지 전달되는 것은 시간문제이다. 더욱이 그때는 사울이 사무엘의 거동에 온통 신경을 쓰고 있던 때였기 때문에 잘못하면 떼죽음을 당할 수도 있던 시기이다. 사무엘조차 이곳에 오는 것으로 인해 사울을 두려워한 것을 보면(삼상 16:2) 사무엘이 얼마나 위험한 일을 하고 있는가를 알 수 있다. 그때 하나님께서는 암송아지 한 마리를 끌고 제사하러 왔다고 하라고 일러주신다.[40)]

사무엘은 두려워하는 장로들에게 제사하러 왔다고 안심시킨다. 그리고 장로들과 함께 이새와 그 아들들을 초청하여 한적한 곳에서 제사를 드린다(삼상 16:5). 그리곤 첫째 아들로부터 만나기 시작하였다. 하나님은 "그 용모와 신장을 보지 말라 내가 이미 그를 버렸노라 나의 보는 것은 사람과 같지 아니하니 사람은 외모를 보거니와 나 여호와는 중심을 보느니라"(삼상 16:7) 하신다.

"용모와 신장을 보지 말라 내가 이미 그를 버렸노라"는 말씀은, 인물이 훤칠하고 키가 크고 매력적인 인간, 그런 사람을 하나님께서는 한 번 경험해 보셨다는 것이다. 그러면서 사람을 선택하는 아주 다른 기준을 보여주신다. "나 여호와는 중심을 보느니라." '중심'이란 'right heart'란 말이다. 열왕기상 3장 9절에는 "바르게 헌신한 마음"이라고 해석하였다. 이제는 사울을 제비 뽑아 선출했던 것과는 다르게 하나님께서 중심을 보시고 직접 선택하신다. 엘리압을 보고 사무엘은 하나님께서 원하시는 사람이라

---

40) 사사가 순회할 때에는 죄인을 심판하고 처벌하는 일이 있었기 때문에 사무엘(사사)이 자기 고을에 나타난 것을 두려워했다고 해석하기도 한다(삼상 7:16 참조). 그러나 여기서는 사무엘의 예언자적 사역 때문이 아니라 정치적인 이유로 베들레헴 장로들이 사무엘을 두려워했을 것이다.

고 생각했다. 그러나 하나님은 아니라고 하셨다. 아비나답이 지나갈 때도, 셋째인 삼마도 아니라고 하셨다. 그리곤 다음 아들부터는 아예 이름조차도 나오지 않는다. 일곱 아들이 모두 지나갔다. 사무엘은 당황한다. '하나님께서 선택해 놓은 사람이 이새의 집에 있다는데…….' 그래서 이새에게 물었다.

"아들이 다 온 겁니까?"

"막내 아들이 있는데……그는 지금 양 떼를 치러 나가고 없습니다."

"사람을 보내어 그를 데려오시오. 그가 여기 오기까지는 우리가 식사 자리에 앉지 아니하겠소."

왜 사무엘은 그 아들을 데려올 때까지 식탁에 앉지도 않겠다고 했을까?41)

그 아들이 올 때까지 얼마나 기다렸을까? 사무엘도 장로들도 상당한 시간을 기다렸을 것이다. 내레이터는 독자들로 하여금 기다리도록 한다. 그러면서 동시에 많은 생각을 하게 한다. 확실히 여덟 번째 아들은 그 가정에서 아웃사이더(outsider)인 것이 분명하다. 왜 이새는 그처럼 어린 아들에게 양을 맡기고 다른 아들들만 데리고 왔을까? 뭔가 다윗은 부모에게도 소외되고, 형제들에게도 소외된 듯한 감을 지울 수 없다. 무슨 사연이 있는 것일까?

41) 새번역 성경은 '제사'로 번역했다. 국제성서주석 사무엘상에서도 제사에 초대하는 것으로 해석한다. 그리고 기름붓는 일도 희생제사 끝에 이뤄진 것으로 말한다. 국제성서주석, p. 176, 177 참조

여덟째 아들은 옷도 갈아입지 못하고, 양을 치던 옷 그대로 왔다. 상상해 보라. 양을 치다 돌아온 어린 다윗의 모습을…….흙과 양털에 범벅이 된 목동의 옷 그대로 입고 왔을 다윗, 얼굴은 햇볕에 검게 그을었고, 키는 형들에 비하여 작고 초라한 모습이었다. 그러나 마침내 다윗은 왔다. 하나님도 기다리고 사무엘도, 이스라엘도 기다리던 그가 왔다. 여호와께서 '바로 이 사람이다' 라고 말씀하셨다. "이가 그니 일어나 기름을 부으라"(삼상 16:12). 그에게 기름을 붓자, 다윗은 여호와의 영으로 크게 감동되었다. 그날로부터 그는 성령의 사람이 된다. 그가 다윗이다. 12절에는 "그의 빛이 붉고 눈이 빼어나고 얼굴이 아름답더라" 고 말하지만, 이것은 하나님이 선택한 것에 대한 내레이터의 반영일 것이다(17:42 "젊고 붉고 용모가 아름다움이라").

주님의 영이 사울을 떠나고 대신 악한 영이 사울을 괴롭히기 시작하였다. 또 하나님으로부터 버림받았다는 좌절감, 그리고 사무엘의 도움이 끊어진 불안으로 인해 그에게는 여러 가지 우울증의 모습이 나타나기 시작한다. 그런 악한 영을 물리치고, 우울증을 치료하기 위하여 수금 잘 타는 사람을 찾게 되었는데 이새의 아들 다윗이 그 위치에 앉게 되었다. 이렇게 다윗과 사울의 만남은 시작된다. 처음엔 사울이 다윗을 굉장히 사랑했다. 악한 영이 사울에게 내릴 때면 다윗이 수금을 타주었고, 다윗이 악기를 연주할 때마다 그에게 내린 악한 영이 떠났고 사울은 제정신이 들었다(삼상 16:23). 그 이유는 다윗이 연주를 잘하는 사람이었다는 것도 있지만 다윗은 성령이 충만한 사람이어서, 악한 영들을 쫓아내고 사울에게 새로운 정신을 불어넣어 준 것이다. 이것은 사울은 점점 정신 상태가 혼란에 빠지고 다윗은 점점 하나님의 사람으로 성장하고 있음을 암시하는 말이다. 또 앞으로 다윗은 온 이스라엘에 새로운 생명력을 공급하는 사람이 될 것을 예시해 주고 있다.

왜 하나님께서 다윗이 사무엘 앞에 나타났을 때, "바로 이 사람이다"(삼상 16:12)라고 하셨을까? 이 말은 사도행전 13장 22절에 "그는 내 마음에 드는 사람이다"는 표현과 동의어이다.

다윗이 하나님의 마음에 합한 사람이란 말은 사사기로부터 다윗까지의 성경의 모든 과정을 살펴봐야 그 해답이 나올 수 있다. 하나님께서는 사사들로부터 사울 왕에 이르기까지 하나님의 마음에 드는 사람을 찾으셨다는 말이다. 그러나 마음에 합한 사람을 찾을 수 없었다. 그런데 다윗이 마음에 딱 든 것이다.

하나님의 마음에 딱 드는 사람은 사무엘서에서는 '자기를 낮게 생각하는 사람' 이다. 그러나 이 말은 여호수아 24장에서 지파의 지도자들이 모여 여호수아 앞에 계약 갱신 서약을 했을 때의 내용이 전제된다. "오직 여호와만 경외하고 성실하게 여호와만 섬기는 사람, 모든 우상을 버리고 주님만을 섬기는 사람"을 말한다.[42] 왜 이런 사람을 찾으시는 것일까? 이스라엘의 왕은 하나님

42) '하나님의 마음에 드는 사람' 에 대한 정의는 더 멀리는 신명기의 정신까지 가야 한다. 특별히 신명기의 결론이라고 하는 28:1-6의 내용이 전제되어 있다. 여호수아가 죽고 다윗에게서야 비로소 그런 지도자를 찾으신 것이다.

앞에서 백성을 섬기는 사람으로. 하나님 나라를 세워야 하는 사람이기 때문이다. 그러므로 이스라엘 왕은 공적이며 사적인 생활에 있어서 하나님의 명령을 따라야 하며, 그의 백성들로 하여금 오직 하나님만 섬기며 하나님이 원하시는 나라를 세워가도록 인도해야 한다. 그래서 모든 세계로 하여금 주님의 영광을 보도록 해야 하는 직책이기 때문이다.

제3장 하나님의 마음에 합한 사람

거인 골리앗과 어린 다윗 ›› 2

사무엘상 17장

사무엘상 17장은 다윗을 전혀 모르는 사람처럼 이야기를 시작한다. 어떻게 된 것일까? 16장에서 다윗이 기름 부음을 받고, 또 사울의 부름을 받고 왕궁에 들어가서 그를 위하여 수금을 타주고 있었는데, 17장에는 다시 다윗이 처음으로 소개되는 것처럼 기록하고 있다. 왜 성경에 이런 혼란이 일어나는가? 그 이유가 무엇일까? 옛날 구약성경은 구전으로 내려오던 많은 이야기들을 그 어느 것도 버리지 않고, 논리나 질서가 맞지 않아도 그대로 연결시켜 놓았다는 점을 기억해야 한다. 여기서도 다윗은 어린아이이다. 아직 전쟁에 나가기는 어린 나이여서 들에서 양을 치고 그리고 전쟁에 나간 형들에게 도시락이나 날라다 주는 아이로 나온다.

어느 날, 블레셋은 이스라엘 소고라는 조그만 마을에 쳐들어왔고, 사울의 군대는 즉시 반격에 나서서 엘라 골짜기에 진을 치게 되었는데, 이로써 두 나라 군대는 골짜기를 사이에 두고 대치하게 되었다. 소고라는 마을은 다윗이 살고 있던 베들레헴에서 서쪽으로 아주 가까운 곳에 있는 곳이다.

어느 날 다윗이 형들과 사령관에게 줄 볶은 곡식과 빵, 그리고 치즈 등을 가지고 전쟁터에 나갔다가 골리앗이 소리 지르는 소리를 듣는다.

> "너희는 한 사람을 택하여 내게로 내려 보내라. 그가 나와 싸워서 나를 죽이면 우리가 너희의 종이 되겠고 만일 내가 이겨 그를 죽이면 너희가 우리의 종이 되어 우리를 섬길 것이니라"(삼상 17:8-9).

골리앗이 아침저녁으로 사십 일 동안 이처럼 이스라엘을 모욕하면서 싸움을 걸어왔지만 유대 나라에서 아무도 나서는 자가 없었고, 유대 장정들은 머리를 땅에 박고 사십 일 동안이나 무서워 떨고만 있었다. 골리앗을 물리친 사람에겐 많은 재물을 주고 사울의 사위가 되게 하고, 모든 세금을 면제해 준다는 포상금까지 걸려 있어도 나서는 사람은 아무도 없다.

골리앗의 키는 여섯 규빗 한 뼘이나 된다. 학자들이 계산한 바로는 그의 키는 'seven feet' 213센티미터 정도라고 한다. 사해 사본과 같은 권위 있는 사본들도 'almost seven feet' 라고 기록하였다. 이 사람의 무장은 에베소서 6장에 나오는 무장과는 비교할 수 없을 만큼 완전하다. 심지어는 다리에 놋으로 만든 각반까지 찼고, 앞에는 방패 든 자까지 세워 놓았을 정도이다. 어디 하나 창이 들어갈 곳이 없는, 완전한 무장이다.

골리앗이 나타나기만 하면 이스라엘 온 군대가 숨을 죽이는 모습을 보고, 다윗은 분하여 일어나 자기가 골리앗과 싸우겠다고 나선다. 하나님의 군대를 모욕한다는 것은 곧 그들의 하나님을 모욕하는 것으로 다윗은 이해한다. 그래서 골리앗을 가만둘 수 없다는 것이다. 다윗의 이야기를 들은 사울이 다윗을 불러 처음엔 간곡히 만류를 한다. 그 이유는 다윗이 너무 어리다는 점과 다윗이 전투 경험이 전혀 없다는 점이다(삼상 17:33). 다윗의 대답이 점점 대담해진다. 다윗은 자기가 사자의 발톱과 곰의 공격에서 양 새끼를 건져 낸 것을 하나님께서 자기를 사자나 곰에게서 건져 주신 것으로 믿고 있다. 그런 하나님께서 자기를 골리앗에게서도 건지실 것을 믿고 있다. 다윗은 자기의 경험과 하나님께 받은 은혜를 비교하며 확신한다.

자기가 양 새끼를 건져 내었고, 짐승을 죽였듯이(삼상 17:35), 하나님이 자기를 건져 내셨고(삼상 17:37), 블레셋 사람의 손에서도 건져 내실 것이라고 한다(삼상 17:37).

'만군의 야웨' 께서 앞으로 건져 주실 것을 그는 굳게 믿었다. 만군의 여호와란 하나님께서 이스라엘 군대의 최고 사령관이란 뜻이 담겨 있다. 다윗 자신은 최고 지휘관인 하나님의 명예를 걸고 전쟁에 나간다는 것이다. 다윗이 이처럼 담대하게 된 것은 그가 경험한 하나님 때문이었다. 그런 이유로 키가 작아도 문제가 되지 않는다. 힘이 약하고 군인처럼 무장을 하지 않아도 문제가 되지 않는다. 오직 하나님만 함께 계시면 된다.

그리고 다윗이 골리앗과 싸우겠다는 이유가 분명하다. "살아 계시는 하나님의 군대를 모욕한 이 할례받지 않은 블레셋 사람"을 가만둘 수 없다는 것이다. 사울이 내건 포상금 때문에 싸우려는 것도 아니고, 골리앗을 이기기 위해서나 이스라엘 군대를 위하여 싸운다는 게 아니다. 오직 하나님의 이름을 온 세상으로 알게 하겠다는 것이다(삼상 17:46). 이 말에 감동한 사울은 전쟁에 나가도록 허락하고, 다윗에게 자기의 놋 투구와 갑옷을 입히고, 칼을 차게 한다. 이런 복장을 한 다윗은 걸어갈 수도 없었다. 결국 모든 것을 벗어버리고 시냇가에서 돌 다섯 개를 골라서 주워가지고 간다.

다윗은 골리앗에 비교가 되지 않는 사람이다. 키가 크지 않은 사람이고, 무장할 만큼 힘이 있는 사람도 아니다. 아직 어린 소년이다. 사울이 입혀준 갑옷이 도리어 거추장스러웠다. 칼은 그의 키보다도 길었다. 내레이터가 이렇게 전하는 이유는, 다윗의 몸집이 작았다는 것을 표현하려는 게 아니라, 그는 아직 어리고 체구가 작아서 전쟁터에 나갈 인물이 아니라는 사실을 보여주고 있는 것이다. 또한 골리앗 같은 장수에게 더더욱 상대가 될 수 없다는 것을 보여준다. 그리고 어린아이 장난감 같은 무기를 자기고 완전무장을 한 골리앗에게 나아갔다는 유머까지 곁들인다. 이것이 다윗이 살아가는 자세이다.

그는 돌팔매에 사용할 돌 다섯 개를 줍고 그 장대 같은 장수 앞으로 갔다.

사무엘 저자는 골리앗이란 말을 처음 소개할 때 두 번 언급하고(삼상 17:4, 8) 그 뒤로부터는 블레셋 사람이라고 부른다. 하나님을 모욕하는 블레셋 사람은 이름조차 부르기를 거부한다. 골리앗은 방패 든 군인을 앞세우고 나왔다. 자기 앞에 서 있는 다윗을 보자 그는 화를 냈다.

> "막대기를 들고 나에게로 나아오다니, 네가 나를 개로 여기는 것이냐?"(삼상 17:43, 새번역)

그리고는 자기들의 신들(gods)의 이름으로 다윗을 저주하였다. 이에 다윗은 "이스라엘 군대의 하나님, 곧 만군의 주님의 이름을 의지하고 너에게로 나왔다"(삼상 17:45, 새번역)고 응수한다. 이제 싸움은 사람간의 싸움이 아니라 이스라엘의 만군의 하나님과 블레셋 우상들과의 싸움이 되었다. 여기서 내레이터는 블레셋에 갔다 돌아온 법궤를 생각하고 있는지 모른다. 결과는 이미 보았지 않으

났는 듯하다. 그리고 골리앗의 입으로 자신을 개라고 부름으로, 다윗이 골리앗을 사람으로 여기지 않고 개로 여기고 있다는 사실을 간접적으로 시사하고 있다.

문제는 싸움의 결과이다. 싸움은 오래 걸리지도 않는다. 49절을 읽어보면 그 끝이 허망하다.

"(다윗이) 주머니에 손을 넣어 돌을 하나 꺼낸 다음, 그 돌을 무릿매로 던져서, 그 블레셋 사람의 이마를 맞추었다. 골리앗이 이마에 돌을 맞고 땅바닥에 쓰러졌다."

앞에서 언급한 골리앗의 무장의 모습은 사람으로는 그를 무너뜨릴 수 없다는 암시를 했다. 그런데 돌팔매 한 개로 그는 무너졌다. 하나님은 칼이나 창 따위를 사용하여 싸우시는 분이 아니고(삼상 17:47), 그런 무장으로 하나님의 공격을 막을 수 있는 것도 아니란 것을 보여주었다. 우스꽝스럽게도 다윗은 골리앗의 머리를 벨 칼도 없이 전투에 나간 것을 늦게야 밝힌다. 그리하여 블레셋 사람의 목을 자르는 것도 그의 무거운 칼을 빌려 잘랐다. 다윗이 '하나님의 마음에 딱 드는 사람' 이란 말을 실감하는가?

다윗은 골리앗의 이름을 부르는 것조차 거부한다. 하나님의 이름을 모욕한 사람은 사람 될 자격이 없다는 뜻이다. 그리고 이전에 법궤를 다곤의 신전으로 가져갔던 것과 반대로 이제는 블레셋 사람의 머리를 예루살렘으로 가져갔다고 말한다.

제3장 하나님의 마음에 합한 사람

성령의 사람, 악령의 사람 ›› 3

사무엘상 18장

우리가 겉으로 보기에는
순풍에 돛단 듯이
전진해 나가고 있을 때,
그 배후에는 마음에 안정을 제공하는
친절한 손이 있습니다.

– 데이비드 리빙스턴

끝없는 동요 가운데서도
마음가운데 존속하는 중심의 평안.

– J. 그레고리 맨틀

성령이 떠나면 악령의 지배가 시작되는 법이다. 방이 청소되고 비어 있으면 귀신은 자기보다 더 악한 귀신 일곱을 데리고 와서 그 집에 들어가 자리를 잡고 산다(마 12:44-45)는 진리는 예수님의 말씀이다. 사울에겐 몇십 배나 더 강한 악령이 들어와 그를 지배하게 되었다. 사울은 하나님의 버림을 받은 데 대한 큰 충격 속에서 미움과 분노, 그리고 불안 등이 뒤얽히면서, 그는 점점 악령의 지배 속에 살아가는 사람이 되었다.

그런 와중에 골리앗을 죽이고 승리한 다윗이 사울에게 소개된다. 그때 요나단의 마음이 다윗과 통하게 된다. 요나단은 다윗을 자기 생명같이 사랑하여 언약을 맺고, 자기가 입었던 겉옷을 벗어 다윗에게 주고, 자기의 군복과 칼과 활과 띠도 그에게 주었다. 이 모습이 우리에게 상상하게 하는 것은 무엇인가? 요나단이 자기 왕자의 자리를 다윗에게 양도한 것처럼 느끼게 하지 않는가?[43] 그 후 다윗은 승승장구하여 사울은 다윗에게 군대 지휘관 자리를 준다(삼상 18:1-5).

다윗 내러티브는 점점 복잡해진다. 다윗과 사울의 갈등 관계에

43) 브르그만, 상게서, p. 136. 이스라엘에는 대장장이가 없어서 칼을 소유한 자는 사울과 요나단이라고 했는데(삼상 13:22), 그 칼을 다윗에게 주었으니 이 얼마나 굉장한 사건인가?

사울의 아들인 요나단이 끼어들었다. 요나단에게 사울 왕은 자기 아버지요, 반면 다윗은 자기와 생명을 나누는 형제가 되었기 때문에 이야기는 더욱 복잡해지며 재미를 더해 간다. 그뿐 아니라 사울의 두 딸까지 다윗을 사랑한다(삼상 18:20).

다윗의 내러티브를 살피면서 다윗이 요셉과 비슷하다는 생각을 하게 된다.

사무엘상 16장에서 살펴보았던 것처럼 다윗은 형제들에게 따돌림을 받는 아이였다는 생각을 떨쳐버릴 수가 없다. 가정에서 소외된 아들이었다. 그리고 전쟁터에서 만난 형들은 다윗을 교만하고, 마음이 완악한 사람이라고 몰아붙인다(삼상 17:28). 그리고 베들레헴과 관련된 이야기에서는 다윗은 항상 양을 지키는 아이로 나온다. 이새 가정의 양은 다윗이 치거나 아니면 양을 치는 사람들에게 맡겨서 돌보는 것으로 나온다(삼상 17:20, 28). 그는 홀로 외롭게 들에서 양을 치며 자란 소년이었다(요셉은 반대로 집에 있었지만). 그렇기 때문에 그 마음에는 소외감, 외로움, 인정받지 못함, 무시당함 같은 상처가 자기도 모르게 자리잡고 있었을 것이고, 그런 마음으로 양을 치면서 시냇가에서 흐르는 물을 보며 인생을 생각했고, 양들을 보면서 자신을 되돌아보며 살았을 것이다.

다윗이 요셉과 비슷하다고 느끼는 점은 하나님과의 관계에서이다. 요셉은 부모도 형제들도 모르는 자기와 하나님과의 관계 속에서 살아간다. 꿈을 꾸고 꿈을 간직하고 살아간다. 다윗도 그만이 경험한 하나님과의 만남이 있었다(삼상 17:37). 그래서 어떤 어려움

속에서도 하나님이 건져 주신다는 사실을 믿고 살았다(삼상 17:37). 이런 경험들이 다윗의 시편으로 나타났다. 그는 양을 치면서 어려서부터 하나님을 경험하기 시작했다. 이젠 하나님은 움직일 수 없는 그의 중심이 되었고, 아무도 자기를 인정해 주지 않아도 하나님만은 자기를 인정해 주신다는 확신, 또 하나님 체험을 통하여 내적 평화와 기쁨을 얻고 살아왔을 것이다.[44)]

사울 왕의 집에서의 다윗의 삶은 보디발의 집에서의 요셉의 삶과 비교된다. 다윗도 요셉도 다 어려운 상황에서 살았다. 그러나 이 두 사람의 똑같은 점은 하나님만 의지하고 살았다는 사실과 하나님이 그들과 함께하셨고, 그들을 높여주셨다는 사실이다. 창세기 39장 1-6절과 사무엘상 18장 1-28절을 비교해 보자.

"여호와께서 요셉과 함께하시므로 그가 형통한 자가 되어"(창 39:2).

"그의 주인이 여호와께서 그와 함께하심을 보며"(창 39:3).

"그의 범사에 (여호와께서) 형통하게 하심을 보았더라"(창 39:3).

"여호와께서 요셉을 위하여 그 애굽 사람의 집에 복을 내리시므로"(창 39:5).

"여호와께서 사울을 떠나 다윗과 함께 계시므로"(삼상 18:12).

---

44) 시편 23편은 다윗이 평안한 날에 기록한 시편이 아니다. 23편의 상황은 4절, '사망의 음침한 골짜기' 로 걸어가던 때이다. 1-3절은 그런 고난의 날에 지난날에 대한 회상을 함으로 힘을 얻었다는 표현이다. 거기서부터 현실의 어려움을 이겨나간다는 내용이 5-6절의 내용이다. 이처럼 다윗은 어린 시절 양치기 소년으로 살 때 경험한 하나님을 평생 섬기며 산 사람이다.

"여호와께서 그와 함께 계시니라"(삼상 18:14).

"여호와께서 다윗과 함께 계심을 사울이 보고 알았고"(삼상 18:28).

사울의 우울증은 점점 심해져 간다.[45] 안절부절못하고, 악한 영이 내리면 미친 듯이 헛소리를 지르곤 했다(삼상 18:10). 그리고 다윗을 시기하고 의심하기 시작하고(삼상 18:9), 다윗이 자기의 왕 자리를 노린다는 두려움으로 떨게 된다. 골리앗을 죽이고 승리한 후, 이스라엘 성읍에서 여인들이 사울을 환영하며 춤추고 노래하면서, "사울은 수천을 죽이고, 다윗은 수만을 죽였다"고 하는 말에 사울은 더욱 화가 났다. 그래서 혼자 중얼거린다.

"사람들이 다윗에게는 수만 명을 돌리고, 나에게는 수천 명만 돌렸으니, 이제 그에게 더 돌아갈 것은 이 왕의 자리밖에 없겠군!"(삼상 18:8, 새번역)

사울의 마음은 좋았다 나빴다, 죽이고 싶었다가 좋아하다가 종잡을 수 없게 되었다. 마침내 그는 다윗을 죽이기로 결심하고, 수금을 타는 다윗에게 두 번이나 창을 던지기도 했다. 사무엘상 18장 12-16절에는 다윗에게 하나님이 함께 계시므로, 사울은 다윗을 두려워했다는 표현을 두 번이나 한다(18:28 참고). 다윗은 항상 승리를 거두고, 사울은 다윗을 매우 두려워하고, 백성들은 늘 전쟁터에

---

45) 구약연구입문, p.135 참조

앞장서 나가는 다윗을 보고 모두 좋아한다고 기록함으로 하나님과 함께 하는 다윗의 모습과 하나님이 떠난 사울의 상태를 비교해서 보여준다.

몰락해 가는 사람과 하나님의 은혜로 계속해서 뻗어나가는 사람 사이에는 갈등과 싸움이 일어날 수밖에 없다. 이 갈등은 두 사람 모두에게 고통이었다. 그러나 몰락해 가는 사람에겐 고통이지만, 하나님의 사람에겐 훈련이 된다.46) 하나님은 그런 시련을 통하여 앞으로 큰 인물로 키워가고 계셨다. 폭력자 사울의 핍박으로 인하여 고통을 당하고 있는 다윗은 그 고난으로 인하여 더욱 하나님의 은혜를 많이 체험하고 더욱 큰 인물로 만들어져 가고 있는 것이다.

사울의 질투는 극에 달한다. 다윗을 죽이겠다고 결심한다. 자기가 죽일 수는 없으니 블레셋 전투에 보내어 그들의 손에 죽게 만들겠다고 계략을 세운다. 그리고 승리하고 돌아오면 맏딸인 메랍(Merab)을 주겠다고 약속한다. 막상 다윗이 블레셋과 싸워 이기고 돌아와 보니 메랍은 이미 다른 사람과 결혼시켜 버린 것을 알았다. 사울은 둘째 딸 미갈(Michal)이 다윗을 사랑하는 줄을 알고 다시 그녀를 미끼로 삼고, 그를 죽이기 위하여 블레셋 전투로 내

46) 히브리서 12:7-8, "아버지가 징계하지 않는 아들이 있으리요 징계는 다 받는 것이거늘 너희에게 없으면 사생아요 친아들이 아니니라" 는 말씀은 고난의 이중성을 말한다. 고난이 하나님 안에 있는 사람에겐 훈련이요, 그렇지 않은 사람에겐 단지 고통일 뿐이다.

몰면서, 결혼 선물로 블레셋 남자 포피(foreskins) 백 개를 가져와 자기의 원수를 갚아 달라고 한다. 다윗은 블레셋 전투에 나가 200 개의 포피를 베어 사울에게 바친다. 할 수 없이 사울은 자기 딸 미갈을 다윗에게 아내로 준다. 그 일은 사울을 더욱 미치게 만든 사건이 되었다. 성경은 이렇게 말한다.

> "사울은 주님께서 다윗과 함께 계시다는 것을 알았고, 자기 딸 미갈 마저도 다윗을 사랑하는 것을 보고서, 다윗을 더욱더 두려워하게 되어, 마침내 다윗과 평생 원수가 되었다"(삼상 18:28-29, 새번역).

제3장 하나님의 마음에 합한 사람

쫓는 사울과 쫓기는 다윗 ›› 4

사무엘상 19-24장

이제부터 다윗의 내러티브는 사울의 공격과 다윗의 방어적인 힘겨운 싸움이 지루하게 계속된다. 사울은 다윗을 죽이겠다고 공공연하게 입 밖으로 표현하기 시작한다(삼상 19:1). 사울의 집에서 살아야 하는 다윗은 사면초가가 되었다. 모두가 자기의 적이 될 수밖에 없다. 그런데도 그가 당시 권력자인 사울의 손에서 살아날 수 있었던 것은 그를 돕는 손길이 그 집안에 있었기 때문이다. 이 사람이 요나단이다. 그가 자기 아버지의 상태를 정확하게 알려줌으로 다윗이 그 위험으로부터 피하게 도와준다.

요나단은 지혜와 용맹이 뛰어난 사람이요, 신앙의 사람이다. 아버지의 뒤를 이어 이스라엘의 왕이 되었더라면 큰 인물이 되고도 남을 만한 사람이다. 그런데 그가 자기의 원수가 될 법한 다윗 편에 서서 그를 돕기 시작한 것이다. 요나단과 다윗은 친구요, 친구를 넘어선 형제처럼 되었다. 그들은 계약을 맺은 형제들이다(삼상 18:3). 요나단은 다윗을 제 몸처럼 아끼게 되었다(삼상 20:17). 요나단이 왜 자기 가문의 원수인 다윗 편에 들게 되었을까? 요나단이 다윗에게 한 말을 들어보자. "주께서 다윗의 원수들에게 보복하여 주시기를 바라네"(삼상 20:16).

또 사울이 "다윗을 살려두면, 너에게나 너를 낳은 어머니에게 욕이 된다"고 말하였을 때, 그는 자기 아버지에게 이렇게 말한다. "그가 무슨 못할 일을 하였기에 죽어야 합니까?"(삼상 20:32) 심지어는 다윗이 십(the desert of Ziph) 지역의 산간 지역에 숨어 지낼 때 요나단이 그를 방문하여 하나님을 굳게 의지하도록 격려해 준다.

> "전혀 두려워하지 말게. 자네를 해치려는 나의 아버지 사울의 세력이 자네에게 미치지 못할 걸세. 자네는 반드시 이스라엘의 왕이 될 걸세. 나는 자네의 버금가는 자리에 앉고 싶네. 이것은 나의 아버지 사울도 아시는 일일세"(삼상 23:17, 새번역).

이렇게 보면, 요나단은 다윗을 자기 편에 둠으로 자기에게 돌아올 손익 계산을 하지 않았다. 다만 아버지와 다윗 사이에 누가 정당한가를 생각했다. 또 그는 하나님의 뜻을 헤아리는 사람으로, 누가 하나님 편인가를 생각하였다. 그래서 결국 다윗의 편에 선 것이다. 그뿐 아니라 요나단은 이스라엘에 새로운 왕이 나와야 한다는 하나님의 계획에 동의하고 그 일을 돕는 것이다. 둘 사이의 이해 관계를 떠나 공동체의 유익이나 하나님 나라의 유익이 무엇인가를 생각하며 다윗을 도운 것이다. 하나님의 나라를 위하여 협력하며 우정을 나누는 사이가 진정한 친구일 것이다. 이렇게 보면, 이 땅에 진정한 친구가 있을까? 심지어는 교회 안에 친구가 있는가 물어야 한다. 만나면 그대로 좋고, 마치 옷을 훌훌 벗어던진 것처럼 허물없이 더러운 이해관계를 벗어버리고 우정을 나눌 수 있는 친구가 그리운 세상이다. 이런 친구를 가진 사람은 그가 어떤 환경에 처하여 있든지 행복한 사람이다.

요나단의 진실된 사랑의 권고와 위로에도 불구하고, 아라바에 있는 마온 광야에서 다윗은 최대의 위기를 만난다. 다윗이 그곳에 머물고 있다는 정보를 들은 사울이 군사를 거느리고 그를 찾아나섰다. "그가 이 나라 안에 있기만 하면, 내가 유다의 마을들을 남김없이 다 뒤져서라도 그를 찾아내고야 말겠소"(삼상 23:23). 이 말은 다윗을 찾아 죽이고야 말겠다는 사울의 다짐어린 말이다. 드디어 다윗은 사울의 군사들에게 포위되고 만다. 다윗의 생명은 촌각에 달렸다. 바로 그때 나라에서 전령이 와서, 블레셋이 쳐들어왔다는 보고를 한다. 사울은 즉시 블레셋과 싸우러 떠나므로 다윗은 생명을 보존할 수 있었다. 23장 14절 하반절에, "하나님이 다윗을 사울의 손에 넘겨 주지 않으셨다는 사실을 입증한 것이다.

마침내 다윗은 피난길을 떠난다. 요나단의 우정으로도 더 이상 보호받지 못하게 되었다. 처음엔 예루살렘 북쪽 놉(Nob)으로 가서 제사장 아히멜렉의 도움을 받는다. 물론 배가 고파서라기보다는 하나님의 뜻을 묻기 위해 갔을 것이다(삼상 22:15). 배가 고팠던 다윗은 먹을 것을 구하고, 아히멜렉은 거룩한 떡밖에 없는데, 성결한가를 확인하고 다윗 일행에게 거룩한 떡을 주어 먹게 한다. 그리고 다윗이 제사장에게 무기가 될 만한 것을 요구하자, 그는 보관하고 있던 골리앗의 칼을 내 준다.[47] 불행하게도 사울의 신하 에돔 사람 도엑이 거기에 있어서 되어 가는 모든 일들을 다 보았다. 도엑이 어떤 불행한 일을 일으킬 것인지…….

다윗은 유대 땅에선 더 이상 숨을 곳이 없게 되었다. 최후의 수단으로 사울을 피해 원수의 나라 블레셋 땅으로 피난을 간다. 놉에서 쉐펠라(Shephelah)[48] 평야를 타고 남쪽으로 내려오면 블레셋 땅 북쪽에 이스라엘과 대치하여 있는 견고한 성읍을 만나는데 그곳이 가드이다. 가드는 골리앗의 고향으로 유명한 곳이다(삼상

47) 칼을 얻은 다윗의 모습은 이전에 맨손으로 다니던 때와는 전혀 다른, 전투다운 전투를 치를 수 있는 군인으로서의 삶을 예고해 준다. 그리고 이젠 다윗도 칼을 가지고 싸울 만큼 성숙한 사람이 되었다는 단면을 보여준다.

48) 쉐펠라는 히브리어로 '낮은' 이라는 뜻을 가진, 해발 120-450m에 해당하는 낮은 구릉 지대를 가리킨다. 험준한 유대 산지와 블레셋인들이 사는 해안 평야 지대의 중간에 있는 지역을 말한다.

17:4). 다윗이 당한 처지가 얼마나 절박했으면, 골리앗의 고향으로 도피를 했겠는가? 골리앗의 고향에 골리앗의 칼을 차고 갔으니 얼마나 위험한 일을 한 것인가! 다윗의 상황이 그만큼 절박하다는 뜻일 것이다.

드디어 그곳에서 다윗의 정체가 밝혀진다. 아기스의 부하들은 다윗을 '이스라엘의 왕' 이라고 부르고 그를 붙잡아 둔다.[49] 다윗은 살아남기 위해 미친 척을 해야 했다. 성문 문짝에 아무렇게나 긁적거리기도 하고 수염에 침을 질질 흘리기도 했다. 마침내 가드 왕 아기스는 미치광이를 왜 자기에게 끌어왔느냐며 쫓아냈다(삼상 21:10-15). 고대에는 정신병자를 악령이 들린 것이라고 생각해서 이런 병자를 만나는 것은 기분이 좋은 것은 아니었기에 다윗은 죽지 않고 살아나올 수 있었을 것이다. 이것이 다윗이 블레셋에 도피한 첫 번째 경험이다.

죽을 고비에서 정신병자 흉내를 내고 겨우 피하여 나온 다윗은 이스라엘 쪽을 향하여 북쪽으로 이동하다가 아둘람 굴에 피신한다. 그곳에서 뜻밖에 다윗과 신세가 거의 같은 사람들 400명을 만난다. 이들은 생활고에 시달린 사람들, 빚을 못 갚은 신용불량자들 그리고 자기 생활에 불만이 가득한 사람들로서 모두 사회에서 버림받은 사람들이다. 이들이 다윗에게 모여들었다. 브르그만 교수

49) 이곳에서 다윗은 처음으로 왕이란 칭호를 듣는다. 벌써 다윗은 자기 나라보다도 블레셋 같은 이웃 나라에서 왕으로 불릴 만큼 유명하게 되었다는 의미이다.

는 다윗은 자석처럼 주변 인간들을 끌어들이는 매력을 지니게 되었다고 말한다.[50] 다윗은 놉에서 칼을 얻었고, 이곳에서는 앞으로 자기 병사가 될 사람들 400인을 만난 것이다(삼상 22:1-2). 이제 다윗도 아직은 보잘것없지만 전투 능력을 갖춘 무리의 지도자가 되었다는 점에서 이 사건은 큰 의미를 갖는다.

그럴수록 다윗의 수난은 더욱 극심해진다. 이제는 모압으로 도망을 간다. 아둘람 굴에서 모압까지는 서쪽에서 동쪽으로의 피난길이다. 그것도 400인을 거느린 대행진이기 때문에 더 어렵고 더 힘든 여정이었을 것이다. 그런데 다윗은 곧 바로 모압 왕을 만나서 대화를 나눈다. 모압 왕과 마치 화해의 계약을 한 관계와 같다는 느낌을 준다. 그리고 "내가 해야 할 일이 무엇인가를 하나님께서 나에게 알려 주실 때까지, 나의 부모가 이곳으로 들어와 임금님과 함께 머물도록 허락하여 주시기 바랍니다"고 간청하자 그는 허락한다. 다윗은 부모를 그곳에 맡겨두고 다시 산성으로 피난을 한다. 모압과 어떤 협상이 있었던 것일까? 아마도 다윗의 조상 중에 룻을 기억할 것이다. 학자들 중에는 이런 학설을 부정하는 이들이 있지만, 오늘 내러티브의 정황으로 보아서 사울의 위협을 당하는 부모까지 모압 왕에게 부탁할 정도라면, 이것은 틀림없이 모압 여인의 피가 작용했다고 보아야 한다.

산지에서 피난하고 있는 다윗에게 갑자기 선지자 갓(Gad)으로

50) 브르그만, 상게서, p.158

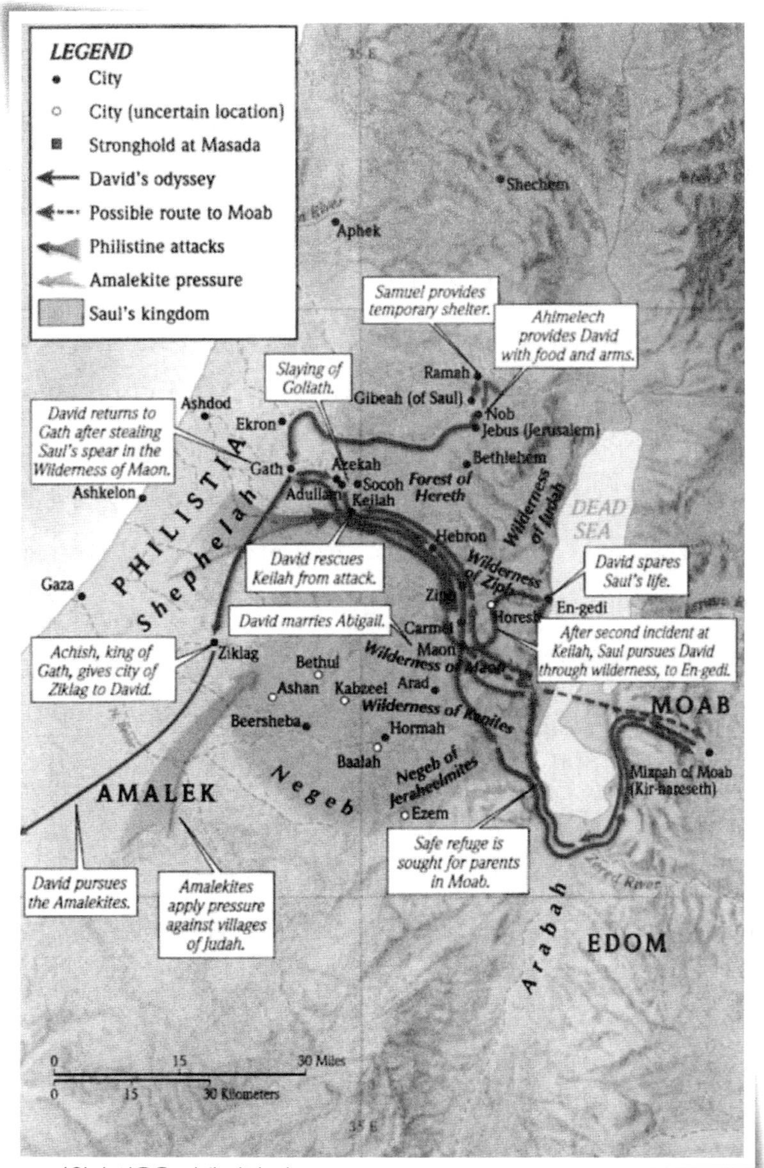

▲ 다윗이 사울을 피해 다닌 경로

부터 예언이 온다. "너는 이 요새에 있지 말고 떠나 유대 땅으로 들어가라"는 지시를 받고 그는 헤렛 수풀로 간다.[51]

다윗이 유대 지방으로 들어왔다는 정보가 사울에게 들렸다. 사울은 부하를 거느리고 다윗을 찾으려고 기브아 에셀나무 아래에서 베냐민 사람들에게 다윗이 어디에 있는가를 알려주지 않는다고 호통을 치고 있을 때, 에돔 사람 도엑이 사울의 신하들 중에 있다가 지난 번 놉에서 있었던 일을 보고한다. 도엑의 보고는 자세하다. 그곳에서 제사장 아히멜렉이 "다윗이 해야 할 일을 주님께 여쭈어 보고 나서 그에게 먹을 것도 주고 블레셋 사람 골리앗의 칼도 주었습니다"(삼상 22:10)라고 말한다. 그러니까 아히멜렉이 다윗에게 먹을 것을 주고, 칼을 준 것은 자기 의지가 아니라 하나님의 지시에 의하여 한 행동이었다고 밝히는 것이다. 다윗의 모든 것이 하나님에 의한 합법적이란 사실을 증명한 것이다. 그런데도 사울은 아히멜렉을 위시하여 에봇을 입고 놉의 성소에서 봉사하는 제사장 85명뿐 아니라 그 지역 주민들, 남자와 여자, 어린이와 젖먹이까지 모두 무참히 살해하였다.[52] 아말렉 전쟁에서 얻은 포로들을 다 죽이라는 하나님의 명령을 어겼던 사람이, 하나님의 사

---

51) 굴이나 수풀은 대부분 사람이 접근할 수 없는 지역을 가리킨다.

52) "놉이라는 마을에는 아히멜렉을 중심으로 그의 아버지의 집안 전체가 제사장 집안이어서 '놉의 제사장 또는 제사장의 마을' 이라고 불리었다"(삼상 22:11). 구약시대의 사회풍습, 상게서, p.330. 놉은 기브아와 예루살렘 사이에 위치한 성읍이다. 아히멜렉 가문이 살해된 상황은 엘리 제사장 집안에 대한 예언(삼상 2:30-35)과 비교하며 읽어야 한다.

람들을 죽이는 데는 마치 거룩한 전쟁에서 포로들을 죽이는 것처럼(헤렘) 모두 살해하는 이율배반적 행동을 했다. 이제 하나님의 존재는 사울의 안중에 없다. 오직 복수의 일념에만 차 있는 악으로 무장한 사람이다(삼상 22:17). 이때 아히멜렉의 아들 아비아달이 에봇을 가지고 다윗에게로 도망한다. 그로부터 다윗은 아비아달을 곁에 두고 하나님의 뜻을 늘 묻곤 하였다.[53]

아비아달이 다윗 곁으로 온 후부터 다윗은 모든 일을 하나님께 묻기 시작한다. 사울의 행동과는 극명하게 대조를 이룬다. 사울은 아히멜렉이 하나님의 지시로 다윗에게 먹을 것과 칼을 주었다고 하는데도 그를 죽였는데, 다윗은 섬세하게 하나님께 자기 할 일을 묻기 시작한다.

"그래서 다윗은 주님께 여쭈었다. '내가 출전하여 이 블레셋 사람을 쳐도 되겠습니까?' "(삼상 23:2)

부하들의 반대에 부닥치자 다시 물었다. "다윗이 주님께 다시 여쭈어 보았다"(삼상 23:4).

"다윗이 하나님께 아뢰었다"(삼상 23:10).

"다윗이 다시 한 번 여쭈었다"(삼상 23:12).

"하나님이 다윗을 사울의 손에 넘겨 주지 않으셨다. 그래서 사울이 다윗의 목숨을 노리고 출동할 때마다, 다윗이 그것을 알고서

53) 사울의 칼을 피해 살아나온 아비아달은 엘리 제사장의 후손이다. 아비아달을 얻음으로 다윗은 하나님과 더 깊은 관계를 이뤄 나가게 되는 계기가 되었다.

피하였다"(삼상 23:14-15).

여기서 특기할 만한 점은 다윗이 모든 일을 하나님께 물어보고 행동하면서도 사울을 죽여야 하는지는 한 번도 물은 적이 없다는 점이다. 이 점에 대해서 그는 절대로 마음이 흔들린 적이 없다. "주께서 기름 부은 사람을 치겠느냐?"(삼상 24:6, 12) 그는 이런 신념을 부하들에게도 늘 주지시켰다(삼상 24:7, 26:9). 이런 신앙적 신념 때문에 다윗은 사울을 죽일 기회가 많았지만 그를 살해하지 않고 살려준다[54]. 성령의 사람과 악령의 사람과의 극명한 대조를 보여주는 장면이다.

사울은 블레셋과 싸우랴, 다윗을 찾아 수색 작업을 벌이랴 분주하다. 블레셋과의 전쟁에서 돌아온 사울은 다윗이 엔게디에 숨어 있다는 정보를 듣고 삼천 명의 군사를 거느리고 엔게디로 향한다. 엔게디는 사해 서쪽에 위치한 천연 요새이다. 당시는 사해로부터 올라갈 수 없는 곳이었기에 유대 광야를 지나 그곳에 도달한다는 것은 거의 불가능한 일이었다. 그런 요새를 찾아 다윗은 피난을 하고, 엔게디 동굴 깊숙한 곳에 숨어 있었다. 사울이 다윗 한 사람을 잡으러 그런 곳까지 찾아왔다는 것은 방어적이라기보다는 이젠 광적이라고 말해야 할 것이다. 그곳에 도착한 사울은 뒤가 급해서 다윗이 숨어 있던 그 굴 안쪽으로 들어가 대변을 누었다.

54) 다윗은 엔게디에서 사울을 살려 준다(24장), 두 번째는 자고 있는 그를 살려 준다(26장).

▲ 다윗이 피난했던 엔게디

다윗과 그의 군사들에게는 하늘이 준 절호의 기회가 아닐 수 없었다. 그러나 다윗은 사울을 해치지 못하게 한다. 도리어 그의 옷자락만을 자른 것마저도 양심의 가책을 느꼈다(삼상 24:5-6).

> "내가 감히 손을 들어, 주께서 기름부어 세우신 우리의 임금님을 치겠느냐? 주님께서 내가 그런 일을 하지 못하도록 나를 막아 주시기를 바란다. 왕은 바로 주님께서 기름부어 세우신 분이기 때문이다."(삼상 24:6, 새번역)

어떤 일이 벌어졌는지도 모른 채 길을 가는 사울의 뒤에서 다윗은 자른 겉옷자락을 들고 소리친다. "임금님, 임금님!" 사울이 돌아보자, 그는 땅에 엎드려 절하며 항의한다. "내가 무슨 잘못을 했기에 임금님은 저를 죽이려 합니까? 왜 잘못된 말만 듣고 저를 해치려 합니까? 저는 임금님을 죽일 수 있는 기회를 얻었지만 임금님께 손을 대지 않았습니다." 비참한 현실이다. 자기의 부하요, 더 가깝게는 사위 되는 사람을 죽이려고 아비 되는 사람이 혈안이 되어 있다니…….

굴에서 나온 다윗은 다시 자기를 찾아 떠나는 사울을 불러 말한다.

> "(임금님, 임금님), 임금님은 어찌하여, 다윗이 왕을 해치려 한다고 주장하는 사람들의 말만 들으십니까? 보십시오. 주님께서 오늘 저 굴 속에서 임금님을 나의 손에 넘겨 주셨다는 사실을……임금님을 살려 보내지 말라고 말하는 사람도 있었지만 나는 임금님을 아꼈습니다. 절대로, 손을 들어 우리의 임금님을 치지 않겠다고 다짐하였습니다. 임금님은 바로 주님께서 기름부어 세우신 분이기 때문입니다! 아버지, 지금 내가 들고 있는 임금님의 겉옷자락을 보십시오." (24:9-11, 새번역)

이 말을 들은 사울은 감격해서 "나의 아들 다윗아, 이것이 정말 너의 목소리냐?" 하고 목놓아 울었다.

"나는 너를 괴롭혔는데, 너는 내게 이렇게 대해 주니 나보다 의롭구나. 누가 원수를 만나고도 그를 평안히 가게 하겠느냐. 너는 틀림없이 왕이 될 것이며, 이스라엘 나라가 네 손에서 굳게 설 것이다. 너는 맹세하여라. 그 때에 내 자손을 멸절시키지 않으며, 내 이름을 내 아버지의 집안에서 지워버리지도 않겠다고."(성경을 대사화한 것임)

다윗은 그 말대로 맹세하였고, 사울 왕과 다윗의 관계는 평화를 유지할 수 있었지만, 그 평화도 잠시뿐이었다. 다윗의 호소를 듣고 사울은 뉘우쳤지만 그는 다시 예전으로 돌아가고 만다. 성령으로 나온 회개가 아니면 그것은 진정한 회개가 아니라 단순한 뉘우침이다. 왜냐하면 그런 뉘우침은 오래 가지 못하고 다시 옛 자리로 돌아가기 때문이다. 그 이후에도 다윗의 도피 생활은 계속된다. 언제 그런 생활이 끝이 날 것인지! 그 사이에 사무엘은 죽음을 맞는다. 진정한 지도자는 가고, 이젠 악령에 시달리는 왕만 남아 있는 이스라엘의 현실이 암담하기만 하다.

사울과 다윗이 잠시 평화를 지켜가는 동안 위대한 이스라엘 재건의 아버지 사무엘이 죽었다. 그리고 그의 시신은 고향 라마에 장사되었다(삼상 25:1). 그 뒤에 다윗은 마온 광야로 내려갔다고 성경은 기록하였다. 아마도 다윗은 사무엘의 사망 소식을 듣고 마온 지방으로 내려간 것이 확실해 보인다.[55]

55) 28장 3절에 사무엘의 죽음에 대한 기사가 나온다. 여기서는 사무엘이 죽었지만 나라 안에 무당과 박수를 쫓아낸 것은 유효하다는 뜻에서 이 기사를 다시 썼을 것이다.

제3장 하나님의 마음에 합한 사람

연상의 여인 아비가일 ›› 5

사무엘상 25장

바이올린 연주자가 잠시 바이올린 현을 풀어 놓고 쉬면서 잡담하듯이, 죽이려는 자의 살기 어린 눈과 쫓기는 자의 긴장을 풀게 하는 단편 소설같은 이야기가 나온다. 다름 아닌 마온에서 목축업을 하던 나발의 이야기이다.

마온은 헤브론에서 남쪽으로 13.6킬로미터 떨어져 있는 도시이다.[56] 그곳에 갈멜[57] 족속인 나발(Nabal)이란 사람이 목축업을 하며 살고 있었다. 그가 가진 가축은 양이 삼천, 염소가 천 마리였으니 당시 유대나라에서는 천문학적 숫자에 속한다. 그는 매우 부유한 사람이었고(2절), 그 지역의 주권자였다[58]. 갈멜 사람이란 히브리어는 갈렙이란 이름에서 나왔다고 한다. 이렇게 보면 나발은 가데스 바네아에서 여호수아와 같이 가나안 땅에 들어가 그 땅을 정복하자고 외쳤던 갈렙의 후손인 것을 알 수 있다. 마온 지역은 다윗이 사울에게 쫓겨 피난 다니던 지역이므로 틀림없이 그곳에서 나발과 만날 수밖에 없었던 사이였던 같다.

주인 나발은 고집이 세고 심성도 포악한 반면, 그에게는 용모가 아름답고 이해심도 뛰어난 아내가 있었다. 다윗은 아마도 이 집과 함께 지낸 적이 있었고, 나발의 가축 떼를 보호해 주었던 것 같다. 갈멜 지역을 지나던 다윗은 먹을 것을 얻기 위하여 나발에게 사람을 보내어 도움을 청하였다. 그러나 일언지하에 거절당하고 만다. 여하튼 다윗은 이처럼 절박한 위기에 서 있는 것이다. 이 소식을 들은 다윗은 분하여 400명의 부하를 데리고 나발을 치러 간다. 나발의 생명이 촌각에 달려 있다. 이 사건을 어떻게 처리해야 할지?

---

56) 삼상 23:24-25에 다윗이 마온 광야(the wilderness of Maon)로 피난 간 이야기가 나온다. 마온은 유대지파의 쉐펠라 지역 안에 있는 도시(수 15:55)로서 헤브론에서 동남쪽(아라드로 내려가는 길)으로 13.6km 떨어져 있다. 마온 광야를 바란 광야라고도 한다(창 21:21; 민 10:12, 12:16).

57) 갈멜은 십 광야(the Wilderness of Ziph)와 마온 사이에 있는 곳이다.

58) 프리츠 스톨츠, 상게서, p.265

때는 양털을 깎는 시기였다. 유대나라에선 양털을 깎을 때는 온 집안 식구들과 이웃들을 초청하여 잔치를 베풀었다(참고: 삼하 13:23-24). 잔치 때는 거지들에게도 잔치의 날이다. 피난을 다니면서 부하들의 식생활 해결하기가 어려웠던 다윗도 이런 기회를 놓칠세라, 필요한 양식을 얻고자 잔치 기분에 들떠 있는 나발의 목장으로 부하 열 사람을 보냈다.

"우리가 좋은 날에 왔은즉 네 손에 있는 대로 네 종들과 네 아들 다윗에게 주기를 원하노라"(삼상 25:8하).

다윗은 부하들을 보내면서 나발에 대하여 대단히 정중하고도 공손히 자기를 낮추어 말하도록 당부하여 보냈다. 자기 부하들을 마치 나발의 부하인 것처럼 '네 종들' 이라고 부르고, 다윗 자신을 '네 아들' 이라고 말하므로 자신을 나발의 아들 위치로 내려놓는다. 이 점에서 우리는 아비가일의 나이가 몇 살쯤 될까를 추측해 볼 수 있다.[59] 아무리 양식에 궁핍하다 해도 이토록 자신을 낮출 수는 없을 것이다. 어찌하든지 부하들을 먹이려는 다윗의 애틋한 마음을 엿볼 수 있는 장면이다.

사실 다윗이 나발에게 도움을 요청한 데는 그만한 이유가 있었

---

59) 당시에 첫 아들을 15세쯤에 얻는다고 가정하면 나발은 다윗보다 15세 위의 사람으로 생각할 수 있고, 그렇다면 아비가일은 남편과의 나이 차이를 계산하면 다윗보다 10세 정도 위는 되었을 것으로 추측할 수 있다.

다. 이전에 숨어 지내던 다윗은 나발의 목장에서 지낸 적이 있었다. 그곳에 머물면서 다윗의 군대는 그들의 담이 되어 주고, 악한 자들에게서 그들을 보호해 주었다. 이 사실은 나발의 종들도 증언한 내용들이다(삼상 25:7-8). 그런데 나발은 한마디로 거절한다. 그것도 치욕적인 말들로 거절한다.

> "다윗은 누구며 이새의 아들은 누구냐 요즈음에 각기 주인에게서 억지로 떠나는 종이 많도다 내가 어찌 내 떡과 물과 내 양 털 깎는 자를 위하여 잡은 고기를 가져다가 어디서 왔는지도 알지 못하는 자들에게 주겠느냐"(삼상 25:10-11).

나발[60]은 다윗을 모른다고 한다. 주인을 배반하고 떠나다니는 불한당 같다고 평가한다. 아니면 이리저리 목적도 없이 떠돌아다니며 양반들을 괴롭히는 악한 무리들로 평가하고 있다. 그러나 나발의 말을 듣고 있으면, 그는 다윗도 잘 알고 있었고, 심지어는 그 아버지까지도 알고 있던 사람이다(삼상 25:10, 11). 나발의 말속에는 무엇 때문인지 억지를 부린다는 느낌이 든다. 나발도 다윗이 골리앗을 이긴 사건이라든가, 다윗이 장차 왕이 될 사람이란 것을 들었을 것이다. 그런데도 그는 다윗을 불한당처럼 취급한다. 나중에 있을지도 모를 사울의 후환이 두려워서 그랬던 것일까? 아마도 나

---

60) 나발이란 이름은 이스라엘에서는 '바보, 멍청이'를 지칭하는 말이다. 잠언에서도 어리석은 자로 나발을 즐겨 다룬다(잠 10:23, 13, 19 등등).

발은 놉 제사장 아히멜렉과 다른 제사장들 85명이 사울에게 죽임을 당한 소식을 알고 있었을 것이다. 나발의 이야기는 사울이 베냐민 지파의 놉(Nob)에 있던 제사장들을 죽인 사건 후에 일어난 일이다(삼상 22:9-19).61)

이 말을 들은 다윗이 얼마나 자존심이 상했겠는가! 자신이 사울에게 쫓겨 다니기는 해도, 하나님으로부터 기름부음을 받은 왕인데 자기에게서 은혜를 입은 나발마저 자기를 모독하니 얼마나 억울하고 분했을까? 올라오는 울분을 참을 수 없어서 칼을 허리에 차고, 부하들에게 갈멜로 가자고 외치는 다윗의 모습은 그때 당시 그의 마음을 보여주고도 남는다. 부하도 400명이나 거느리고 나발을 치러 떠났던 것을 보면 다윗의 결의가 얼마나 대단한 것인가를 보여준다.

성경에서는 남편 나발과 대조해서 그의 아내 아비가일은 총명하고 용모가 아름답다고 소개하고 있다. 아마도 그녀는 그 지역에서 용모가 아름다운 여인으로 소문이 났는지도 모른다. 나발이 다윗의 부하에게 한 짓이 아무래도 마음에 걸렸는지 지혜로운 한 목

61) 아히멜렉, 아히야는 이가봇의 형제들이고, 아히둡의 아들이다(삼상 14:3, 22:20). 아히둡은 엘리 제사장의 아들 비느하스의 아들이다. 실로가 무너진 후에 사울 왕은, 자기 고향(기브아) 가까운 놉(기브아와 예루살렘 사이에 있었던 베냐민 지파 안에 있었던 것으로 추측)으로 회막과 제사장들을 옮겼고, 그들과 가깝게 지내고 있었다. 그런데도 다윗 편에 들었다고 그런 제사장들을 무참히 살해했다.

자가 불길한 예감을 안고 자기 여주인 아비가일에게 간다. 이 목자는 보기에도 자기 주인이 다윗에게 한 짓은 너무 치욕스러운 것이라고 생각했던 것 같다. 그래서 아비가일에게 그동안에 일어났던 일의 자초지종을 이야기해 주었다. 다윗의 부하들이 이전에 자기들에게 어떻게 해주었는가를 말해 주는 것도 잊지 않았다.

옷 잘 입는 사람이 일도 잘한다더니 일이 다급해진 것을 안 아비가일은 당장 떡 200덩이, 포도주 두 가죽부대, 잔치하려고 준비해 둔 양 다섯 마리와 볶은 곡식 다섯 세아, 건포도 100송이, 그리고 무화과 뭉치를 나귀에 싣고 다윗을 찾아 나섰다. 그녀는 길에서 다윗의 일행과 마주쳤다. 그녀는 급히 나귀에서 내려 그 앞에 엎드려 그 얼굴을 땅에 대고 다윗에게 탄원했다. 부잣집 부인이 떠돌이 다윗에게 자기를 가리켜 '여종'이라고 부르고 다윗을 '주'라고 부른다.

나발은 하나님의 길을 깨닫지 못하여 현실을 바로 보지 못하고 살아가지만, 그의 아내는 하나님이 이미 세우신 이스라엘의 지도자(30절)가 다윗인 것을 안다. 그러므로 다윗에게 경고하기를 '하나님의 부르심에 어긋나게 행하지 말고 또 스스로 복수하려고 하지 말라'고 한다(26, 31절). 다윗이 장차 왕이 될 사람이고, 그렇기 때문에 어리석은 자를 죽여 후에 무죄한 피를 흘렸다는 악평을 듣지 않도록 하라고 청한다. 또 하나님께서 후대하셔서 왕이 되었을 때 부끄럼이 없어야 한다는 것이다. 지금은 쫓기는 신세이지만, 다윗의 생명은 다윗이 섬기는 하나님께서 틀림없이 생명 보자기에 싸서 보존해 주실 것이고, 다윗을 죽이려고 쫓아다니는 원수들의 생명은 주님께서 돌팔매로 던지듯이 팽개쳐 버릴 것이라고 한다(삼상 25:29) 그러니 스스로 권리를 주장하고 자신의 기본 신념(삼상 24:13)에 어긋나게 악을 악으로 갚아서는 안 된다고 권한다(삼상 25:31). 그리고 왕이 되는 날(여기서 왕이 된다는 언급은 피한다) 자기를 기억해 달라는 말까지 덧붙인다.

이 여인은 지혜의 여인일 뿐 아니라 굉장히 문학적인 여인이다. "보자기에 싸서 보존해 주실 것이다" 또는 "돌팔매로 던지듯이 원수들을 팽개칠 것이다"는 표현은 문학적 묘사력이 뛰어나다. 그리고 이 여인은 하나님의 뜻을 분명하게 읽고 살아가는 깊은 신앙의 여인이었다. 마치 여리고를 정탐하러 간 정탐꾼들을 따뜻하게 맞이하고, 하나님께서 여리고는 물론 가나안 땅까지를 정복할 것을 알았던 여인, 자기와 자기들의 가족의 생명까지 부탁하는 라합과 같다는 생각이 든다(수 2:8-24).

이런 여인의 말에 감동되지 않을 사람이 어디 있겠는가? 그처럼 사려 깊고, 먼 역사적 안목을 가지고 살아가는 여인을 어디에서 만나볼 수 있을 것인가? 고단한 피난길에 만난 단비와 같은 따뜻함이었다. 신앙적인 면에서 다윗과 상통하는 면을 가진 여인이 더욱 마음에 들었을 것이다. 다윗은 피 흘림에서 자신을 막아주신 여호와 하나님을 찬양하며, 동시에 따뜻한 그녀의 말들을 가슴에 담고 발길을 돌이킨다.

집에 돌아간 그녀는 잔칫상은 왕처럼 차렸지만, 바보처럼 행동한 어리석은 남편의 모습을 본다. 아마도 천하의 용사인 다윗을 쫓아 보낸 자기 행동의 대견스러움에 도취하여 그는 술에 만취해 있었을 것이다. 현명한 여인은 그가 술이 깰 때까지 침묵하고, 아침이 되어서야 그 안에 있었던 일을 남편에게 말했다. 그 말을 들은 나발은 제풀에 기가 꺾여 그 자리에서 그만 죽고 만다. 그처럼 겁 많은 인간이 다윗에겐 왜 그처럼 치욕적인 말을 했을까? 어리석은 인간들은 뒷일을 생각지 않고 말하고 행동한다.

나발이 죽었다는 소식을 들은 다윗은 아비가일을 아내로 맞이한다. 당시 다윗의 나이가 20대 후반이었을 테니, 자기보다 열 살 이상의 여인, 그것도 남의 부인이었던 여인을 부인으로 맞이한다는 것은 당시로서는 상상할 수도 없는 일이었을 것이다. 다윗은 어머니처럼 포근한 가슴을 그리워했던 것일까? 아니면 누구에게 인정받고 싶은 욕망이 차고 넘쳤었던 것인가! 다윗은 아비가일을 끝까지 소중하게 여기며 돌봐준다. 왕이 되어 헤브론으로 올라갈 때도 그녀를 데리고 함께 간다(삼하 2:2). 아비가일을 아내로 맞은 다윗은 그녀와 더불어 많은 재산과 사회적 명성까지 함께 얻게 되었을 것이다.[62]

흔히 중요한 이야기 속에 끼어 들어가는 로맨스 같은 이야기일

62) 프리츠 스톨츠, 상게서, p. 265

까? 거기엔 이유가 있을 것이다. 다윗이 왕이 된 후에 보는 사람들마다 그에게 부인답지 않은 부인이 있는 것을 보면서 질문을 던지는 사람이 있었을 것이고, 거기에 대하여 역사가는 대답을 해야 할 필요를 느낀 것일지도 모른다. 정확하게는 알 수 없지만, 아마도 이 여인은 다윗의 연상의 여인이었는데, 나이가 다윗보다 적어도 열 살 이상 많았던 여인이 아니었을까 추측된다. 여하튼 다윗은 아비가일을 만나서 마음의 안정은 물론 경제적인 안정도 얻었을 것이 분명하다. 한편으론 아비가일의 이야기는 사무엘상 23장 15절로 연결해서 읽어야 한다. 이렇게 보면 아비가일의 내러티브는 그런 위험한 곳에서 방황하는 다윗을 하나님께서는 사울에게 넘겨주지 않고 끝까지 지켜주신 실제적인 예가 된다.

제3장 하나님의 마음에 합한 사람

끝까지 하나님의 보호를 받는 다윗 ›› 6

사무엘상 26-30장

사랑의 이야기가 끝나자 바로 사울의 추격전 이야기가 다시 전개된다(삼상 26:1-25). 다윗이 십 광야로 피신했을 때 누군가 다윗이 있는 곳을 사울에게 찾아와 알려준다. 그는 3천 명의 군사를 거느리고 십(Ziph) 광야로 간다. 600명의 군대를 거느린 다윗을 잡기 위해 3천 명의 군사는 아주 많은 군대의 숫자이다. 그것은 다윗에 대한 사울의 증오심이 하늘까지 찼다는 표현이고, 그만큼 그는 불안해졌다는 말이다. 그러나 상황은 역전되어 다윗을 쫓던 사울이 도리어 다윗의 손 안에 들어왔다. 사울의 장군들과 군인들이 밖으로 둘러 진치고 자는 중앙에 사울이 자고 있었기 때문이다. 사울은 왜 그처럼 피곤에 지쳐 있었을까? 마음의 절망이 그를 더욱 지치게 했을 것이다. 쫓기는 자는 평안한데 쫓는 자는 심신이 모두 피곤하다. 맥을 놓고 잠자고 있던 사울을 장군 아비새(Abishai)[63]가 창으로 단번에 찌르겠다고 하자 다윗은 만류한다. 하나님이 세우신 사람을 사람이 해할 수 없다는 것 때문이었다.

> "여호와께서 살아 계심을 두고 맹세하노니 여호와께서 그를 치시리니 혹은 죽을 날이 이르거나 또는 전장에 나가서 망하리라 내가 손을 들어 여호와의 기름 부음 받은 자를 치는 것을 여호와께서 금하시나니 너는 그의 머리 곁에 있는 창과 물병만 가지고 가자 하고"(삼상 26:10-11).

후에 이 사실을 알고 난 사울은 "내가 범죄했다"고 뉘우친다. 그러나 그것은 일시적인 반성이다. 악인도 뉘우친다. 그리고 그들은 같은 잘못을 반복한다. 하나님의 사람들도 뉘우친다. 그러나 같은 잘못을 반복하지 않는다. 왜냐하면 하나님의 사람에겐 성령이 함께하시기 때문이다. 이것이 뉘우침과 회개의 진정한 차이이다.

600명의 군사와 함께 다시 망명해 간 다윗을 블레셋 가드(Gath)

---

63) 다윗 주변에 그를 돕는 장군들이 생겼다. 아히멜렉은 헷 사람이다. 아비새는 다윗의 누이 스루야의 아들 요압의 아우이다. 그러니까 다윗에겐 조카가 된다. 우리아도 헷 사람으로 아히멜렉과 함께 아둘람 굴에서 만났던 사람들 중에 속한 사람일 것이다.

왕 아기스(Achish)가 반겨 맞는다. 두 번째로 다윗이 블레셋 가드로 피신을 했다. 이스라엘과의 접전을 앞에 두고 다윗이 망명 온 것은 자기에게 그만큼 힘을 보태 주었다고 판단했기 때문일 것이다. 또 사울 왕에게 그처럼 밉보인 다윗이기에 아기스는 다윗이 자기 편이 된 줄로 알았다.

얼마 동안을 지낸 다음 다윗은 아기스에게 간청한다. 어찌 자기 같은 사람이 왕도(王都)에서 왕과 함께 살겠느냐고 하면서 자기에게 한 마을을 주어 살게 해달라고 한다. 아기스는 시글락을 그에게 준다. 그래서 시글락은 그때부터 유대 땅이 된 것이다.

왕 아기스에게서 떨어져 나온 다윗은 매일 부하를 거느리고 그술(Geshurites) 사람이나 기르스(Girzites) 사람, 또 아말렉 사람을 침노하여서 그들을 다 죽이고, 그들의 양과 소와 나귀와 낙타와 의복을 빼앗아 돌아왔다. 다윗은 기회만 있으면 남쪽 이스라엘의 적이었던 아말렉을 친 것이다. 그리고 이런 물품을 유대 남쪽 지역을 치고 얻은 전리품이라고 속이고 아기스에게 가져다 주었다. 그때마다 아기스는 기뻐하며 오늘은 어느 성읍을 침노하였느냐고 물었고, 다윗은 유다 네겝(Negev)과 여라무엘(Jereahmeel) 사람의 네겝과 겐(Kenites) 사람의 네겝을 쳐서 이겼다고 말하였다. 다윗은 이처럼 같은 유다 민족을 쳤다고 말함으로 아기스의 환심을 사려고 한 것이다. 사실은 유대 나라의 적들을 시간 있을 때마다 침노했으면서 말이다. 네겝이란 유대 남쪽 넓은 사막 지역을 말하고 여라무엘, 겐 사람이란 그 지역에 사는 민족들을 말한다.

마침내 블레셋은 이스라엘과 전쟁을 시도한다. 다윗을 얻었기 때문에 사울 군대를 쳐부수는 것은 시간 문제라고 생각했기 때문일 것이다. 아기스는 다윗을 거느리고 이스라엘 전쟁에 나아간다. 그리고 다윗이 이 전쟁에서 자기를 도와 승리하기만 하면 자기 군대의 지휘관을 삼겠다고 약속한다.[64] 자기 민족과 싸우러 가는 다윗의 마음이 얼마나 착잡했을까? 어떻게 아기스의 눈을 속일 것인가, 아니면 정말 자신이 사울을 도와야 할 것인가? 많은 생각이 다윗의 머리를 스쳐 지나갔을 것이다.

사울의 통치 기간 내내 이스라엘은 블레셋 사람들에게 시달렸다. 사울은 다윗을 쫓기에 바빠서 왕국을 다스리는 데 마음을 쓰지 않았으며, 다윗은 아직 직접적으로 이스라엘을 도울 지위가 정해지지 않았기 때문이었다. 그렇기 때문에 이스라엘은 자기 땅으로 몰려오는 블레셋 군대를 막기란 불가능했다. 이제 블레셋 군대는 에스드라엘론 골짜기를 통하여 수넴까지 이르러 진을 쳤고[65],

---

64) 다윗은 사울과 요나단의 군대에 대항하여 싸울 블레셋 무장 군대의 용병이 된 것이다. 그러나 전투에는 참가하지 못하고, 시글락에 사는 동안(8개월) 이스라엘 사람들을 도왔고, 그 대적들에 대항하여 군사작전을 감행했었다(삼상 30:16).

65) 수넴 마을은 솔로몬의 아가에 나오는 마을로서, 다볼 산 남쪽으로 산 언덕에 있는 므낫세 지파에 속한 곳이고, 이스르엘 평야의 북쪽에 위치한 마을이다. 므낫세 지파 땅, 수넴까지 블레셋이 침투해 왔다는 것은 이스라엘 깊숙한 곳에 왔다는 뜻이고, 길보아 산이 무너지면 세겜, 베델이 무너질 수 있는 위치이다.

이스라엘은 이스르엘 평야를 끼고 남쪽으로 불과 몇 마일 떨어진 길보아 산으로 백성들을 집결시켰다.

사울에겐 불똥이 발등에 떨어진 셈이다. 당황한 사울 왕은 신접한 여인을 찾아간다. 사울이 여호와께 물었으나 꿈으로도, 우림으로도, 선지자로도 대답하지 아니하셨기 때문이다. 이미 하나님께서 그를 버리셨는데 어찌 대답할 리가 있겠는가! 성경은 신접한 무당들은 죽이라고 말한다(레 20:27). 사실은 자신이 이스라엘 땅에서 쫓아낸 무당을 자기가 찾아가고 있다. 그런 무당을 찾아가는 사울은 이미 사형에 해당하는 죄를 범하고 있는 것이다. 성경은 무당을 찾아가는 것은 음란을 행하는 것 같아서 백성 중에서 죽여야 한다고 말한다(레 20:6). 그는 스스로 죽음을 초래할지도 모르는 어리석은 발걸음을 옮기고 있는 것이다. 변장하고 신접한 여인을 찾아간 사울은 죽은 사무엘을 불러 올려 달라고 한다. 사무엘이 올라오는 것을 보고 여인은 놀라고 당황하여, 자기를 속인 사울을 책망한다. 여인은 놀라고 당황하지만 정작 놀라고 두려워해야 할 사람 사울은 놀라지 않는다. 사무엘이 올라온 것을 보고야 사울은 사무엘 앞에서 얼굴을 땅에 대고 절한다. 사무엘은 사울을 책망한다.

"네가 어찌하여 나를 불러 올려서 나를 성가시게 하느냐?" 고 묻자, 사울은 블레셋 군대는 쳐들어오고, 당황하여 자기가 어떻게 해야 하는지 알고 싶어서 찾아왔다고 대답한다. 사무엘의 입을 통하여 들려온 대답은 하나님의 최후통첩이었다. "여호와께서 이스라엘을 너와 함께 블레셋 사람들의 손에 넘기시리니 내일 너와 네 아들들이 나와 함께 있으리라"(삼상 28:19).

여기에 나타난 사람은 과연 사무엘일까? 사무엘이라고 믿는다. 신접한 여인이 불러서 온 것이 아니라, 하나님께서 사울의 어리석음을 책망하기 위하여 사무엘의 영을 보내사 말씀하셨다고 생각한다. 여기에는 많은 논쟁이 있어서 어떤 분명한 해답도 내놓을 수가 없다.

전쟁에 참여한 아기스의 부하들은 '전쟁의 영웅' 인 다윗을 이스라엘과의 전쟁에 참여시키는 것은 위험한 일이라고 항변한다. 아기스도 할 수 없이 다윗을 시글락으로 돌려보낸다. 그리곤 아기스 군대는 마침내 이스라엘을 공격하기 시작하였다. 이스라엘은 블레셋 군대 앞에 마른 갈대처럼 힘없이 무너졌고, 군인들은 길보아 산에서 다 엎드러져 죽었다.

지휘관이 제정신이 아닌데, 어찌 군대가 강할 수 있으랴! 사울과 요나단과 다른 아들들만 도망치게 되었고, 뒤쫓아 온 블레셋 군인들이 활을 쏘아 사울에게 중상을 입혔다. 죽음을 맞이하게 된 사울은 자기를 보호하는 병사에게 자기를 죽이라고 말한다. 할례받지 않은 자들이 와서 자기를 찌르고 모욕할까 두렵기 때문이라고 했다. 왜 건강하고 평안할 때는 하나님의 선택받은 사람의 긍지를 그토록 저버리고 살다가 죽을 때에야 비로소 하나님의 사람의 자존심을 생각하는가? 마침내 사울은 자기 칼에 엎드러져 죽고 만다. 못된 아버지를 둔 죄로 그처럼 훌륭했던 신앙의 사람, 요나단도 죽임을 당한다. 이스라엘 영웅 사울, 첫 왕과 그 가족은 이처럼 비참하게 끝을 맺고 만다.

현대의 은둔자 카를로 카레토(Carlo Caretto)는 이렇게 말한다. "하나님은 우리에게 배와 노를 주시지만, 대신 노를 젓는 것은 우리들의 몫이다." 어디로 노를 저어 갈 것인가를 우리는 결정해야 한다.

사울은 왕위에 오른 지 2년 만에 제사 문제로 곁길로 가기 시작하다가, 20년 후에 하나님의 버림을 받았다. 그 뒤로 20년 동안은 다윗을 쫓느라 모든 세월을 다 허비하였다.[66)]

---

66) 이 시간의 간격을 하워드 보스(Howard F. Vos) 교수는 이렇게 계산한다. "사울의 첫 번째 큰 죄는 그의 통치 제2년 곧 약 1048-1047년에 발생하였다. 곧 이은 그의 두 번째 큰 죄 이후에 다윗이 왕으로 기름 부음을 받았다. 다윗은 1010년 사울이 죽었을 때에 30세였다. 만약 다윗이 15-20세였을 때에 기름 부음을 받았다면, 아말렉과의 전쟁 시기는 거의 주전 1030-1025년이었을 것임이 분명하다. 따라서 그의 두 죄악들 사이의 간격은 약 20년이 되는 것이다(주전 약 1048-1027년). 하워드, 상게서, p. 235

제3장 하나님의 마음에 합한 사람

사울과 그 가문의 멸망 ›› 7

사무엘상 31장

사울왕의 죽음에 대하여는 사무엘서와 역대기에 자세하게 기록되었다. 두 책에 기록된 내용을 가지고 사울의 죽음을 어떻게 말하고 있는지 따라가 보려고 한다. 사울의 죽음에 대한 사무엘상의 기록과 역대상의 기록의 차이는 무엇인가? 먼저 아래의 성경 본문을 비교해서 읽어보자.

사무엘상 31장 4-10절	역대상 10장 4-10절
그가 병기 든 자에게 이르되 네 칼을	자기의 병기 가진 자에게 이르되 너

빼어 나를 찌르라 할례 없는 자들이 와서 나를 찌르고 모욕할까 두려워하노라 하나 병기 든 자가 심히 두려워하여 즐겨 행치 아니하는지라 이에 사울이 자기 칼을 취하고 그 위에 엎드러지매

는 칼을 빼어 나를 찌르라 저 할례 없는 자가 와서 나를 욕되게 할까 두려워하노라 그러나 그 병기 가진 자가 심히 두려워하여 즐겨 행치 아니하매 사울이 자기 칼을 취하고 그 위에 엎드러지니

병기 든 자가 사울의 죽음을 보고 자기도 자기 칼 위에 엎드러져 그와 함께 죽으니라

병기 가진 자가 사울의 죽음을 보고 자기도 칼에 엎드러져 죽으니라

사울과 그 세 아들과 병기 든 자와 그의 모든 사람이 다 그 날에 함께 죽었더라

이와 같이 사울과 그 세 아들과 그 온 집이 함께 죽으니라

골짜기 저편에 있는 이스라엘 사람과 요단 건너편에 있는 자들이 이스라엘 사람들의 도망한 것과 사울과 그 아들들의 죽었음을 보고 성읍들을 버리고 도망하매 블레셋 사람들이 이르러 거기 거하니라

골짜기에 있는 모든 이스라엘 사람이 저희의 도망한 것과 사울과 그 아들들의 다 죽은 것을 보고 그 성읍들을 버리고 도망하매 블레셋 사람이 와서 거기 거하니라

그 이튿날 블레셋 사람들이 죽은 자

이튿날에 블레셋 사람이 와서 죽임을

를 벗기러 왔다가 사울과 그 세 아들이 길보아 산에서 죽은 것을 보고 사울의 머리를 베고 그 갑옷을 벗기고 자기들의 신당과 백성에게 전파하기 위하여 그것을 블레셋 사람의 땅 사방에 보내고	당한 자를 벗기다가 사울과 그 아들들이 길보아 산에 엎드러졌음을 보고 곧 사울을 벗기고 그 머리와 갑옷을 취하고 사람을 블레셋 땅 사방에 보내어 모든 우상과 뭇 백성에게 광포하게 하고
그 갑옷은 아스다롯의 집에 두고 그 시체는 벧산 성벽에 못 박으매	사울의 갑옷을 그 신의 묘에 두고 그 머리를 다곤의 묘에 단지라

왜 역대기에서는 사울과 온 가족이 망했다고 강조하는가?

위의 두 본문을 비교해 보면 거의 똑같은 문장이다. 구절도 여섯 절 똑같고 문장의 길이도 거의 똑같다. 그런데도 자세히 읽어보면, 기술적인 부분에서 역대기 저자는 단어를 바꾸거나 강조점을 조금씩 바꾸었다. 그런데 이 작은 표현들은 많은 것을 말해준다. 사울의 죽음을 통해서도 저자는 포로에서 돌아온 유다 백성들에게 뭔가를 말하고 싶은 것이다. 그 말을 하려고 표현을 약간씩 바꾼 것이다. 성서 저자들은 직설법을 쓰지 않는다. 단지 어떤 한 사건의 모습을 그대로 보여주어 독자들이 스스로 느끼도록 하는 방법을 사용한다. 결국 사울의 죽음에 대한 기록도 그 사건만을 전한다. 그러나 그 속에는 저자의 신학이 들어 있다. 그렇다면 역대기는 어떻게 표현을 바꾼 것일까?

사무엘상에서는 '그의 모든 사람이' 죽었다고 말함으로, 사울과 그의 군사들이 죽었다는 표현을 쓰고 있다. 그러나 역대기는 '그의 온 집안이 함께 죽었다' 고 말한다. 온 집안이 멸종당했다고 강조한다. 역대기 저자가 이스보셋과 므비보셋이 사울이 죽은 후에도 살아 남았다는 사실을 모를 리 없을 터인데도, 그 가문 전체가 몰살당했다고 강조하여, 사울 가문이 완전히 없어진 것처럼 말하고 있다. 특별히 눈여겨보아야 할 점은, 역대기에서는 '사울과 그 아들들' 이란 표현을 두 번이나 언급하고 있다. 이것은 강조문법이다. 사울 때문에 그 아들들까지 다 죽었다는 것을 강조한다.

9절에 블레셋이 사울의 시신을 다루는 면에서도 약간의 변화를 준다. 사무엘상에서는 '머리를 베고 그 갑옷을 벗겼다' 고 기록했는데, 역대기에서는 '옷을 먼저 벗기고' 그의 머리와 갑옷을 취했다고 한다. 사무엘상에서는 사실을 전하고 있는 데 반하여 역대기는 '옷을 벗겼다' 는 표현을 강조하여, 왕의 영광이 사라지는 것을 느끼게 하고, 머리와 갑옷을 벗겼다고 서술함으로써 사울이 당한 수치를 강조하고 있다. 동시에 머리와 갑옷은 앞으로 하나님이 사울 때문에 이방 백성과 그의 신전에서 수치를 당하게 된다는 것과 연결시키고 있다.

사무엘서는 '신당과 백성에게 알렸다' 고 하고, 역대기에는 '이방 신전과 그 백성에게 소식을 전했다' 고 한다. 사무엘서는 '그의 갑옷은 아스다롯의 집에 두고, 그의 시체는 벧산 성벽에 못박았다' 고 한다. 그러나 역대기는 '그의 갑옷을 그들의 신전에 두고 그의 머리를 다곤의 신전에 단지라' 라고 말함으로 그들의 신전, 그리고 다곤 신전을 강조한다.

왜 역대기에서는 이처럼 사울의 온 가문이 멸망 당한 것으로 강조하고, 그의 갑옷은 그들의 신전에 두고, 그의 머리를 다곤 신전에 달았다는 것을 강조할까? 사울의 머리가 다곤 신전에 달렸다는 이미지는 실로 많은 것을 느끼게 해준다. 이스라엘의 머리인 왕이 다곤 신전에 달려 있으니 온 이스라엘이 이방 신인 다곤 앞에서 수치를 당하고 있는 모습이다. 그보다도 사울의 머리와 함께 하나님께서 다곤 신전에서 수치를 당하고 계신 것이다.

우리 하나님은 어떤 하나님이신가? 이스라엘이 잘못하여 블레셋에게 법궤를 빼앗겼을 때, 하나님의 법궤를 그들이 다곤 신전 안에 다곤 우상 곁에 두었을 때, 다곤이 여호와의 궤 앞에서 엎드러져 그 얼굴이 땅에 곤두박질당하지 않았던가? 블레셋 사람의 땅에 일곱 달을 머무는 동안 법궤가 가는 성읍마다 큰 혼란이 일어나고 악성 종양이 생기지 않았던가! 그래서 결국 법궤를 돌려보내기로 했을 때, 암소들이 이끄는 수레를 타고 누구 손 하나 거치지 않고 당당하게 벧세메스까지 오지 않았던가!(삼상 6:1-21) 그런 하나님이신데, 사울이 죽음으로 다곤 신전에서 하나님이 수치를 당하셨다는 것이다. 이 사실에 역대기 저자는 울분을 토하고 있다.

사울과 그 온 집안이 망한 이유는 무엇인가? 사무엘상에서는 여기에 대한 언급이 없다. 그러나 역대기에는 분명하게 그 이유를 밝힌다. 사울이 주님을 배반했기 때문에 그렇게 죽은 것이라고 한다. 주님을 배반한다는 것이 어떻게 하는 것일까? 주님의 말씀을 지키지 않았고, 점쟁이와 상의하며 점쟁이의 지도를 받고, 주님의 지도를 받으려 하지 않았기 때문이라고 한다. 하나님 앞에서 머리에 기름 부음을 받고 왕이 된 자는 그에게 절대복종을 맹세한 것이다. 그러므로 절대순종이 요구된다. 사울도 초기에는 겸손한 사람이었다. 그러나 그는 점점 교만하여 하나님과 멀어져만 갔다. 이 사실은 그가 아말렉과의 전쟁에서 하나님의 말씀을 거역하고 좋은 양과 소를 숨겨 두었을 때 사무엘을 통해 주신 말씀에 잘 나타나 있다.

"사무엘이 가로되 왕이 스스로 작게 여길 그 때에 이스라엘 지파의 머리가 되지 아니하셨나이까 여호와께서 왕에게 기름을 부어 이스라엘 왕을 삼으시고, 또 여호와께서 왕을 길로 보내시며 이르시기를 가서 죄인 아말렉 사람을 진멸하되 다 없어지기까지 치라 하셨거늘"(삼상 15:17-18).

"이는 거역하는 것은 점치는 죄와 같고 완고한 것은 사신 우상에게 절하는 죄와 같음이라 왕이 여호와의 말씀을 버렸으므로 여호와께서도 왕을 버려 왕이 되지 못하게 하셨나이다"(삼상 15:23).

말씀은 축복과 저주를 가른다. 역대기는 포로에서 돌아온 후에 기록한 책이다. 그러므로 포로에서 돌아온 그들은 새로운 나라를 세워야 할 큰 책임을 느꼈고, 그렇게 하기 위해서는 왜 이스라엘이 망했는가를 분명히 백성들에게 알려서 다시는 그런 잘못을 저지르지 못하게 해야만 했다. 그러므로 역대기에는 어떤 한 개인이 멸망을 당했어도 '왜 그렇게 망했는가?' 를 묻고 그 대답을 통하여 유다의 멸망의 이유를 제시하려 하였다. 그 대표적인 예가 사울이다.

사울과 그 가문의 멸족을 이야기하면서, 유대 나라가 바벨론에 망한 이유도 그와 똑같다는 것이다. 결국 이스라엘이 하나님의 말씀을 따라 살지 않고, 우상을 따라 살았기 때문에 망했다는 것이다. 호세아 4장 6절에도 그 백성이 망한 이유를 분명하게 밝히고 있다.

> "내 백성이 지식이 없으므로 망하는도다 네가 지식을 버렸으니 나도 너를 버려 내 제사장이 되지 못하게 할 것이요 네가 네 하나님의 율법을 잊었으니 나도 네 자녀들을 잊어버리리라."

말씀을 버리면 하나님은 그 백성을 버리신다. 지금 한국교회가 하나님의 말씀을 버리고 인간적인 프로그램으로 교회를 성장시키려는 데 혈안이 되어 있지 않는지, 그래서 말씀이 소홀해지지 않는지, 교회 안에서 하나님보다는 인간이 더 강조되는 것은 아닌지, 하나님이란 말은 많이 사용하지만 그것은 립 서비스에 불과한 것은 아닌지 살펴야 할 것이다. 어느 시대나 개인이나 교회나 사울의 죽음을 명심해야 하리라.

제3장 하나님의 마음에 합한 사람

다윗이란 사람 ›› 8

다윗이 살아온 삶의 특징을 보면, 그는 무슨 일이든지 서두르는 일이나 당황하는 일이 없다. 다윗은 오늘 하루를 충실히 살아가는 사람이다. 쫓으면 쫓기고, 없으면 굶고, 핍박하면 당하고 산 사람이다. 그러면서 동시에 쫓기면서도 쫓기지 않고, 없으면서도 가난하지 않고, 핍박을 당하면서 다른 사람을 축복하는 사람이다. 고린도후서 4장에서 바울이 말한 사람이 바로 다윗이란 생각이 든다(고후 4:8-12).

다윗은 골리앗과의 싸움에서 승리했으므로 대단한 용사란 생각이 들지만, 항상 그런 모습은 아니었다. 전쟁이 닥치면 물러서지 않고 나가 싸웠다. 그렇다고 어떤 결과를 기대하고 한 것도 아니다. 다윗은 계산속이 없는 사람이다. 사무엘이 자기에게 왕으로 기름을 부었지만 뽐내는 일도 없고, 아무 일이 없는 사람처럼 살아가고, 사울의 박해를 받고 죽음의 위협을 수십 번 당하지만 사울과 대항하지 않는다. 피난살이도 아무 불평 없이 하루하루 살아간다. 이런 모습은 압살롬에 쫓겨 예루살렘을 떠나면서 극치를 보여준다.

왜 그처럼 수동적으로 살았을까? 좀 야망도 품고 계획도 세우고 욕심도 내고 살지 않고 왜 그렇게 살았을까? 오늘의 현실도 야망도 있고, 욕심껏 사는 사람들이 사람들에게 돋보일 경우가 많다. 또 그런 사람들이 기회도 잘 타고, 잘 되는 경우가 많다. 23편을 보면 모든 주어가 '여호와' 이다. 자기는 수동적으로 누임을 받고 인도를 받고, 영혼이 소생된다. 다윗 자신이 하는 일은 그분이 인도하는 대로 따라 사는 것이며, 마지막에 "내가 여호와의 집에 영원히 거하리로다" 라고, 자신은 여호와의 집에 거하기만 하면 된다고 한다.

그런 모습으로 살 수 있었던 것은 여호와는 목자시고, 자기는 양이라고 믿었기 때문이었을 것이다. 하나님에 대한 절대 신뢰 때문이었다. 신뢰는 하나님에 대한 믿음과 소망이 합치되는 곳에서 일어나는 법이다. 하나님을 철저하게 믿고, 그분이 인도하시는 곳이면 어디든지 가고, 그분이 허락하시는 일이면 무엇이든지 한다는 생각이 있을 때 신뢰가 일어난다. 다윗은 하나님께 대한 믿음도 철저했고, 그분이 자기를 인도해 가신다는 믿음 또한 확실했다. 다윗은 하나님을 신뢰하기에 서두르거나 욕심이나 억지를 부리지 않았다. 현대인에게 이런 삶의 자세가 우습게 보일지 모르지만, 사실 성경에서 말하는 하나님의 사람이 사는 자세는 바로 그런 것이다.

다윗은 자기 혼자 산 사람이다. 이 말을 바꾸면 그는 하나님 앞에서 늘 실존적 삶을 살았다고 할 수 있다. 고난이 왔을 때, 고난의 의미를 새기며 살고, 축복이 왔을 때 축복의 의미도 새기며 살았다. 또 고난을 당할 때 고난을 통하여 하나님께서 자기에게 원하시는 것이 무엇인가 깨달으면서, 하나님께서 만드시고자 하는 사람으로 차분하게 날마다 연마되어 갔다.

헨리 나우웬은 "가장 힘든 영적 과제 중 하나는 통제를 포기하고 하나님의 성령께 내 삶의 인도를 맡기는 것이다"라고 했다.

다윗은 하나님의 인도하심을 받고 살기 위하여 하나님으로부터 늘 듣고자 했기 때문에 제사장들을 가까이하며 살았고, 선지자들을 늘 곁에 두고 살았다. 그의 눈은 하나님만 향했고, 자신이 늘 엎드려 하나님의 뜻을 묻기 위하여 기도했다. 큰일을 하고자 하는 사람은 먼저 기도한다.

그에겐 하나님이 최고였다. 다른 누구도 눈에 보이는 이가 없었다. 그렇기 때문에 하나님께만 자기의 영광을 바쳤고, 진심을 다 바쳤다. 예배할 때 자신을 다 드렸고, 성전을 짓기 위하여 모든 것을 다 기울였으며 성소를 가장 소중하게 여겼다. 하나님만이 그의 영광이요, 자랑으로 여겼던 사람이 다윗이다.

제4장 하나님 앞에 가장 큰 사람

찾아온 승리 앞에서 슬퍼하는 사람 ›› 1

사무엘하 1-5장

많이도 기다린 세월이었다. 사울이 죽고 다윗은 드디어 암울했던 고난에서 해방되었다. 하나님의 약속이 성취되는 날, 이스라엘의 왕으로 등극하는 날이 코앞으로 다가왔다. 다윗의 생애엔 특별한 일들이 많다. 그중에서도 가장 아름다웠던 일은 길고도 어두운 터널을 지나면서도 흔들리지 않고 끝까지 지켜온 하나님과의 친밀한 교제였다. 그는 무엇을 하든지, 심지어 피난을 가면서도 하나님께 묻고 그 길을 갔다. 다윗은 여호와 하나님께 묻되 구체적으로 묻는다(삼상 23:2,4; 삼하 2:1). 또 한 가지는, 그는 끝까지 하나님의 법을 지키려고 노력했다. 그 증거의 하나가 자기를 그처럼 괴롭힌 사울을 해치지 않았을 뿐 아니라 미워하지도 않았다는 사실이다. 하나님이 선택한 사람을 자기 임의로 해칠 수 없다는 것이다. 이 정신은 법을 지키는 정신이 아니라 하나님을 그만큼 존중했다는 말이며, 하나님의 질서까지도 하나님처럼 섬겼다는 것이다.

사울이 죽고 그 머리에 있는 왕관과 팔에 있는 고리를 벗겨서 다윗에게 가져온 병사의 태도를 보면 분명해진다. 팔의 고리는 왕의 휘장이다. 이것만 있으면 누구든지 왕이 될 수 있을 만큼 값진 것이다. 이것이 다윗에게 필요한 것이었다는 건 말할 필요도 없다. 그처럼 귀한 보배가 자기 손에 굴러 들어온 것은 얼마나 축복인가! 사울의 소식을 알리려 달려온 그 병사는 틀림없이 이 사실을 알고 큰 기대를 가지고 왔을 것이다. 그는 다윗의 환심을 사려고 거짓말까지 덧붙여서 자기가 사울을 죽였다고까지 보고하였다(삼하 1:10). 그러나 사실은 사울 자신이 스스로 칼 위에 엎드러져 죽었지 누구에 의하여 죽은 것은 아니다(삼상 31:4).

다윗은 더 이상 묻지 않았다. 사울과 요나단의 죽음의 소식을 들은 다윗은 결코 기뻐하지 않았다. 도리어 옷을 찢고 사울과 요나단과 여호와의 백성과 이스라엘 족속의 죽음을 인하여 저녁 때까지 슬퍼하여 울며 금식하며 지냈다. 다윗은 사울과 요나단만을 사랑한 게 아니었다. 다윗은 사울과 요나단의 죽음만 슬퍼한 게 아니었다. 하나님의 선택한 백성인 이스라엘에 재난이 닥친 것을 슬퍼하였다. 그것도 블레셋에 의해서 말이다.

금식이 끝난 후에 다윗은 그 병사가 자기의 원수의 나라 아말렉 사람인 것을 알고 분노하여 그를 죽인다. 그 이유도 여호와의 기름부음 받은 자를 죽였다는 것이었다. 그리고 다윗은 사울과 요나단을 위한 조가를 지어 부른다(삼하 1:19-27). 그 조가보다 애달픈 노래가 또 있을까?

원래 정치란 그처럼 쉽게 매듭이 풀어지듯이 풀리는 것이 아니다. 그래서 정치적 입장에서 보면 하나님의 뜻을 따라 산다는 것이 마치 어린아이 장난처럼 들릴 것이다. 이스라엘 상황도 그처럼 복잡하게 얽혀가는 데도 다윗은 천진한 아이처럼 하나님의 뜻에 맡기고 걸어간다. 이스라엘에서는 사울의 아들 이스보셋이 왕위에 오른다. 그때 다윗은 하나님께 자기는 어디로 가야 하는가를 묻는다. 사울이 죽은 마당에 단숨에 올라가 예루살렘을 정복하고 왕이 되면 간단히 끝낼 수 있는 일인데도 다윗은 자기 멋대로 일을 처리하지 않는다. 이런 일이 일어난 뒤에, 다윗이 주께 여쭈었다

"제가 유다에 있는 성읍으로 올라가도 됩니까?" 주께서 그에게 올라가라고 하신다.

"어느 성읍으로 올라가야 합니까?" 다윗은 다시 여쭈었다. 주께서 헤브론으로 올라가라고 알려 주셨다. 그때야 비로소 다윗은 헤

브론으로 식구들과 자기 병사들을 이끌고 올라간다. 거기서 유다 사람들이 다윗을 유다 족속의 왕으로 받아들이고, 비록 유다 지파의 왕이지만 그는 정식으로 왕위에 오른다. 이것은 하나님의 약속의 시작을 알리는 매우 중대한 사건이다.

왕위에 오른 다윗이 관심을 갖는 것은 나라의 확장이나 자기 세력을 굳혀 나가는 일이 아니었다. 그의 관심은 죽은 사울에게로 흐른다. 자기를 그처럼 학대하고 죽이려 했던 사울의 이야기는 이제 잊을 만도 한데, 그는 길르앗 사람들이 사울을 장사지내 주었다는 소식을 듣고 그들을 위로해 준다. 사울을 그처럼 극진히 대접해 준 것에 대하여 고마움을 전하면서 이렇게 말한다.

> "주님께서 여러분을 친절과 성실로 대하여 주시기를 바랍니다. 나도 여러분을 잘 대접하겠습니다"(삼하 2:4-6).

거기에 자기가 유다의 왕이 된 사실도 전한다. 사실 가장 큰 정치는 하나님의 뜻대로 이루어 가는 것이다. 이 일은 하나님을 기쁘시게 할 뿐 아니라 사람들의 존경을 한 몸에 받게 해준다. 이것이 가장 지혜로운 리더십이다. 다윗은 그 방법을 어려서부터 터득하고 산 사람이다. 이것이 또한 그를 이스라엘 역사에 가장 훌륭한 왕이 되도록 만들어 준 기초이다.

다윗이 헤브론에서 왕이 된 지 일곱 해 여섯 달이 지난 때였다.

드디어 이스라엘과 유다의 전쟁이 시작되었다. 이스라엘에서는 넬의 아들 아브넬이 사울의 아들 이스보셋의 군대를 거느리고 기브온으로 갔고, 다윗은 요압을 내세운다. 넬은 사울의 숙부이므로 아브넬은 사울의 사촌이고, 요압은 다윗의 조카가 된다. 이 두 군대는 기브온 연못을 사이에 두고 진을 쳤다.

양편에서 12명씩 뽑아서 전투를 벌이도록 한다. 아마도 아브넬은 같은 민족끼리의 전쟁을 피하기 위해 대표 12명씩 뽑아서 싸우도록 한 것 같다. 12는 열두 지파를 상징하는 것으로 보인다. 여기서 이스라엘 군인들은 다윗의 군대에게 완패를 당하고 도망한다. 전투에서 패한 아브넬은 이스보셋이 이끄는 이스라엘이 다윗을 이길 수 없다는 것을 알고 다윗에게 투항하기로 결심하고, 자기를 받아주면 이스라엘 전체를 다윗에게 돌아가도록 하겠다고 한다. 이 말을 들으면 이스라엘의 실세는 아브넬인 것을 알 수 있다. 아브넬이 사울의 후궁, 리스바를 취한 것만 보아도 그 사실은 분명하다. 그러나 다윗은 쉽게 허락하지 않고 한 가지 흥미로운 제안을 내놓는다. 사울의 딸이요, 다윗의 아내였던 미갈을 데려 와야 한다는 것이다(삼하 3:13). 이미 떠나가 남의 아내가 되어버린 미갈을 데려오라는 이유가 무엇인가? 다윗에겐 이스라엘 전체가 이미 자기에게 넘어온 것이지만, 거기에 사울의 딸인 미갈을 얻음으로 자신이 합법적인 전 이스라엘의 왕이 되고자 하는 의도 때문이었으리라.

그러나 다윗과 협상을 마치고 돌아가던 아브넬은 전쟁에서 돌아오다 이 소식을 들은 요압과 아비새에게 죽임을 당한다. 겉으로 보기에 요압은 자기 동생 아사헬을 죽인 원수를 갚은 셈이지만, 다른 한편으로는 자기의 경쟁 상대를 미리 제거하고 자기 자리를 굳건하게 만든 것이다.

아브넬이 죽었다는 소식을 들은 이스보셋은 맥이 풀린다. 정치란 힘이 약해지면 다 배반하는 논리이다. 결국 이스보셋을 떠받치고 있던 장군 레갑과 바아나가 잠자고 있던 왕을 죽이고 그 목을 베어 머리를 가지고 헤브론으로 달음질친다. 그들은 다윗을 만나 "왕의 생명을 해하려던 원수 사울의 아들 이스보셋의 머리"라고 말하며 다윗에게 바친다. 그러나 다윗은 "내 생명을 여러 환난 가운데서 건지신 여호와의 사심을 가리켜 맹세"한다고 말한다. 레갑과 바아나는 자기들이 다윗의 생명을 보호하는 자라고 암시적으로 말했지만, 다윗은 자기 생명을 환난 가운데서 건지신 분은 여호와라고 잘라 대답하고, 그들을 엄단한다. 저희를 죽이고 수족을 베어 헤브론 못가에 매어단다. 반대로 이스보셋의 머리는 아브넬의 무덤에 매장할 만큼 신중하게 다룬다. 다윗은 어쩌면 자기 원수로 여겨야 할 사울의 후손까지도 최선의 사랑으로 대하는 신앙인의 모습을 보여준다.

이스보셋도 아브넬도 죽자, 이스라엘 모든 지파가 헤브론에 있는 다윗을 찾아온다. 그때까지는 다윗은 헤브론을 중심한 왕이었다. 그러나 이제는 '이스라엘 모든 지파가' 찾아왔다. 그들은 다윗은 하나님께서 예언해 주신 왕이라고 말하면서 모든 이스라엘의 왕으로 세운다. 그는 헤브론에서 7년 6개월 동안 유다를 다스렸고, 이제 33년 간의 예루살렘을 중심으로 온 이스라엘을 다스리는 통치가 시작된 것이다(삼하 5:1-5).

다윗은 이어서 예루살렘을 점령한다. 그리고 그 성을 다윗 성이라고 부른다. 성경은 다윗에 대하여 말한다. "만군의 하나님 여호와께서 함께 계시니 다윗이 점점 강성하여 가니라"(삼하 5:10). 다윗이 강성하게 된 것은 사람에게서 난 것이거나 상황이 그를 도운 것이 아니라, 만군의 여호와께서 그와 함께 계셨기 때문이라고 한다. 다윗의 숙원이었던 예루살렘도 점령하고, 이제 남은 건 블레셋 땅이다. 이 땅만 차지한다면 하나님께서 여호수아에게 주시겠다고 약속한 가나안 땅은 다윗에게 와서야 완성되는 셈이다.

블레셋과의 전쟁이 시작되었다. 블레셋은 다윗이 왕이 되었다는 소식을 듣고 다윗을 잡으러 온 것이다. 이전에 자기의 신하였던 사람이라고 가볍게 생각했을 것이다. 그들은 자기 신상들을 가지고 전쟁에 왔다(삼하 5:21). 자기들의 신의 이름으로 다윗을 붙잡겠다는 뜻이리라. 다윗에게 있어서 블레셋과의 전쟁은 여러 가지 의미를 가진다. 가깝게는 사울과 요나단을 죽인 원수들에 대한 피할 수 없는 복수이기 때문이다. 그보다는 하나님께서 모세에게 준 약속의 땅을 지금까지 빼앗지 못한 것을 자신이 성취한다는 의미가 더 클 것이다. 그런데 그들이 다윗에게 도리어 기회를 준 셈이다. 다윗은 성급하게 전쟁을 서두르지 않고 침착하게 하나님께 먼저 물었다.

"제가 저 블레셋 사람들을 치러 올라가도 되겠습니까? 주님께서 그들을 저의 손에 넘겨주시겠습니까?"

"올라가거라. 내가 저 블레셋 사람들을 반드시 너의 손에 넘겨주겠다."

하나님의 응답을 받은 다윗은 블레셋을 쳐서 이기고 이렇게 말했다.

"홍수가 모든 것을 휩쓸어 버리듯이, 주님께서 나의 원수들을 내 앞에서 그렇게 휩쓸어 버리셨다"(삼하 5:17-25 참조).

다윗은 드디어 약속의 땅을 온전히 점령한 최초의 왕이 된 셈이다. 다윗의 남은 과제는 과연 무엇일까?

제4장 하나님 앞에 가장 큰 사람

법궤를 예루살렘으로 ›› 2

사무엘하 6장

예루살렘을 점령하고 자기 도성으로 삼은 뒤에 다윗이 가장 먼저 생각한 것은 무엇일까? 그는 하나님의 궤라고 일컫는 언약궤를 예루살렘으로 모셔올 계획을 세운다. 다윗으로서는 법궤를 모셔와 그곳을 정치와 종교의 중심지로 만들고 싶었을 것이다. 사실 법궤만 모셔오면 다윗은 정치적으로나 종교적으로 확실한 중심에 서게 된다. 그러나 과연 법궤를 모셔오려고 하는 이유가 이런 정치적인 이유에서였을까? 다윗은 자기가 이스라엘의 왕이 되고 또 예루살렘을 차지해서 나라의 중심으로 삼았을 때, 이 모든 것이 자기의 반석이시고 산성이신 하나님으로부터 온 것이란 사실을 생각하며 감사했을 것이다. 그리하여 그 하나님의 상징인 법궤를 예루살렘으로 옮기려고 결심한 것이리라. 그것은 다윗이 법궤를 옮기는 일을 무슨 작전을 수행하는 것처럼 준비한 것을 보면 이해가 된다.

다윗은 이스라엘 군대 중에서도 특별히 뽑은 정병 3만을 데리고 바알레유다(유다의 바알라)로 올라간다. 유다 바알라 언덕 위에 있는 아비나답의 집에 궤가 있었기 때문이었다. 사무엘상 7장에 보면 기럇여아림 사람이 와서 벧세메스 하나님의 궤를 자기 마을로 옮겨가던 이야기가 나온다. 기럇여아림은 벧세메스에서 북동쪽으로 있는 높은 산 위의 마을이다. 아마도 당시에 이곳은 유다와 블레셋이 마주치는 가장 끝자락에 있던 마을이라고 생각된다. 아비나답은 바알레유다에서 법궤를 관리하던 사람으로 그의 집은 그 마을에서도 가장 고지대에 있었을 것이다.[67]

하나님의 궤를 새 수레에 싣고 아비나답의 아들 웃사와 아효가 그 수레를 몰면서 법궤의 행진이 시작되었다. 아효가 수레를 앞에서 끌고 다윗과 3만 명의 군사들은 모든 악기를 불며 하나님을 찬양하고 춤추고 기뻐하는 가운데 법궤를 옮기는 일이 시작되었다.

---

67) 당시 마을 가장 높은 지역엔 산당이 있었고, 그곳에서 제사를 지내는 관습이 있었다. 그렇기 때문에 아비나답의 집이 있는 언덕은 아마도 그곳에 신전이 있는 제사지내는 곳이었고, 그곳에 법궤를 모셨던 것으로 보인다.

그러다가 법궤가 나곤의 타작마당에 이르렀을 때 갑자기 흔들리기 시작하였다. 갑자기 소들이 뛰어서 궤가 떨어지려고 하므로 웃사가 손으로 궤를 붙든 것이다. 법궤가 떨어질 찰라였다. 웃사가 법궤를 붙든 것은 어떻게 보면 당연한 일이었을 것이다. 그러나 하나님께서는 웃사에게 진노하셔서 그를 치신다. 그는 하나님의 궤 곁에서 죽었다. 웃사는 하나님의 궤를 끈 소들이 블레셋 땅 에그론에서부터 벧세메스까지 무사히 돌아왔던 사실을 잊었던 것인가?(삼상 5:1-16)

프리츠 스톨츠(Fritz Stolz) 교수는, "법궤의 하나님은 마주칠 때 엄청난 경외심을 갖지 않을 수 없는 힘을 발산한다"고 한다.[68]

그 모습을 본 다윗은 두려워하기 시작하고 법궤 옮기는 일을 연기한다. 두려움은 동시에 경외심을 의미한다. 다윗은 법궤를 쉽게 생각했던 것 같다. 자기를 지금까지 지켜 오신 하나님을 자기 도읍으로 옮긴다는 생각, 그러므로 법궤가 자기 도읍으로 오면 종교적인 안정을 얻게 되리라고 가볍게 생각했는데 갑자기 웃사가 죽자 하나님에 대한 두려움이 일어났다. 그리하여 다윗은 법궤를 이스라엘 사람의 집도 아닌 오벧에돔의 집으로 메어간다. 오벧에돔은 블레셋 가드 출신(삼하 6:11)이다. 다윗은 앞으로 혹 일어날 화를 생각하면서 이방인인 오벧에돔으로 옮긴 것이다. 그러나 들리는 소식은 법궤가 그 집에 머문 삼 개월 동안 하나님께서 오벧에

68) 프리츠 스톨츠, 상게서, p. 363

돔뿐만 아니라 온 집안에 복을 내려 주셨다는 것이다(삼하 6:11).

다윗은 다시 궤를 옮겨올 계획을 세운다. 하나님은 두려운 분이다. 사람들의 손에 좌우되는 분이 아니시며, 법궤라는 작은 곳에 제한되는 분도 아니시다. 그러나 하나님을 모시는 가정에 하늘의 축복이 넘치는 법이다. 웃사의 사건은 다윗으로 하여금 겸손하게 만들었으며, 다시 한번 생각하고 하나님의 궤를 모시도록 만들었다. 6장 12절을 직역하면, "다윗이 말했다. 나는 그 축복을 나의 집으로 돌릴 것이다"[69]라는 뜻이다. 여하튼 우리는 그동안 진행된 일들을 보면서 인간들의 얄팍한 속성을 보는 것 같아서 부끄럽기까지 하다. 하나님을 생각한다고 하지만 중심은 자기에게 있다는 생각 때문이다.

이번엔 더욱 신중하게 법궤를 다룬다. 제사를 드리고 굉장한 축제를 벌인다. 궤를 멘 사람들이 여섯 발자국을 옮겼을 때, 행렬을 멈추게 하고 소와 살찐 양을 제물로 바친다. 여기서 다윗의 옷이 눈길을 끈다. 다윗은 에봇만을 걸치고[70] 주 앞에서 온 힘을 다하여 힘차게 춤을 추었다. 동시에 나팔 소리가 울려퍼지고 백성들

69) Smith, The Book of Samuel, ICC, Edinburgh, 1969. p. 295

70) 개역성경은 '다윗이 베 에봇을 입었더라' 고 하였고, 새번역은 '모시로 만든 에봇만을 걸치고' 라고 되었다. 아마도 다윗은 왕복을 벗고 에봇을 걸쳤다는 뜻일 것이다. 이 에봇은 어린 사무엘이 입었던 옷과 동일하다(삼상 2:18). 여기서 다윗은 제사장직을 수행한다.

이 함께 춤을 추면서 궤는 예루살렘으로 무사히 옮겨온다.

여기서 다윗은 왕이면서 동시에 제사장의 역할을 한다. 마치 가나안 시대에 예루살렘의 왕이었던 멜기세덱이 왕이면서 제사장이었던 것처럼, 자신도 하나님의 명령에 따라 왕이 되었고, 제사장이 되었다는 것을 암시한다.[71] 여호와의 궤가 예루살렘으로 옮겨진 후, 다윗은 다시 백성들을 축복한다. 그리고 그 백성이 하나님 안에서 축복 공동체를 이루었다는 표시로 공동식사를 나눈다. 빵 하나와 고기 한 점 그리고 건포도 과자 한 개씩을 나누어 주었다.

법궤를 옮기면서 하나님 앞에서 춤추며 즐거워하는 다윗의 모습, 어린아이같이 백성들 앞에서 춤추며 좋아하는 그의 모습은 하나님을 즐거워하는 것이 무엇인지, 또 하나님을 예배하는 것이 무엇인지를 우리들에게 가르쳐 준다. 이와는 대조적인 사람이 나온다. 집 창문 틈으로 다윗이 법궤 앞에서 춤추는 모습을 보고 있던 미갈이다. 미갈은 사울의 딸이면서 다윗의 부인이다. 그러나 다윗이 미워서 사울이 다른 사람에게 주었던 여인이다. 그런데 다윗이 다시 찾아다가 아내를 삼은 여인이다. 그런데 미갈은 다윗의 모습을 보고 다윗을 업신여겼다.

---

71) 스톨츠 교수는 시편 110편 4절, 주님께서 맹세하시기를 '너는 멜기세덱을 따른 영원한 제사장이다' 고 한 것을 여호와께서 다윗을 제사장으로 세우신 명령이라고 해석한다. 상게서, p. 364

어떻게 보면 미갈이 예의 바른 여인이고, 예절과 법도를 아는 여인이다. 미갈이 지성적이고 정숙한 여인처럼 보이고, 반면 다윗은 좀 천박한 사람처럼 보인다. 지성, 정숙, 법도라는 사람들의 안목이 우리의 순수한 신앙을 죽게 할 때가 있다. 지성과 정숙이나 법도는 사실 외모가 아니다. 그것은 우리 내면 세계에 있는 것이다. 하나님의 현존 앞에서 춤추는 다윗이 되고 싶은가, 아니면 그 모습을 업신여기는 사람이 되고 싶은가? 하나님 앞에서 진정으로 즐거워하며 춤추고 싶다. 오늘의 일부 찬양은 다소 경박하다는 느낌을 받는 것은 한 사람의 생각일까?

미갈의 말에 다윗이 대답한 말을 들어보자.

> "이는 여호와 앞에서 한 것이니라 저가 네 아비와 그 온 집을 버리시고 나를 택하사 나로 여호와의 백성 이스라엘의 주권자를 삼으셨으니, 내가 여호와 앞에서 뛰놀리라 내가 이보다 더 낮아져서 스스로 천하게 보일지라도 네가 말한 바 계집종에게는 내가 높임을 받으리라"(삼하 6:21-22).

성경은 말한다. "그러므로 사울의 딸 미갈이 죽는 날까지 자식이 없으니라."

제4장 하나님 앞에 가장 큰 사람

더해 주시는 은혜, 깊어지는 감사 ›› 3

사무엘하 7장

여부스 족속을 몰아내고 예루살렘을 다윗이 점령하였기 때문에 그곳은 자연스럽게 '다윗 성' 이 되었다. 다윗이 이스라엘의 왕위에 오른 것은 전적인 하나님의 은혜요 선물이듯이 예루살렘을 점령하여 자기 도성으로 만들 수 있었던 것도 전적으로 하나님이 주신 선물이다.[72] 그것에 대하여 성경은, "만군의 하나님 여호와께서

72) Gunn의 말대로 "그가 마침내 이스라엘 전체를 통치하게 되었을 때는, 그는 순진했고, 오염되지 않았다." 브르그만, 상게서, p. 224

함께 계시니 다윗이 점점 강성하여 가니라"(삼하 5:10)고 기록했다. 이 말씀은 그가 하나님을 신뢰하고 지나는 동안 그가 하려고 하던 모든 일들을 이루어 주셨다는 말이고, 또 앞으로도 그렇게 해주실 것이라는 예언적인 의미가 강하다. 예루살렘은 그때까지만 해도 어느 지파에 속하지 않았기 때문에 이곳은 자연스럽게 온 이스라엘 지파의 정치적인 중심지가 될 수 있었다.

이스라엘은 사무엘상 8장 이래로 왕이 통치하는 나라를 기다려 왔다. 경제적으로, 군사적으로, 정치적으로 모든 나라 위에 뛰어난 나라를 이루는 것이었다. 사울은 이 일에 실패하고 말았다. 즉 사람의 힘으로는 이룰 수 없다는 말이다. 다윗은 이스라엘이 기다려 왔던 나라를 이루었다.

이 일이 있은 후, 맨 먼저 찾아온 사람이 두로의 히람이다. 그는 자청해서 다윗에게 친선의 손길을 내밀었다. 사절단과 함께 백향목과 목수와 석수를 보내왔고, 다윗의 궁궐을 지어주었다(삼하 5:11). 히람은 솔로몬이 성전을 지으려고 할 때도 즐거이 도왔던 사람이다(왕상 5:1-3). 이처럼 기대하지 않은 일들이 외부의 도움으로 이루어지자, 다윗은 이런 일을 통하여 자기에게 향하신 하나님의 뜻이 얼마나 큰가를 깨닫게 된다. 히람이 평생 동안 다윗을 사랑하는 순수한 마음으로 이 모든 일을 하였다(왕상 5:1).

그럼에도 불구하고 히람이 다윗의 첫 번째 동맹자로 나타난 사건은 앞으로 다윗 왕국에 위험한 요소가 아닐 수 없다. 왜냐하면 두로는 가장 강력한 우상숭배의 나라이기 때문이다. 이사야는, 우상이 가득하고 자기 손으로 짓고 자기 손가락으로 만든 것을 경배하는 나라들과 언약한 것을 책망하였고(사 2:6-9), 예레미야도 유대 왕들이 자기를 위하여 백향목으로 입히고 붉은 빛으로 칠하고, 정의와 공의를 상실한 것을 책망하였다(렘 22:13-18).

여하튼 두로와 히람의 이야기는 벌써 다윗의 힘이 인근 온 지방에 알려지게 되었다는 것을 보여주는 사건이다. 하나님의 사랑을 받는다는 확신은 모든 일에 자신감을 줄 뿐 아니라, 어떤 일을 할 때도 놀라운 능력을 보여주게 된다. 바로 이러한 때에 다윗은 법궤를 예루살렘으로 옮겨오게 된다.

다윗은 법궤를 예루살렘으로 모셔오기 위해 새 천막을 준비했다.[73] 그리고 법궤를 모셔왔다. 하나님의 궤가 광야시대를 거쳐 실로에 자리를 잡음으로 이스라엘 정치, 종교 중심지로서의 역할을 실로가 해왔었으나 실로가 무너지고 예루살렘 성소가 실로 성소를 계승하게 된 것이다. 그리고 예루살렘은 광야 시대의 성막을 계승한 것은 말할 필요가 없다. 그렇게 됨으로 이스라엘 열두 지

73) 법궤는 마침내 제 '자리'(maqom)에 모셔지게 되었다. 이 '마콤'은 법궤의 거룩한 장소로서, 본래부터 법궤를 모시기 위하여 세운 성막을 말한다. 이 사건을 시 24:7-10, 132편과 관련지어 읽어보면, 이스라엘 백성은 매년 이 두 곳의 시편을 노래하며 만군의 여호와께서 시온 산으로 오신 것을 찬양하는 축제를 벌였다. 구약시대 사회풍습, 상게서, p 228

파의 종교 중심은 법궤와 함께 자연스럽게 예루살렘으로 이뤄지게 되었다.[74] 예루살렘은 다윗이 개인적으로 점령한 도성으로, 어느 지파에게도 속한 지역이 아니므로 모든 지파가 아무런 갈등 없이 정치적인 중심으로 생각하게 되었는데, 바로 이 지역에 하나님의 궤가 옮겨 옴으로 예루살렘은 자연스럽게 정치적, 종교적 중심지로 우뚝 서게 되었다. 아울러 다윗은 모든 지파 위에 뛰어난 위치를 차지하게 되었고, 법궤를 모신 예루살렘은 다윗의 왕국을 든든하게 세워주는 결과를 가져다 주었다.

하나님의 궤를 예루살렘으로 옮긴 지 얼마 되지 않아 다윗은 다시 놀라운 계획을 세운다. 나단이 찾아오자 다윗은 자기 마음속의 계획을 넌지시 암시한다.

"나는 백향목 왕궁에 사는데, 하나님의 궤는 아직도 휘장 안에 있습니다."

"주님께서 임금님과 함께 계시니, 가셔서 무슨 일이든지 계획하신 대로 하십시오."

다윗이 자기 마음속에 있는 생각을 분명하게 말하지 않았다. 나단 선지자가 다윗의 속마음을 헤아렸을까? 나단 선지자는 무슨 일이든지 계획한 대로 하라고 한다. 여기서 무슨 일이란 다윗이 계획한 모든 일을 의미한 것이다. 하나님의 일을 할 때 반드시 하

74) 상게서, p. 229

나님께 물어서 해야 하는 단계가 있다. 다음 단계는 인간이 계획을 세우고 하나님과 의논하는 단계가 있다. 마지막 단계는 자신이 계획을 세우는 일을 하나님이 허락하시는 단계가 있다. 마지막 단계는 아브라함의 신앙의 단계나 가능한 일일 것이다. 그런데 지금 다윗에게 그런 일을 허락한 것이다. 그 이유는 간단하다. 하나님께서 임금님과 함께 계시기 때문이란다. 이 얼마나 놀라운 말인가? 다윗이 계획한 것은 모두가 하나님께서 기뻐하실 거라는 확신에서 한 말이다. 성경은 다윗이 성전 짓는 일을 생각한 것은 하나님께서 사방에 있는 모든 원수에게서 다윗을 지켜주셔서 그가 자기 왕궁에 편하게 살게 되었을 때 한 것이라고 한다.[75]

사람들은 어려울 때는 하나님을 찾다가 평안해지면 하나님을 잊어버리는 게 상례(常例)인데, 다윗은 자기에게 이 평안을 주신 하나님의 은혜를 깊이 생각한다. 그런 여호와를 위하여 성전을 지어서 그곳에 법궤를 모시겠다고 한다. 성전을 짓는 일이 놀라운 일이지만 그보다 더 놀라운 것은 성전 개념이 없을 때, 성전을 최초로 떠올린 사람이 다윗이라는 점이다. 이것이 놀라운 사건이다. 다윗은 우리와는 반대로 생각하며 사는 사람이다.

그 밤에 나단에게 여호와께서 나타나 말씀하셨다.[76]

75) 다윗은 법궤를 옮겨 놓은 후에 나라 안팎으로 하나님이 주시는 복을 체험했을 것이다. 그것에 힘입어 더 큰 일을 계획하게 되었을 것이다. 믿음의 사람은 하나님의 은혜 안에서 자라는 법이다.

“출애굽부터 지금까지 하나님께서 어느 지파에게 나를 위하여 백향목 집을 건축하라고 말한 적이 있느냐?” 하나님은 다윗의 생각까지도 섬세하게 헤아리시는 분이다. 성전에 대한 말도 꺼내지 않았는데, 하나님은 성전에 대하여 말씀하신다. 그리고 다윗에게 전하라고 하신다. “네가 나를 위하여 내가 살 집을 건축하겠느냐?”77)이 말은 단순한 질문이 아니라, 좀 야유하는 듯한 말씀이시다. 그리고 이어서 말씀하셨다. 하나님 자신은 천막에 사시면서 자유롭게 옮겨다니셨다는 사실을 강조하심으로 자유롭게 스스로 활동하시는 하나님이신 것을 강조하셨다. 하나님은 아무리 아름다워도 좁다란 집에 제한되어 계시는 분이 아니시다.78) 그리고 성전을 짓겠다는 사실에 대하여 기뻐하신다든지, 그렇지 않다든지 하는 표현이 없다. 단지 다윗에게 복을 내리신다. 이렇게 보면, 성전을 짓는 일도 귀하지만 그보다도 성전을 짓겠다고 계획하는 다윗의 생각을 귀하게 여기셨다는 말이 아닐까? 사람의 마음을 살피시는 하나님이시다(삼상 16:7). 그러니까 성전을 짓는 것보다 그 마음을 더욱 기뻐 받으셨다는 말이다. 물론 하나님께서는 다윗이 성전을 건축하지 못할 것을 아셨다. 그럼에도 불구하고 하나님께서는 다윗의 그 마음 자체를 기뻐하셨다.

---

76) 나단 선지자는 다윗-솔로몬 왕대에 가장 유명한 인물 중의 하나이다. 다윗을 하나님의 선한 길로 인도하고, 지도한 선지자요, 솔로몬을 가르친 사부(12:25)요, 다윗과 솔로몬의 실록의 일부를 쓴 사람이다(대상 19:29, 대하 9:29) 사무엘, 열왕기, 역대기의 자료가 대부분 거기서 왔다고 보아도 틀림이 없을 것이다.

77) '네가 나를 위하여 내가 살 집을 건축하겠다고?'라는 의미이다.

78) 스데반은 하나님의 마음을 깊이 이해하고 있다(행 7:47-49).

그런데 하나님은 성전을 짓는 일을 원치 않으시면서 왜 허락하셨는가? 다윗을 위해서라고 하신다.

"만군의 여호와께서 이와 같이 말씀하시기를 내가 너를 목장 곧 양을 따르는 데에서 데려다가 내 백성 이스라엘의 주권자로 삼고 네가 가는 모든 곳에서 내가 너와 함께 있어 네 모든 원수를 네 앞에서 멸하였은즉 땅에서 위대한 자들의 이름 같이 네 이름을 위대하게 만들어 주리라"(삼하 7:8–9).

하나님은 다윗에게 어떤 공적(credit)을 주거나 공적을 부여하시지 않는다. 다윗의 탁월함과 능력은 모두 야웨가 하신 일이라고 선언하신다. 다윗은 여호와 하나님의 간단없는 은혜의 창조물이다.[79] 그런 다윗의 이름을 위대하게 만들어 주기 위하여 성전을 건축하도록 허락한다고 말씀하신다(삼하 7:9).

다윗에게 내린 하나님의 복을 정리해 보면 다음과 같다.

1) 세상에서 존귀한 자의 이름 같이 네 이름을 존귀케 만들어 주리라(I will make you as famous as the greatest leaders in the world).

지금 누가 말하고 있는가? 그를 목자에서 이스라엘의 통치자로 삼으신 하나님, 다윗이 어디로 가든지 함께하셨고, 모든 대적을 물리쳐 주신 하나님께서 말씀하신다. 존귀하게 되는 것은 자기 힘으

79) 브르그만, 상게서, p. 254

로 되는 게 아니다. 하나님께서 주시는 선물이고 은혜이다. 그것은 늘 하나님에게 들으려고 노력하고, 하나님을 항상 생각하고 꾸준히 노력하는 사람에게 주신다. 이것이 사사기로부터 지금까지 보아온 내용이다.

2) 한 곳을 정하여 저희를 심고 절대로 옮기지 아니하리라.

'옮긴다' 는 말은 괴롭히지 않는다는 뜻이다. 지금까지 이스라엘은 얼마나 옮겨다녔는가? 이제는 이곳 예루살렘 한 곳을 정하시고, 정한 곳을 다시 옮기지 아니하여 다시는 출애굽 같은 고통을 없게 해주시겠다는 것이다. 처음 이스라엘에 들어와서 다른 민족에게 공격을 받고 고통과 아픔을 당하던 일이 다시 없도록 해 주겠다고 하신다. 이 말속에는 자녀 대대로 이곳에 살게 하고 번영하게 하리라는 뜻이 들어 있다.

3) 여호와가 너를 위하여 집을 지어주리라(삼하 7:11).

여기서 집이란 곧 그 왕조(dynasty)을 의미한다. 그러므로 하나님께서 다윗을 통하여 위대한 왕조를 이루어 주신다는 뜻이다.[80) 하나님은 믿음의 이야기가 있는 가문을 좋아하신다. 하나님의 이야기가 대대로 이어지게 한다는 뜻이니 얼마나 귀한 축복인가? 한국의 정치가들의 가문같이 하루아침에 세워지고 하루아침에 망하는 가문이 아니라는 뜻이다.

4) 그리고 다윗의 자녀들에게 복을 내리신다.

---

80) 위대한 가문은 하나님이 이뤄주시는 것이지, 개인이 이루는 것은 아니다.

"네 몸에서 날 자식[81]을 네 뒤에 세워 그 나라를 견고케 하리라"(삼하 7:12).

"저는 내 이름을 위하여 집(temple)을 건축할 것이요[82] 나는 그 나라 위를 영원히 견고케 하리라"(삼하 7:13).

'내 이름을 위하여 집' 을 건축할 것이라는 것은 솔로몬이 다윗을 이어 성전 건축의 사명을 이룰 것임을 예언해 주신 내용이다. '내 이름' 을 강조한 이유는 '내 이름이 거기에 있으리라' 는 뜻이고, 이는 곧 '내가 거기 있으리라' 는 뜻과 같다.

5) 범죄했을 경우에 징계는 하겠지만, 사울의 왕위를 빼앗은 것같이 빼앗지는 않을 것이다. 다윗의 가정에만은 사울의 가정에서 한 것처럼 은총을 거두지 않겠다고 다짐하신다.

"너의 자손에게서는 총애를 거두지 아니하겠다. 네 집과 네 나라가 내 앞에서 영원히 이어 갈 것이며, 네 왕위가 영원히 튼튼하게 서 있을 것이다"(삼하 7:15-16).

다윗에게 내린 하나님의 복은 이 세상 어느 누구도 받지 못한

81) 자식은 아들(벤)을 의미하는 게 아니고, 씨(제라) 곧 대대로 내려갈 다윗의 자손을 의미한다. 솔로몬은 이 예언이 자기에게서 이뤄진 것으로 믿었고(왕상 8:15-20), 마침내 예수 그리스도에게서 이 예언은 완전히 이뤄졌다(눅 1:31-33; 행 2:29-31, 13:22-23).

82) 11절과 13절에 사용한 '집' 이란 단어는 똑같다. 그러나 의미상으로는 11절에서 '집' 은 '다윗의 왕조' 를 의미하고, 다른 곳에서는 '성전' 을 의미한다. 하나님의 집을 짓겠다는 다윗에게 하나님은 도리어 내가 다윗의 집을 지어주겠다고 하신 말씀이다.

계약(covenant)이다. 이 계약은 여호와 하나님께서 그처럼 기다리시다가 마침내 "바로 이 사람이다"고 외쳤던 다윗에게만 주신 다윗 계약이다. 이 계약이 얼마나 복된 계약인가는 앞으로 다윗의 이야기를 읽어갈수록 깊이 느끼게 될 것이다. 그리고 이 계약은 마침내 예수 그리스도에게로 이어지고, 예수 그리스도에게서 완성된다.

다윗은 다섯 가지의 축복을 받고, 가장 먼저 하나님의 법궤가 있는 성막으르 찾아가서 그 앞에 엎드린다. 그리고 하나님을 찬양한다. 그가 하나님께 첫 번째로 한 말은 간단한 말이다.

"제가 누구입니까?"(Who am I?), 그리고 "우리 집은 무엇입니까?"(What is my house?)이다

'여호와 하나님, 제가 누구입니까?' 이렇게 묻는 다윗의 모습에서 무엇을 느끼는가? 권세 있는 왕으로서 다윗보다는 목동으로서의 자기, 가정에서 변두리 인생으로 살아온 여덟 번째 아들인 자기, 사울을 통하여 길고도 긴 고난을 받아온 자기, 그런 중에서 자기를 높여주셨고, 끝까지 지켜주신 하나님의 은혜로 여기까지 오게 된 자기를 고백한다.83) 하나님의 도우심 없이는 이 땅에 존재할 수조차 없던 자기를 되새기면서 하나님께 감사한다. 자기 정

83) 이것은 하나님께서 이스라엘의 정체성을 늘 기억하고 살도록 가르쳐 주신 것을 생각나게 한다(신 26:5-11; 수 24:2-13 참고).

체성을 바르게 알고 있다는 것은 자신이 하나님 앞에서 바르게 서 있다는 말이다. 자기의 모든 것, 자기의 소유, 권세, 부요가 자기 것이 아니고 모두 하나님께로부터 온 것이라고 인정하는 자세이다. 18절 하반절을 직역하면, "당신께서 지금까지 나를 세워오셨습니다"(You have brought me so far)라는 말이다.[84]

하나님의 사람은 하나님의 은혜를 받고 감사하며 더 깊이 하나님을 사랑하며 살아가고, 그래서 또 하나님은 그에게 복을 주시고, 그는 다시 하나님 앞에 더 경건하게 살아가는 사이클이 계속되는 사람들이다.

다윗의 하나님의 은혜를 받고 다시 비장한 각오로 하나님을 찬양한다. 그리고 기도한다.

> "여호와 하나님이여 이제 주의 종과 종의 집에 대하여 말씀하신 것을 영원히 세우셨사오며 말씀하신 대로 행하사 사람이 영원히 주의 이름을 크게 높여 이르기를 만군의 여호와는 이스라엘의 하나님이라 하게 하옵시며 주의 종 다윗의 집이 주 앞에 견고하게 하옵소서"(삼하 7:25-26).

다윗의 기도를 보면, 자기 집을 견고하게 해주시기를 세 번이

84) 이스라엘의 출애굽 과정과 다윗의 목동으로부터 출애굽 과정이 이상하리만큼 비슷하다. 애굽에서, 목동에서, 이스라엘의 사막의 과정과 다윗의 피난 과정 그리고 가나안 땅으로 입성과 다윗의 왕으로 세워짐 등이다.

나 반복해서 기도한다. 겸손했던 다윗이 갑자기 뻔뻔스럽다는 생각이 든다. 여호와께서 자기 집을 견고하게 해주신다고 약속했으면 감사하다고만 해도 될 일을 이렇게 같은 기도에서 세 번이나 반복하는 이유가 무엇일까? 다윗의 마음속에 깊이 새긴 내용은 자기만 아니라 자기 자녀들을 선택해 주신다는 내용이다. 그는 곧 이스라엘을 튼튼히 세워 주신다는 약속으로 믿었던 것이다(삼하 7:26).

아마도 다윗은 사울 왕이 쉽게 무너지고, 악령으로 고통당하다가 자녀들까지도 함께 멸망당한 것에 대한 깊은 슬픔과 고통이 있었던 것 같다. 그리고 사람의 약함을 잘 알고 있는 그였기에 자신과 자신의 가문을 끝까지 든든히 세워주시기를 거듭 하나님께 간구하였을 것이다.

또 그처럼 기도할 용기가 생긴 것은, 하나님께서 먼저 다윗에게 "네 집을 세워 주리라"고 말씀하셨기 때문에 그처럼 담대히 구할 수 있었다는 점이다. "내가 너를 위하여 집을 세우리라 하셨으므로 주의 종이 이 기도로 주께 간구할 마음이 생겼나이다"(삼하 7:27). 담력 있는 기도는 주님께서 우리에게 기도를 먼저 허락해 주셨기 때문에 가능한 것이다.

제4장 하나님 앞에 가장 큰 사람

그에게 승리를 안겨주시다 ›› 4

사무엘하 8장 1-18절

하나님도 행복하고 사람도 행복한 시기가 계속된다. 하나님은 한 사람을 선택하여 세우고, 그는 하나님의 마음에 기뻐하시는 일만 행동으로 옮긴다. 그래서 그 사람을 통하여 마음대로 일할 수 있으시기에 하나님은 행복하시다. 하나님께 붙잡혀 사용된 그 자신도 행복하였다. 그리하여 그가 가는 곳마다 하나님이 함께 계셨고, 언제나 이김을 주셨다. 그 사람이 다윗 왕이다.

다윗은 더 이상 수비를 생각하지 않고, 적극적으로 새로운 영

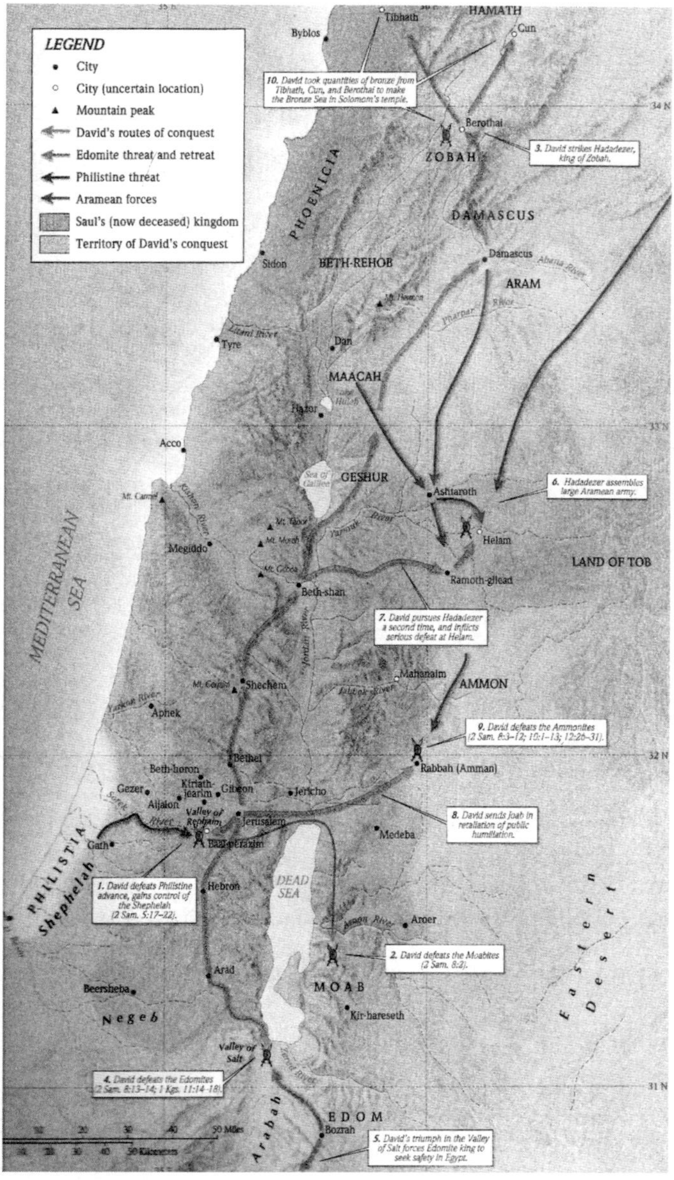

▲ 정복을 위한 다윗의 전쟁들을 보여주는 지도

토 확장을 위하여 공격적인 자세를 취한다. 하나님의 약속을 성취하기 위하여 그렇게 한 것일까, 아니면 자기 왕국의 새로운 무역로를 확장하기 위해서 한 것일까? 여하튼 그는 서쪽으로 블레셋(8:1), 동쪽으로 모압(8:2), 북동쪽으로 소바(8:3-8), 북쪽으로 하맛(8:9-10) 그리고 남쪽으로 에돔(8:12)을 공격한다.

이스라엘의 서쪽에는 이스라엘의 영원한 적수인 블레셋이 있었다. 사사들이 블레셋과 싸우는 일에 일생을 바쳤고, 사울 왕도 블레셋과 일생을 걸쳐 싸웠다고 할 수 있다. 그러다가 마침내는 블레셋 군대에 의하여 죽었다. 이처럼 강력한 나라인 블레셋을 다윗이 정복한다. 그리고 이후에서부터 블레셋과의 전쟁 이야기가 나오지 않는다.

이스라엘의 서쪽, 요단 강 서쪽에는 모압이 있다. 다윗은 모압을 완전히 정복하고 모압 사람의 3분의 2를 죽였다. 본문에 이해하기 어려운 표현이 있다. 잡은 포로들을 석 줄로 뉘어 놓고 두 줄을 모조리 죽이고, 한 줄을 살려 주었다고 한다. 어떤 분들은 다윗의 부모가 모압으로 피난한 적이 있는데 그때의 은혜를 생각해서 3분의 1을 살려 주었다고 해석하는 사람들도 있다. 여하튼 모압은 다윗의 속국이 되어 조공을 바치었다.

동북쪽에는 소바 왕 하닷에셀이 있었다. 이들이 자기 세력을 확장하려고 쳐내려왔으나 다윗이 이들을 만나 싸운 결과 기마병

1,700명과 보병 이만 명을 포로로 사로잡았다. 또 마차를 끄는 말 100승만 남겨 놓고 다른 말들은 모두 힘줄을 잘라 버렸다.

북쪽에는 수리아란 나라가 있었다. 이 나라는 강대한 나라였다. 소바 왕이 다윗에게 참패를 당했다는 말을 듣고 소바 왕을 도우려고 수리아에서 군대를 보냈다. 그러나 그들도 다윗에게는 문제가 아니었다. 다윗은 수리아 군대 2만 2,000명을 죽이고 수리아의 수도 다메섹에 군대들을 주둔시켰고, 수리아도 다윗 왕의 종이 되었다.

수리아란 나라와 늘 적대관계에 있던 하맛 왕 도이는 다윗의 소문을 듣고 자진하여 축하하러 와서 다윗에게 조공을 바쳤다. 그리고 남쪽에 있는 에돔을 공격하여 다윗은 1만 8,000명을 죽이고 점령한다. 다윗은 동서남북에 펼쳐져 있던 나라들을 다 평정하고 중동 아시아에서 가장 강력한 왕으로 등장하게 되었다. 이렇게 보면 다윗의 영토 혹은 영향력을 미칠 수 있는 범위는 애굽을 경계로 모든 남쪽 지역(가사의 남쪽 50마일까지)과 남쪽 아카바만 지역에서 북쪽으로 유프라테스 강까지와 지중해에서 아라비아 사막까지의 모든 지역으로 확장되었다.[85] 이 지역은 여호수아 1장에서 하나님께서 여호수아에게 약속하신 땅을 거의 다 차지한 것이다(수 1:4). 하나님의 약속은 믿음의 사람만이 이룰 수 있다는 것을 보여

85) 구약연구입문, 상게서, p. 142

준다.

다윗이 이렇게 할 수 있었던 원인은 무엇인가? 그 이유를 설명하는 곳이 6절 하반절과 14절 하반절이다.

> "다윗이 어디를 가든지 여호와께서 이기게 하시니라"(삼하 8:6하).
> "다윗이 어디를 가든지 여호와께서 이기게 하셨더라"(삼하 8:14하).

하지만 여기서 다윗의 자기 명예심과 하나님의 축복과의 미묘한 갈등이 일어난다는 사실을 내레이터는 조심스럽게 내비친다. 8장 6절, 14절과 사이의 8장 13절에서, '명성을 떨치다' 라고 한다. 이 말은 '다윗이 자기를 위하여 이름을 냈다' 는 뜻이다.

승리한 사람은 다윗이었지만, 그러나 그로 승리하게 하신 분은 여호와 하나님이시다. 그러나 이제는 다윗의 마음 한구석에 여호와 하나님 없이 자기 스스로 어떤 일을 성취할 수 있다는 속마음을 내비치기 시작했다.

그러나 아직까지도 하나님 없이 다윗이 없다. 다윗 없이는 하나님도 안 계신 것처럼 되었다. 어찌하여 다윗을 그처럼 사랑하시는가? 다윗도 흠도 많았던 사람이다. 그럼에도 불구하고 다윗을 그처럼 사랑하신 이유는, 그는 '하나님에게 듣는 자' 였기 때문이다. 사사기로부터 사울을 넘어 다윗까지, 줄곧 하나님께서 강조하신 내용이다. 듣지 않고는 하나님을 알 수 없는데, 어떻게 순종하며 어떻게 하나님을 경배한다는 말인가? 이스라엘의 하나님의 이름이 높여지는 곳에서 하나님의 선택받은 사람도 그 가운데서 제몫을 받게 된다.[86] 우리는 순종을 강조한다. 그러나 하나님은 듣는 것을 강조하신다.

사무엘하 7장 27절, 다윗의 기도에서 그는 '주의 종의 귀를 여시고' 알게 해주신 것에 감사한다. '귀를 열었다' 는 말은 귀 밑까지 내려 쓴 모자를 벗거나 덮인 머리를 젖혀 '귀를 열어 놓았다' 는 뜻이다(삼상 9:15).[87]

86) 독일성서공회 해설, 대한성서공회, p. 513
87) 성서주해, 상게서, p. 722

제4장 하나님 앞에 가장 큰 사람

다윗의 탈선 ›› 5

사무엘하 11장

사무엘하 11장은 "그 해가 돌아와 왕들이 출전할 때가 되매"라는 서술로 시작된다. '해가 돌아왔다' 고 한다. 이 해는 농부들은 밀을 추수할 때이고, 감람나무에는 꽃들이 만발하여 피어 있는 때이다. 비가 그치고 건기가 시작되는 때이다. 이스라엘에서 전쟁은 보통은 겨울 동안 쉬고 봄비가 그치고 건기가 시작되는 시기에 벌어진다. 젊은 남자들은 모두 전쟁터에 나가고 성(城)은 온통 정적에 싸여 있었다. 이스라엘 온 군대가 전쟁터로 나갔으며, 심지어는 법궤까지 나가 있었다. 법궤까지 전쟁터에 나갔다면 이 싸움은 사람들이 생각하는 것처럼 간단한 싸움이 아닌 것을 알 수 있다.

그런데 전쟁터 맨 앞에 나가 있어야 할 왕은 혼자 왕궁에 남아 있다. 왕의 마음이 변한 것이다. 모처럼의 한가함, 홀가분함을 느끼기에 충분한 시간이었다. 자기가 참으로 위대한 것처럼 느끼기도 했을 것이다. 그는 오후에는 낮잠을 늘어지게 자고 일어났다. 이제 뭔가 재미있는 것을 찾아야 할 순간이다. 늦게까지 낮잠을 즐긴 사자가 먹이를 찾아 어슬렁거리는 모습이다.

전쟁터에서는 요압을 위시하여 모든 이스라엘 군인들이 암몬의 수도인 랍바를 포위하고 그 성을 함락시키려고 맹공격을 퍼부었지만 그 일이 그리 쉽지가 않았다. 그 이후에도 랍바를 정복하지 못하다가 다윗이 나단 앞에서 회개하고, 그의 아들이 죽고, 솔로몬이 태어난 후에야 비로소 다윗이 랍바를 함락시켰다(삼하 12:26-31).

우리는 위에서 다윗이 자기의 명성을 얻기 시작했다는 말을 했었다(삼하 8:13). 그는 하나님의 간섭 없이 자기의 일을 시작했다는 말이다. 세속적인 왕으로서 자기를 생각하기 시작했다는 의미일 것이다. 하나님과 왕과의 갈등이 다윗 속에서 시작된 것이다.

낮잠을 자고 난 왕은 그는 얇은 잠옷 바람으로 높다란 왕궁 지붕 위에 올라가서 성안을 내려다보았다. 아마 저녁 무렵이었으리라. 그의 눈에 번쩍 뜨이는 그림이 있었다. 목욕하는 여인의 모습이다. 화가들이 목욕하는 여인들을 많이 그린 것을 보면 여인들에게는 그때가 가장 매력적인 모습인가보다. 다윗이 보기에 여인의 몸은 참으로 아름다웠다. 눈을 다른 데로 돌리려고 해도 눈을 돌릴 수가 없었다.

왕은 층계를 내려와 사람을 불러 그녀가 누군인가 알아보라고 한다. 다윗 동네가 그리 크지 않은 곳이기 때문에 그 집이 누구 집이고, 그녀가 누구인지는 물어보지 않아도 안다. 그런데도 다윗은 그 집이 누구 집인지 물어본다. 신하는 그 여인은 엘리암의 딸로서, 헷 사람 우리아의 아내 밧세바가 아니냐고 반문한다. 내레이터는 여기서 밧세바란 여인보다는 어떤 남자에게 속한 여자인가만 밝히지 그 여자 자신에 대하여는 전혀 말하지 않는다. 이 말은 다윗이 그 여자 자체에 대하여는 생각하지 않고 있으며, 단지 누구와 관계된 여인인가만 알기 원했다는 뜻이다. 즉 다윗은 그녀를 하나의 여인으로밖에 생각하지 않았다는 것을 보여준다.

그녀는 다윗에게 만만치 않은 집안의 여인이다. 우리아는 가나안 헷 족속의 사람이었는데, 다윗 군대에 들어와 지금은 고급 장교 37인 중 하나가 된 사람이다(삼하 23:39).[88] 그러나 다윗에겐 우리아보다는 엘리암이란 그의 아버지가 더 익숙한 것 같다. 더 나아가면 엘리암의 부친은 바로 다윗의 유명한 카운슬러인 아히도벨이다(삼하 23:34).[89] 그러니까 밧세바는 아히도벨의 손녀가 된다. 이처럼 성경이 그녀의 관계를 소상하게 밝히는 것은 그녀가 다윗이 쉽게 넘볼 수 없는 집안의 딸이고 아내라는 것이다. 그럼에도 불구하고 다윗은 그녀를 범하고 말았다. 그는 왕이니까!

성경은 사건 자체를 간단하고 짧게 보고한다.

"그런데도 다윗은 사람을 보내어서 그 여인을 데려왔다. 밧세바가 다윗에게로 오니, 다윗은 그 여인과 정을 통하였다(그 여인은 마침 부정한 몸을 깨끗하게 씻고 난 다음이었다). 그런 다음에 밧세바는 다시 자기의 집으로 돌아갔다"(삼하 11:4).

이 구절의 동사만을 추려서 말하면, 다윗은 '사람을 보냈다' '여인을 데려왔다', '정을 통했다' 그리고 그녀의 행동은 '돌아갔다' 그리고 '임신했다'(52절), '다윗에게 말했다' 이다.

아무런 대화가 없다. 오직 행동만 있을 뿐이다. 이런 문장은 긴장감을 더해준다. 독자들로 하여금 다윗이 어떻게 죄를 범했는지를 자세하게 알려주려는 게 아니라, 그가 저지른 죄악이 어떤 결

---

88) 삼상 26장, 아둘람 굴에서 다윗의 용병으로 헷 사람 아히멜렉(우리아도 같은 헷 사람이다)과 함께 참여한 사람이라면 다윗의 긴 고난의 여정을 함께 나눈 장군이다.

89) 아히도벨은 유대 지파 길로(Giloh) 사람으로 다윗의 뛰어난 카운슬러였다. 역대상 3:5에는 '암미엘의 딸 밧수아'(새번역, '밧세바' 의 딸)로 되어 있다. 문맥으로 보아서는 밧세바로 읽어도 무방할 것이다. 그런 관계 있는 집안 딸인데도 다윗은 그를 불러들여 동침한 것이다.

과를 낳는지를 신속하게 보여주려고 한다. 다윗이 자기 마음속에 있는 생각을 신속하게 처리했고, 그리고 그 결과도 신속하게 나타난 것을 말하려고 한다.

성경은 더 이상 긴 말을 하고 싶어하지 않는다. 그처럼 영리하고 진실했던 하나님의 사람의 생각이 정지되고 시계만 빨리 돌아가는 느낌을 준다. 잠시 생각이 정지된다. 그 사이에 많은 생각들이 오고갔겠지만, 그 많은 생각들을 침묵으로 처리한다. 두 사람 모두 아무 말도 하지 않는다. 왕은 그녀를 데리고 잠을 잤고 그녀를 집으로 돌려보냈을 뿐이다. 그러나 문제는 아직 끝나지 않았다는 점을 내레이터는 분명히 말하고 있다. "그 여인은 마침 부정한 몸을 깨끗하게 씻고 난 다음이었다." 다윗만 그 사실을 모르고 있었다. 모든 게 끝나고 조용하리라고 기대하던 두 달의 기간이 지났다.

두 달, 이 기간은 모든 게 끝나고 모든 일이 서서히 일상적인 삶으로 돌아왔을 때를 말한다. 모든 것이 다 감춰지려는 기간이다. 그런데 갑자기 우리아의 집에서 소식이 왔다. 우리아의 아내 밧세바가 임신했다는 소식이었다. 보고는 간단하다. '나는 임신했다'(harah anoki)는 두 마디이다. 이 두 마디에 하늘이 무너지고 땅이 꺼졌다. 다윗은 당황하기 시작하였다. 하나님 앞에서 바르게 살고 싶고, 백성들 앞에서 존경받는 왕으로 남고 싶었던 다윗이었기에 더 놀라고 더 급했을 것이다. 그는 이 문제를 순리대로 해결하려고 했다. 그래서 전장에 있던 우리아를 불러온다. 말하자면 이유 없는 특별 휴가를 준 것이다. 이것은 전쟁을 잊고 시민으로 돌아와 안락한 생활을 즐기며 아내와도 마음껏 지내도록 허락된 기간이다.

그러나 우리아를 통하여 많은 전쟁에 대한 정보가 전해진다. 우선 언약궤가 전쟁에 나가 있다는 사실이다. 이것은 여호와께서 전쟁에 가담하고 있다는 뜻이고, 이번 전쟁은 거룩한 전쟁이라는 말이다. 거룩한 전쟁에는 왕이 출전해야 한다. 그리고 모든 참전자들이 지켜야 할 규칙이 있다. 그중 중요한 규칙은 성결이고, 아내와 잠을 자서는 안 되는 규칙이다(삼하 12:5). 이방인이었던 우리아조차 이 규칙을 잘 알고 있었는데, 다윗은 그 사실도 잊어버리고 있다.

다윗은 우리아를 전쟁터로부터 불러왔다. 다윗은 요압에 대하여 묻고, 군사들에 대하여 그리고 전쟁에 대하여 물었다. 여기 '안부' 로 번역된 말은 모두 '샬롬' 이란 단어이다(삼하 11:7). 샬롬을 세 번이나 물었다. 다윗은 진정으로 샬롬이지 못하다. 그리고 다윗은 우리아에게 집으로 내려가서 발을 씻으라고 한다.[90] '발을 씻는다' 는 말은 노골적으로 성행위를 말한다. 다윗이 얼마나 그 문제에 집착하고 있는가를 나타내는 말이다. 우리아가 궁궐에서 나

90) '내려가서' (삼하 11:8)란 표현은 우리아의 집이 다윗의 집 아래 있었다는 암시이다. 이런 표현들에도 관심을 가져야 한다.

가자 궁중 음식이 그를 뒤따라갔다. 그러나 우리아는 자기 집에 들어가지도 않는다. 우리아가 다윗의 요구에도 집에 들어가지 않은 것은 바로 그런 헤렘의 법을 지키려고 했기 때문일 것이다.

우리아는 자기 집으로 가지 않았다. 왕은 전쟁에도 나가지 않고 편히 궁궐에서 지내는데, 신하인 헷 사람 우리아는 집으로 가지 않았다. "언약궤와 이스라엘과 유다가 모두 장막을 치고 지내는데" 자기만 편안하게 잘 수 없다는 것이다. 일은 계획대로 진행되지 않았다. 그 다음 날은 다윗이 그를 자기 식탁에 불러 함께 먹으면서 술까지 먹여 취하게 만들고 집으로 가라고 한다. 그래도 우리아는 집으로 돌아가지 않는다.

다윗은 영적으로 몹시 번민하며 자기 영혼과 처절한 싸움을 싸웠으리라. 얼마나 많은 생각을 하고 후회를 했을까? 그러나 한 번 길을 잘못 든 다윗의 영혼은 하나님의 음성을 듣지 못한다. 인간적인 생각으로 치닫기 시작할 뿐이다. 드디어 우리아를 전쟁터에 보내면서 군대장관 요압에게 우리아를 전쟁터에 깊숙이 보내어서 죽게 만들라고 한다. 우리아가 이방 사람이기 때문에 죽일 것을 쉽게 결정했는지도 모른다. 이제 우리아는 죽고 모든 문제는 완전히 해결되었다. 우리아는 죽고 밧세바는 다윗의 아내가 되었으니까.

다윗은 간음만을 범한 게 아니다. 살인을 했고, 사람들을 속였고, 남의 아내를 도둑질했다. 다윗은 잔인했다. 우리아가 죽었다는 소식을 듣고도 조금도 마음에 동요가 일어나지 않는 뻔뻔스러움을 나타냈다(삼하 11:25). 그리고 밧세바가 남편 장례를 마치자마자 그녀를 아내로 맞아들였다. 그처럼 하나님과 친근히 지내던 다윗이 어떻게 이런 무서운 일을 저질렀을까? 대답은 간단하다. 그 시간 동안은 그에게 하나님이 계시지 않았다. 십계명의 첫 계명을 어기니까 십계명이 모두 무너진 것이다. 그런데도 다윗의 눈에는 걱정거리가 아니라고 한다(삼하 11:26하). 그러나 성경 저자는 "다윗이 행한 그 일이 여호와 보시기에 악하였더라"(삼하 11:27)는 말을 남긴다. 다윗의 눈과 여호와의 눈이 대조되고 있다.

제4장 하나님 앞에 가장 큰 사람

다윗에게 내린 하나님의 심판 ›› 6

사무엘하 12장

우리아는 죽고, 밧세바는 자기 아내가 되어 아이를 낳고, 이제는 모든 게 다 감춰졌다. 밧세바가 아이를 낳은 것에 시비를 걸 사람도 없다. 이전에 불행했던 일들은 다 가셔버리고, 다시 행복이 다윗에게 돌아온 듯했다. 바로 그때 나단 선지자가 찾아왔다. 나단은 생명을 건 메시지를 가지고 왔다. 잘못하면 나단도 죽임을 당할 수 있는 그런 상황이다. 그래도 나단은 하나님의 메시지를 전해야 한다. 그게 하나님의 사람의 사명이니까!

나단은 천천히 한 이야기를 시작한다.

"어느 곳에 두 사람이 살고 있었습니다. 하나는 부자여서 양과 소가 많았고, 하나는 가난했습니다. 그가 가진 소유라고는 암양새끼 하나 뿐이었습니다. 그는 암양새끼를 음식상에서 같이 먹게 했고, 좁은 집 안에서 자녀들과 함께 살게 했습니다. 그리고 저녁에는 품에 안고 잠을 잤습니다. 이 양새끼는 마치 사랑하는 딸처럼 되었습니다. 그런데 하루는 부잣집에 손님이 와서 그를 대접해야만 하게 되었습니다. 부자는 영리한 사람이어서 자기 양을 잡기 아까워 아침내 가난한 사람의 양새끼를 빼앗아다가 잡아 대접했습니다."(필자가 재구성한 것임)

여기까지 듣고 있던 다윗은 분개하여 소리쳤다. "이 일을 행한 사람은 마땅히 죽을 자라"(삼하 12:5). "그 양 새끼를 네 배나 갚아 주어야 한다." 이 말은 '그놈 참 죽일 놈이다' 는 말이다. '이런 죽일 놈이 있나' 는 것과 상통하는 말이다. 그 말을 듣고 있던 나단이 다윗에게 직언을 한다. "그 사람이 바로 당신입니다." 그리고는 나단이 하나님의 말씀을 전했다. 심판의 요지는 간단하다.

1) 다윗은 하나님의 은총을 업신여겼다고 한다(삼하 12:8),

2) 여호와의 말씀을 업신여기고(삼하 12:9),

3) "이제 네가 나를 업신여기고 헷 사람 우리아의 처를 빼앗아 네 처를 삼았은즉 칼이 네 집에 영영히 떠나지 아니하리라"(삼하 12:10).

4) "이 일로 인하여 여호와의 원수로 크게 훼방할 거리를 얻게

하였으니 당신의 낳은 아이가 정녕 죽으리라"(삼하 12:14).

8절에 보면 '하나님이 주었다-give' 는 뜻이 담긴 단어가 세 번이나 나온다. "네 주인의 집을 네게 주고 네 주인의 처들을 네 품에 두고, 이스라엘과 유다 족속을 네게 맡겼느니라(주었다) 부족하다면 더 주었을 것이다." 그런데 9절에는 "칼로 죽이고, 빼앗았다"라고 하신다. '죽이다' 는 말을 두 번이나 반복한다. 그가 그렇게 한 이유는 하나님을 업신여겼다는 것이다.[91] 하나님을 무시했다는 말이다. 하나님을 우습게 알았기 때문에 자기의 욕심껏 수단방법을 가리지 않고 사람을 죽이고 빼앗아 가졌다는 뜻이다. 자, 이제는 다윗이 어떻게 처신할까가 기다려지는 순간이다.

다윗의 응답은 간단했다. "내가 주님께 죄를 지었습니다." 사실 따지고 보면 다윗이 죄를 고백한 게 아니고, 현행범으로 붙들린 자리에서 할 수 없이 죄를 시인한 것이다. 그러나 이런 찰라에, "그렇습니다, 내가 범죄했습니다"라고 고백하는 사람이 없었다는 점이 특별하다. 사울이 그랬다. 이 사실에서 다윗은 네 가지를 보여준다.

1) 자기는 율법(하나님 말씀)의 아들인 것을 깨닫게 된다. "우리가 하나님을 떠나 어디로 가오리까? 세상 끝으로 도망가도, 하나님의 말씀 아래서 살뿐입니다." 2) 범죄 후에도 다윗은 도덕적 용

91) 하나님의 모든 말씀을 업신여기는 것은 하나님 자신을 업신여기는 것이다. 다윗은 살인과 간음 두 가지 죄의 징계를 이제부터 가정에서 당하게 된다.

기와 예민성을 가진 사람인 것을 보여주었다. 3) 다윗은 늦었지만 적절한 시기에 자기의 죄를 정직하게 시인했다. 내레이터는 다윗은 자기 죄를 회개하고 즉시 여호와 하나님의 은혜 안으로 자신을 던질 수 있는 용기와 도덕성을 가진 사람임에 관심을 집중하게 한다. 다윗이 그랬듯이 회개에서 늦었다는 것은 없다. 바로 이런 사람에게 자기의 자비를 주시는 분이 우리가 믿는 하나님이신 것을 알게 해준다. 4) 다윗은 하나님의 자비 위에 자신을 던질 용기와 의지를 가진 사람임을 보여주었다. 그는 자신이 전에 상상했던 자신의 도덕적 자율성(삼하 11:2-5)을 버리고, 다시 이스라엘 신앙의 계약적 통치에 따르기로 자신을 재헌신한 것이다.[92] 하나님의 사랑과 용서밖에는 자기가 피할 곳이 없음을 그는 알았다.

다윗이 고백한 말은 단 두 마디이다. "내가 여호와께 죄를 지었습니다"(I have sinned against Yahweh). 하나님께서 가장 기뻐하시는 말이 이 두 마디이다. 하나님을 되찾은 것이다. 그리고 하나님 앞에 서 있는 자신을 다시 발견한 것이다.

이 고백 앞에 나단은 엄청난 선언을 한다. "여호와께서도 당신의 죄를 용서하셨나이다." 다윗은 용서받았다. 그리고 이제는 자유인이 되었다. 그러나 그는 이전처럼 자유로운 사람이 될 수는 없다. 그는 살 수 있다. 그러나 다시 새롭게 출발해야 하고, 그 대

92) 브르그만, 상게서, p 282
93) 브르그만, 상게서, p. 283

가를 지불해야 한다.[93] 그가 받을 죄의 대가는 길고도 무서운 것이었다. 그럼에도 불구하고 다윗은 마음의 자유를 얻었고, 다시 하나님의 은총 안에 살게 되었다는 점이 귀하다.

그 뒤에 밧세바에게서 솔로몬이 태어났다고 성경은 알린다. 하나님께서도 그 아이를 사랑하셔서 예언자 나단을 보내사, 그 이름을 '여디디야' 라고 부르게 하신다(삼하 12:24-25).[94]

---

94) 솔로몬의 이름은 '평화로움' (peaceful)이란 뜻보다는 '보상' (reeompense)이라고 해석할 수 있다. 즉 첫 아이에 대한 보상으로 대신 주신 아이라는 뜻으로 보는데, 이 이름을 하나님도 나단도 싫어해서 '여디디야' (하나님이 사랑하신다)라는 이름을 주셨다. ICC, Samuel, p.326

제4장 하나님 앞에 가장 큰 사람

다윗에게 관대하신 하나님 ›› 7

사무엘하 13-15장

하나님은 왜 그처럼 다윗에게만은 관대하신 것일까? 간통죄의 경우 당사자 두 사람 다 사형을 당하게 된다(레 20:10). 인간의 생각으로는 다윗의 죄가 사울의 죄보다 비교할 수 없이 큰 것처럼 보인다. 그런데도 사울의 경우와 비교해 보면 하나님께서 다윗에게만은 엄청나게 유연하셨다. 그 이유가 무엇일까? 첫째는 사무엘하 5장에서 다윗에게 하신 약속 때문이다. 하나님은 다윗도 잘못할 때가 있을 것이라는 사실을 아셨던 것 같다(삼하 7:14). 그래서 잘못에 대하여 징계는 하되, 사울에게서 하나님의 은총을 거두신 것처럼 거두지 않고, 다윗의 집만은 영원히 이어갈 것을 약속하셨다. 둘째는 다윗의 죄를 고백하고 회개한 것 때문이다. 결국 하나님을 하나님으로 인정하는 사람은 하나님께서 끝까지 인정하시고 보호해 주신다는 진리를 다윗을 통하여 모든 사람들에게 가르쳐 주셨다.

어떻게 그처럼 하나님을 사랑하고, 하나님의 뜻을 따라 살려고 한 다윗이 그런 끔찍한 일을 저질렀을까? 이것이 참 궁금하다. 다윗이 죄를 저지를 수 있었던 것은 자기가 한 나라의 왕이며, 자기 나라 안에서는 자기 마음대로 무엇이든지 할 수 있다고 생각했을 때 일어났다. 하나님을 업신여긴 것이다.

다윗의 죄와 사울의 죄는 비슷한 성격을 가진다. 사울과 다윗이 죄를 지었을 때에 주신 말씀을 비교해 보자.

> "왕(사울)이 스스로 작게 여길 그 때에 이스라엘 지파의 머리가 되지 아니하셨나이까"(삼상 15:17).
>
> "어찌하여 왕이 여호와의 목소리를 청종하지 아니하고 탈취하기에만 급하여 여호와께서 악하게 여기시는 일을 행하였나이까"(삼상 15:19).

> "내가 너를 이스라엘 왕으로 기름 붓기 위하여 너를 사울의 손에서 구원하고 네 주인의 집을 네게 주고 네 주인의 아내들을 네 품에 두고 이스라엘과 유다 족속을 네게 맡겼느니라"(삼하 12:7-8).

"네가 여호와의 말씀을 업신여기고 나 보기에 악을 했하였느냐"(삼하 12:9).

"이제 네가 나를 업신여기고"(삼하 12:10).

사울도 탈취하기에 급급했고, 다윗도 탈취하기에 급급했다. 여호와의 말씀을 업신여겼기 때문이다. 그러나 사울과 다윗의 다른 점이 한 가지 있다. 다윗은 나단의 책망을 들으면서 그는 하나님께로 돌아왔다는 사실이다. 예루살렘에는 자기보다 더 큰 임금이 계시다는 것을 다시 깨닫게 되었다. 그가 하나님을 무시하고 살았던 것을, "내가 여호와께 범죄했다"고 고백했다.

다윗도 밧세바도 용서받았다. 그러나 아버지와 아들의 관계에서도 "그가 죄를 지으면, 사람들이 저의 자식을 매로 때리거나 채찍으로 치듯이, 나도 그를 징계하겠다"(삼하 7:14)고 하신 말씀은 다윗에게도 예외가 될 수 없었다. 이제부터 그의 앞에는 비극적인 사건이 꼬리를 물고 일어나게 될 것이다.

맨 먼저 닥쳐 온 것은 아들의 죽음이었다. 이 사건은 하나님께서 다윗을 시련의 사막으로 내모신다는 암시로 볼 수 있다. 그래서 성경은 "우리아의 처가 다윗에게 낳은 아이를 여호와께서 치시매 심히 앓는지라"(삼하 12:15)고 기록하고 있다. 하나님이 아이를 치셨다고 한다. 다윗을 치시지 않고 아들을 쳤다. 그러나 다윗은 하나님께서 자기를 치신 것보다 아이를 치신 것이 더 아팠을 것이다. 그래서 아무 죄도 없는 아이를 용서해 달라고 기도한다. 결국 아이를 살려주신다면 아이만 사는 게 아니라 다윗 자신도 하나님의 진노에서 용서받는 증표가 되기 때문이다. 그러나 하나님은 마침내 그 아이를 데려가심으로 다윗에 대한 징벌을 실행하셨다.

신하들은 다윗이 죽은 아이 때문에 얼마나 고통당할까를 생각하며 이 사실을 알리기를 두려워하지만 막상 다윗은 아이가 죽은 것을 알고 몸을 씻고 기름을 바르고 의복을 갈아입고 여호와의 전에 들어가서 경배하고95) 궁으로 돌아와 음식을 먹기 시작한다. 다윗의 태도를 이해하기 어렵다. 다윗은 아이가 죽은 후에 평상 생활로 돌아가듯이 담담한 이유는, 그가 자기의 죄를 고백하고 용서를 구한 후에 이젠 모든 것을 하나님의 뜻에 맡긴다는 자세가 아닐까? 그런 고난 중에서도 하나님은 다윗을 위로하신다. 밧세바와의 사이에 솔로몬이란 아들을 주셨기 때문이다. 다윗에게 하나님의 은혜가 떠나지 않았다는 증거를 보여주신 것이다.

이후부터 다윗에게 혼자 감당하기엔 너무나 힘든 일들이 일어나기 시작한다.

다윗은 이미 자기 궁 안에 불행의 씨앗을 심어 놓았다. 왕의 자리를 노리는 왕자들이 수두룩하다. 첫째가 이스르엘 여인 아히노

95) 예루살렘에 법궤를 모신 새로 만든 천막을 말한다.

암에게서 태어난 암논이고, 둘째는 나발의 아내였던 아비가일에게서 태어난 길르압이고, 셋째 아들은 그술 왕 달매의 딸 마아가에게서 태어난 압살롬이고,[96] 넷째가 학깃에게서 태어난 아도니야이다. 그 외에도 헤브론에서 난 아들이 둘이나 더 있고(삼하 3:2-5), 예루살렘에 와서 후처에게서 난 아들들이 열한 명이나 된다. 솔로몬도 그중 한 명이다(삼하 5:13-16). 헤브론에서 낳은 아들들에 대해서는 비교적 소상하게 그들의 어머니까지 밝히지만 예루살렘에서 난 자식들은 이름만 밝힌다. 아마도 이들이 앞으로 다윗의 미래와 관계된 아들들이기 때문일 것이다.

정치적 색채를 띠고 맨 먼저 등장하는 아들은 압살롬이다. 압살롬은 왕자 중에 가장 총명하고 잘생긴 사람이다. 그의 머리는 매끄럽고 탐스러웠는데, 일 년에 한 번씩 머리를 깎았는데, 그 무게가 이백 세겔이나 되었다(삼하 14:25-26)고 한다.[97] 머리끝에서 발끝까지 흠 잡을 데가 하나도 없는 미남으로 이스라엘 중에는 그와 비교할 만한 남자가 하나도 없을 만큼 출중한 인물이었다. 그처럼 잘생긴 왕자이기 때문에 그 안에는 야심과 오만함이 가득 차 있었다. 자기가 생각하는 것은 무조건 다 차지할 수 있다고 생각했던 것 같다.

---

96) 그술은 갈릴리 동북쪽에 위치한 작은 아랍 왕국이다(삼하 15:8에서는 시리아의 그술이라고 함). 다윗은 이런 나라들과 정략 결혼을 하면서 헤브론에 있을 때부터 대제국을 꿈꾸었던 것으로 보인다.

97) 머리카락은 남성의 힘을 나타내는 특별한 표시이다. 압살롬의 잘라낸 머리는 약 2kg(혹은 3파운드, 1.4kg)이나 된다.

압살롬에게 다말이란 여동생이 있었다. 그녀를 왕자 중에 암논이란 자가 사랑하였다. 즉 다말은 암논의 배다른 여동생이다. 이런 동생을 암논은 마침내 욕을 보이고, 후에는 버리고 말았다. 성경에는 암논의 행위를 잔인하게 표현한다(삼하 13:14). "그녀를 정복하고, 그녀를 능욕하고, 그녀와 잠을 잤다."[98] 한 나라의 공주가 창녀처럼 굴욕을 당하고 버림을 받았으니 이보다 더한 수치가 어디 있겠는가? 이 사실을 안 압살롬이 가만있을 리가 없다. 그런 일을 당하고도 압살롬이 두 해나 침묵으로 지낸다는 것은 이해가 되지 않는다. 아마도 거기엔 정치적인 이유가 있었을 것이다. 암논은 첫째 아들이다. 다시 말하면 자기의 가장 강력한 경쟁자이다. 그래서 이런 기회를 이용하여 완전한 방법으로 그를 제거하기 위하여 때를 기다렸을 것이다.

마침내 기회가 왔다. 자기 집 양털 깎는 잔치에 암논을 초청하여 술을 먹인 후에 그를 살해하고 만다. 그리곤 압살롬은 그의 외가가 있는 그술 땅으로 도망한다. 그런데도 압살롬을 향한 다윗의 사랑이 변하지 않은 것을 보면 다윗도 압살롬을 특별히 사랑했던 것 같다. 13장 39절에 "다윗의 마음이 압살롬에게 향하여 간절하니"라고 되어 있고, 압살롬이 그술 왕에게 피신하여 지나는 동안에도 왕의 마음이 압살롬에게 향하였다고 한다(삼하 14:1). 마음이

98) 국제성서주석, 상게서, p. 410

압살롬에게 향하였다는 말은 "ruah hammelek-the spirit of David"이 불변의 사랑으로 압살롬에게 가 있다는 표현이니까, 얼마나 압살롬을 사랑했는지 알 수 있다.[99]

다윗의 마음을 읽은 요압은 한 계략을 꾸민다. 드고아에 있는 지혜로운 여인을 데려다가 그녀에게 할 말을 가르쳐 줘서 다윗을 설득한다. 다윗 왕은 그 여인에게 설득당하고 압살롬을 다시 불러오겠다고 결정을 내린다. 요압의 중재로 다윗은 압살롬을 받아들이고 그는 다시 삼 년만에 왕궁으로 돌아왔지만 아버지의 얼굴을 볼 수는 없었다. 다시 요압의 중개로 다윗은 압살롬을 만났다. 그때 애틋한 아버지와 아들의 만남의 모습을 성경은 이렇게 전한다.

> "요압이 왕께 나아가서 그에게 아뢰매 왕이 압살롬을 부르니 그가 왕께 나아가 그 앞에서 얼굴을 땅에 대어 그에게 절하매 왕이 압살롬과 입을 맞추니라"(삼하 14:33).

아버지께 돌아왔지만 마음은 돌아오지 않았던 압살롬은 이젠 아버지에게 반역하여 왕위를 빼앗기 위한 정치적 음모를 꾸미기 시작한다. 그는 자기가 탈 수레와 말을 마련하고, 호위병도 50명

---

99) 암논의 경우와 마찬가지로 다윗은 아들들의 잘못을 책망해야 할 재판관으로서의 의무와 책임을 회피하고 침묵한다. 아버지로서만이 아니라 한 나라의 재판의 최고 책임자로서 직무유기를 한 셈이다. 자기의 잘못 때문이었을까? 성경 저자는 그러나 다윗에 대하여 무언의 질책을 하고 있다.

이나 거느린다(삼하 15:1). 이것은 자신이 어떤 지위를 확보했다는 것을 암시해 주는 것이다. 유대 나라는 성문 앞 광장 앞에 왕의 자리를 마련해 놓고 그곳에서 백성들을 재판해 주는 관례가 있다. 압살롬은 그 성문 앞에 자기의 자리를 마련해 놓고, 왕에게 판결을 받기 위해 찾아오는 사람들을 가로막으며 이스라엘엔 바르게 재판할 사람이 없으니 자기가 판결을 해주겠다고 백성들을 속이고 그들의 마음을 빼앗는다. 소외된 자들을 자기 편으로 만들기 시작하였다. 아버지의 사법권을 침해한 것이다.

사람들이 자기에게 가까이 와서 엎드려 절하려고 하면 그는 손을 내밀어 일으켜 세우고, 그의 뺨에 입을 맞춰 줌으로써 이스라엘 사람들의 마음을 도둑질하였다(삼하 15:6).[100] 사악한 자들이 자기의 목적을 이루기 위해서 이용하는 무기는 언제나 사랑과 친절이다. 성령의 열매인 사랑과 기쁨이 타락하면 음란이 되고 더러움이 되는 것이다(갈 5:19, 22).

이렇게 음모를 진행시키기를 4년 간이나 했으니 얼마나 많은 사람들의 마음을 도둑질했겠는가? 다윗의 참모였던 아히도벨조차 그의 반역에 가담한 것을 보면, 다윗의 측근들 중에도 이미 압살롬에게 마음을 빼앗긴 사람들이 있다는 말이니까, 얼마나 많은 지파가 그의 편에 서 있었는가를 알 수 있다. 사무엘하 15장 12절에

100) 당시 군주 앞에 온 백성들은 엎드려 절해야 하고, 왕은 그들에게 형제의 키스를 해주었다고 한다. 압살롬은 이런 군주방식을 배제하고 자유로운 지도자라는 인상을 심어줌으로 지파들의 환심을 샀다(15:6).

는 이렇게 말한다. "이렇게 반란 세력이 점점 커지니, 압살롬을 따르는 백성도 점점 더 많아졌다."

한편 궁금한 것은 압살롬이 그런 음모를 진행시키는 것을 4년 동안이나 다윗은 몰랐다는 것인가? 다윗이 이 사실을 알고 있었다면 왜 그런 간교한 행동을 알면서도 묵인한 것일까? 마침내 압살롬의 거사 날짜가 잡혔고, 자기가 서원한 것을 이루기 위하여 헤브론으로 가고자 하니 허락해 달라고 청했을 때도, 다윗은 기꺼이 허락해 준다. 왜 다윗은 이 모든 것을 알고도 묵인한 것인가?

제4장 하나님 앞에 가장 큰 사람

다윗 가문에 일어나는 재난들 ›› 8

사무엘하 15장 24-30절

다윗, 그의 범죄로 인하여 앞으로 당해야 할 고난을 실은 배가 이제 막 들어오고 있는 중이었다. 그 재난의 배는 앞으로 어디로 가게 될지 아무도 모른다. 다윗은 압살롬이 자신을 왕으로 선언하고, 많은 사람들이 그를 따른다는 말을 듣게 되었다.

다가온 상황은 상황으로 받아들이기로 하고 다윗은 예루살렘을 떠나기로 결심한다. 다윗의 신복들도 그를 따라 나그네의 길을 떠나기로 결심하고 그의 뒤를 따르기 시작했다. 늦게야 소식을 들었는지 제사장들은 법궤를 메고 늦게야 헐레벌떡 다윗에게로 왔다. 그러나 다윗은 자기를 따르겠다고 법궤를 메고 온 제사장들을 예루살렘으로 되돌려 보낸다. 사실 그 당시 정황으로 보아서 법궤를 얻은 것은 하나님을 얻은 것으로 여기던 시대여서 어찌하든지 법궤만은 차지하려고 했던 때였는데, 그런 법궤를 압살롬에게 보낸 것은 이해가 되지 않는다. 또 이상한 것은 당시 예루살렘은 큰 성이 아닌 작은 성읍이었는데, 그 안에서 압살롬이 백성들에게 아버지를 모함하고 그들의 마음을 빼앗고 있었는데도 다윗이 그 사실을 몰랐을까 하는 점이다. 혹 알았다면 왜 4년 동안이나 그 일을 방치해 두었을까? 또 압살롬이 헤브론으로 가는 이유를 다윗이 정말 몰랐을까? 그는 헤브론 시대부터 자기에게 충성을 다하는 지혜로운 신하들을 두고 있었다. 그런데도 몰랐다는 것은 이해가 되지 않는다. 혹 알았다면 왜 그저 두었다가 이제 와서 이런 큰일을 당하는 것일까?

군대와 신하들만 데리고 떠나는 다윗의 모습은 한마디로 참담하다. 왕인 그가 머리를 가리우고 신발을 벗고 맨발로 울면서 감람 산을 오르고 있었다(삼하 15:30). 감람 산은 그 후엔 예수님이 울며 넘던 고개이다. 다윗은 예루살렘을 떠나며 울었고, 주님은 예루살렘을 안고 우셨던 곳이다. 예수님의 예루살렘 입성을 기뻐한 제자들과는 달리 다윗을 따르는 모든 백성들도 머리를 가리우고, 울면서 떠나고 있다. 왜 다윗이 머리를 가리우고, 신발을 벗고 울면서 피난길에 올랐을까?

이런 모습은 일반적인 태도는 아니다. 다윗의 어떤 특별한 감정을 나타낸 것인데, 그것은 일반적으로 부끄러움, 슬픔, 그리고 자신을 낮추는 행위이다. 그러나 다윗이 바후림[101]에 이르렀을 때에 베냐민 사람 게라의 아들 시므이가 다윗과 그의 신하들에게 돌을 던지며 “피를 흘린 자여, 사악한 자여! 거거라 가거라. 사울의 족속의 모든 피를 여호와께서 네게 돌리셨도다…… 너는 피를 흘린 자이므로 화를 자초하였느니라”고 저주했을 때(삼하 16:5-9) 아비새는 시므이의 머리를 베어버리자고 제안하지만 다윗은 만류하였다. “그가 저주하는 것은 여호와께서 그에게 다윗을 저주하라 하심이니”(삼하 16:10).

다윗이 머리를 가리우고, 신발을 벗고 울면서 피난길을 떠났던 것과 “여호와께서 그에게 다윗을 저주하라고 하심이니”라고 한 말은 상호 깊은 관계가 있다고 보아야 한다. 이렇게 보면, 다윗이 그처럼 감람 산을 넘고 피난을 떠난 것은 자기 자신이 하나님 앞에 범죄했던 사실에 대한 깊은 후회 또는 통회하는 마음을 표현한 것이리라.[102]

감람 산을 넘었을 때, 다윗은 아히도벨이 압살롬 편에 가담했다는 가슴 아픈 보고를 듣는다. 아히도벨은 다윗이 지극히 아꼈던 그의 일급 참모였다. 그는 밧세바의 할아버지로서 다윗에게 늘 원

---

101) 바후림은, 예루살렘 다윗 성에서 기드론 시내를 건너 감람 산을 넘으면 감람 산 동쪽 기슭에 있다.

102)) 다윗이 시므이에 대해서 측근 용사들에게 “저로 저주하게 버려두라”고 말하는 것은 다윗이 가장 낮은 자리, 맨발로 머리에 흙을 뒤집어 쓰고 울며 길을 간 것이다(이주섭 목사의 글에서).

한을 품고 있다가 압살롬이 반역을 하자 그 편으로 가 버린 것이다. 아히도벨의 반역은 다윗에게 굉장한 두려움이었다(31, 34절). 그가 반란군 편에 가담했다는 말을 듣고 다윗은 기도한다. "주님, 부디 아히도벨의 계획이 어리석은 것이 되게 하여 주십시오." 얼마나 그 일이 두려웠으면 하나님께 그렇게 기도했을까? 그의 모략은 누구도 따라갈 수 없었기 때문이다.

여기서 궁금한 것은 왜 다윗이 그처럼 쉽게 예루살렘을 포기하고 도망을 쳐야 했는가 하는 점이다. 본문 내용을 살펴보면 다윗이 허겁지겁 도망친 것 같지는 않다. 치밀하게 작전도 세웠고, 작전 회의도 해서 첩자를 압살롬에게로 보내기도 했다. 또 다윗에게는 수십 년 동안 풍우를 가리지 않고 그와 고락을 같이했던 600명의 용감한 군사들이 있었다. 이들은 그렛 사람과 블레셋 사람들로, 왕을 따라온 가드 군인들이다. 15장 18절에서 처음 언급되었던 사람들이다. 이들은 전투 임무에 투철한 용사들로서 이들에게는 그들을 지휘하는 지휘관이 따로 있었다. 사무엘하 18장 1절에 보면 천부장과 백부장들을 세우고 대열을 갖추고 전투 준비를 한다. 이렇게 보면 전술에서나 실력 면에서 결코 압살롬에게 뒤지지 않는 군사력도 가지고 있었다고 생각된다. 그런데 어찌하여 다윗은 예루살렘을 그처럼 쉽게 버리고 떠났는가 하는 점이다.

사무엘하 15장 12절에는 아히도벨이 압살롬 편에 가담한 일에 대하여 언급하면서, "이렇게 반란 세력이 점점 커지니, 압살롬을 따르는 백성도 점점 많아졌다"고 한다. 이 말은 백성들의 대세 때문에 다윗이 예루살렘을 떠났다고 상상하게 한다. 그러나 다윗의 입장에서 생각해 볼 수 있을 것이다. 신체적 질병으로 병원에 입원해 있는 사람 중 75퍼센트가 정서적인 문제 때문에 병이 생겼다고 주장하는 학자들이 있다. 다시 말하면 많은 질병들이 죄책감 때문에 생긴 병으로, 환자들은 병이라는 도구로 자신을 스스로 학대하고 있다고 말한다. 죄책감이란 밧줄로 자신을 꽁꽁 얽어매어 어디론가 끌어가는 것이다. 죄책감이 깊으면 자존감이 약해지고, 어려움을 이기는 능력도 저하된다. 그래서 어떤 일이든지 쉽게 포기하게 된다고 한다.

다윗은 용서는 받았지만, 아직도 그의 마음속에는 자기가 지은 죄가 너무 커서 그 죄책감으로부터 자유로울 수가 없었던 게 아닐까? 그 후부터 자기 가정에서 일어나는 모든 일들을 자기의 죄와 하나님의 심판과 관계지어 생각한 것은 아닐까? 더욱이 압살롬의 반역은 자기의 죄로 인하여 일어난 일이라는 생각을 지울 수가 없었을 것이다. 그가 예루살렘을 쉽게 버리고 떠나는 이유도 바로 거기에 있었다고 생각한다. 궤를 돌려보내면서 제사장 사독에게 한 말을 들어보면 이해가 된다.

"하나님의 궤를 다시 도성 안으로 옮기시오. 내가 주님께 은혜를 입으면, 주님께서 나를 다시 돌려보내 주셔서, 이 궤와 이 궤가 있는 곳을 다시 보게 하실 것이오. 그러나 주님께서 나를 싫다고 하시면, 오직 주님께서 바라시는 대로 나에게서 이루시기를 빌 수밖에 없소"(삼하 15:25-26, 사번역).

이런 재난이 하나님께로부터 왔을지 모른다는 생각이, 하나님의 뜻이라면 그대로 받아들여야 한다는 생각이 그의 말속에 깊이 숨겨져 있다. 그리하여 하나님의 뜻에 맡긴다는 마음으로 다윗은 왕궁을 비우고 나온 것이다. 그래서 "나를 기뻐하지 아니하시면 선히 여기시는 대로 내게 행하소서"(개역개정)라고 자신 없는 말을 한다.

법궤를 돌려보낸 것은 자기를 위한 정보 수집의 목적이라고 학자들은 말한다. 그러나 26절을 읽어보면 꼭 그것만은 아니다. 그보다 더 중요한 이유가 있었을 것이다. 25-26절의 내용으로 보면 법궤를 내란에 연루시키지 않겠다는 의지가 있었다고 보인다. 하나님이 자기 편인지, 압살롬의 편인지를 확인할 수가 없었기 때문에 하나님의 뜻을 따르기 위한 준비라고 보아야 한다. '주님께서 나를 싫다고 하시면', 혹 '하나님께서 나를 버리신 것은 아닌가' 하는 마음이 다윗 안에 도사리고 있었다. 얼마나 깊은 뉘우침과 절망이 있는가?

이렇게 보면 다윗이 예루살렘을 떠난 이유를 몇 가지로 생각할 수 있다. 하나는 아들과 싸우고 싶지 않았을 것이고, 둘째는 이것은 자기 죗값으로 주시는 하나님의 심판이라고 생각했으며, 셋째는 모든 것을 하나님께 맡기고, 하나님의 뜻을 묻고 있다고 보아야 한다. '제가 왕에서 물러나는 것이 하나님의 뜻입니까? 그렇다면 하나님께서 마음대로 일하시도록 왕위에서도 물러나 있겠습니다' 하는 표현이리라.

여하튼 그는 맨발로 머리를 가리우고 눈물을 흘리며 예루살렘을 떠나고 있다.

다윗이 모든 결과를 하나님께 위임한 지금, 하나님께서 그 일에 개입하시기 시작하셨다. 먼저 압살롬이 전략을 세우는 과정에서 하나님은 압살롬이 아히도벨의 전략을 버리고 후새의 전략을 따르도록 하셨다. 아히도벨은 자기 손녀의 원한을 갚겠다는 일념으로 다윗을 완전히 멸망시킬 계략을 제시하였다. 아히도벨의 전략을 따랐다면 다윗의 왕의 생명은 끝나고 말았을 것이다. 그런데 압살롬은 후새를 불러 그의 말을 듣자고 했다. 후새는 다윗이 보낸 첩자가 아닌가! 두 사람의 전략을 비교해 보자.

아히도벨(삼하 17:1-3)	후새(삼하 17:8-13)
이제 내가 사람 만 이천 명을 택하게 하소서 오늘 밤에 내가 일어나서 다윗의 뒤를 추격하여 그가 곤하고 힘이 빠졌을 때에 기습하여 그를 무섭게 하면 그와 함께 있는 모든 백성이 도망하리니 내가 다윗 왕만 쳐죽이	왕도 아시거니와 왕의 아버지와 그의 추종자들은 용사라 그들은 들에 있는 곰이 새끼를 빼앗긴 것 같이 격분하였고 왕의 부친은 전쟁에 익숙한 사람인즉 백성과 함께 자지 아니하고 지금 그가 어느 굴에나 어느 곳

고 모든 백성이 당신께 돌아오게 하리니 모든 사람이 돌아오기는 왕이 찾는 이 사람에게 달렸음이라 그리하면 모든 백성이 평안하리이다

에 숨어 있으리니 혹 무리 중에 몇이 먼저 엎드러지면 그 소문을 듣는 자가 말하기를 압살롬을 따르는 자 가운데에서 패함을 당하였다 할지라

비록 그가 사자 같은 마음을 가진 용사의 아들일지라도 낙심하리니 이는 이스라엘 무리가 왕의 아버지는 영웅이요 그의 추종자들도 용사인 줄 앎이니이다

나는 이렇게 계략을 세웠나이다 온 이스라엘을 단부터 브엘세바까지 바닷가의 많은 모래 같이 당신께로 모으고 친히 전장에 나가시고 우리가 그 만날 만한 곳에서 그를 기습하기를 이슬이 땅에 내림 같이 우리가 그의 위에 덮여 그와 그 함께 있는 모든 사람을 하나도 남겨 두지 아니할 것이요 또 만일 그가 어느 성에 들었으면 온 이스라엘이 밧줄을 가져다가 그 성을 강으로 끌어들여서 그 곳에 작은 돌 하나도 보이지 아니하게 할 것이니이다

아히도벨의 표현과 후새의 표현의 차이에서 압살롬은 후새의 계략을 선택한다. 아히도벨의 언어는 일반 언어, 즉 머리로 설명하는 언어이고, 후새는 그림언어(이미지)를 사용해서 말했다는 점이 다르다. 또 아히도벨은 자기가 주도권을 갖고 압살롬은 뒷전에 밀쳐두는 느낌을 주도록 말했다. 또 그렇지 않아도 아버지를 반역하고 죽이려고 하는 아들의 입장에서 죄책감이 있을 터인데, 다윗의 이름을 부르면서 죽이면 된다고 역설하니 아들 된 도리로 선뜻 받아들여졌겠는가?

후새의 언어는 부드럽다. 뿐만 아니라 왕을 내세우고, 온 이스라엘이 그를 따르는 것처럼 환상에 젖도록 말하면서 압살롬의 승리는 받아 놓은 밥상이고 설득한다. 그리고 그림언어를 사용하여 압살롬이 승리의 환상을 머리에 그리게 함으로 승리의 확신을 심어 주었다는 점이다. 후새의 이미지를 찾아보자.

"그가 사자 같은 마음을 가진 용사의 아들이라도",

"들에 있는 곰이 새끼를 빼앗긴 것 같이 격분하였고",

"이스라엘을 단부터 브엘세바까지 바닷가의 많은 모래 같이 당신께로 모으고",

"그를 기습하기를 이슬이 땅에 내림 같이",

"온 이스라엘이 밧줄을 가져다가 그 성을 강으로 끌어들여서 그 곳에 작은 돌 하나도 보이지 아니하게 할 것이니이다."

결국 압살롬은 후새의 전략을 선택한다. 그러나 성경은 그의 결정은 하나님의 간섭이라고 말한다.

"주님께서 이미 압살롬이 재앙을 당하게 하시려고, 아히도벨의 좋은 모략을 좌절시키셨기 때문이다"(삼하 17:14).

다윗의 군대와 압살롬의 군대가 접전을 한다.103) 압살롬의 군대가 참패를 당한다. 하나님께서 다윗의 손을 들어 주셨다. 다윗은 하나님이 판결해 주시기를 기다리고 있었다. '나는 내 스스로 내 자신을 방어하지도 아니할 것이요, 내 주장을 관철시키기 위하여 투쟁하지도 않겠습니다' 라고 생각하고 하나님만을 기다리고 있었다. 그가 인간적으로 해야 할 일들은 다 해 놓았지만, 그러나 마지막은 하나님께서 선택하시도록 하겠다는 자세이다. 다윗이 하나님을 의지하고, 그의 뜻을 존중하는 자세가 다시 돌아왔다. 그 점을 하나님은 늘 원하시는 것이다.

경건한 작가인 오스왈드 챔버스(Oswald Chambers)는 말한다.

"부러움의 대상이 될 수 있는 사람은 자신의 영적 파산 상태를 깨닫고 온전히 하나님께 매달려 하나님의 무한한 자원을 얻는 사람이다.

---

103) 압살롬이 오기 전에 다윗은 길르앗 땅에서 그 지역의 많은 군주들로부터 도움을 얻어 잠자리와 식사에 필요한 모든 장비를 얻었고, 넉넉한 음식과 꿀, 버터, 양고기 그리고 치즈와 같은 에너지 음식까지도 얻었다(삼하 17:27-29). 이 말은 전투에 필요한 휴식을 취하고 에너지도 충분히 축적해 놓았다는 뜻이다. 가드 사람 잇대의 힘도 매우 컸다(삼하 18:2-4). 하나님께서 그런 도움을 얻도록 하셔서 다윗을 다시 일으키셨다.

루터가 말했듯이 '우리는 모두 하나님의 하사금으로 살아가는 거지들이다.' 그러나 그러한 가난은 영적인 풍요를 이끈다. '천국이 저희 것임이요.'"104)

그는 또 '하나님은 우리 상황의 기관사' 라고 말한다.

"우리가 맨 마지막으로 배우게 되는 것들 중 하나는 하나님이 우리의 상황을 이끌어 가신다는 것이다. 우리는 하나님이 그렇게 하신다는 것을 믿지 않고 우리 자신이 그렇게 한다고 말한다. 결단코 부수적인 요인들에 의존하지 말라. 부수적인 요인들에 의존하면 언제나 그릇될 뿐이다. 우리의 상황을 하나님이 아니라 부수적인 요인들에 이끌리도록 내버려둘 때, 우리는 엄청난 실수를 저지른다. 우리가 그리스도 안에 두신 하나님의 뜻을 받아들이면, 하나님이 우리를 위해 우리의 상황을 이끌어 가신다."

전투에서 승리가 확실하게 되어 가자 다윗은 압살롬을 걱정한다. 왕은 요압과 아비새와 잇대에게 압살롬을 너그럽게 대해 달라고 부탁한다. 왕이 지휘관들에게 부탁하는 말을 온 백성이 다 들었다고 한다(삼하 18:5).

"나를 생각해서라도, 저 어린 압살롬을 너그럽게 대하여 주시오."

---

104) 오스왈드 샌더스, 제자와 헌신생활, 생명의 말씀사, 1992, p. 13

압살롬은 상수리나무 밑으로 말을 타고 달려가다가 그의 머리가 나뭇가지에 휘감겨 공중에 매달리고 노새는 빠져나갔다. 이 소식을 요압에게 전하자, 그는 상수리나무 가지에 매달려 있는 압살롬의 심장을 꿰뚫어 죽였다. 그리고 그의 부하들이 합세하여 압살롬을 쳐죽었다.105)

그 소식을 들은 왕은 마음이 찢어질 듯이 아파서, 성문 위의 다락방으로 올라가서 울었다. "내 아들 압살롬아, 내 아들아, 내 아들 압살롬아, 너 대신에 차라리 내가 죽을 것을, 압살롬아, 내 아들아, 내 아들아!"

사무엘하 19장 1절에 목놓아 울었다고 하고 4절에 얼굴을 가리우고 큰 소리로 아들의 이름을 부르며 울었다고 한다. 아들의 죽음 앞에서 "차라리 내가 죽고 네가 살았더면 좋았을 것을……" 하는 장면이 얼마나 아름다운 아버지의 사랑의 표현인가? 다윗은 한 나라를 책임지고 있는 왕이요, 온 나라 국민들의 미래를 책임진 사람이다. 그런데 지금 배반자인 아들의 죽음 앞에서 이성을 잃고 차라리 자신이 죽고 압살롬이 왕이 되었다면 좋았을 것이라고 하는 것이 옳은 일인가? 나라야 어떻게 되든, 하나님의 뜻이야 어떻게 되든 자기 아들만 잘되면 된다는 말일까? 그렇다면 다윗

---

105) 요압은 정치적 야망을 가진 자이다. 압살롬이 암논을 죽이고 그술에 가 있는 동안 다윗을 설득하여 돌아오게 한 사람인데, 이제는 압살롬을 제거하는 데 주역을 맡았다. 강력한 경쟁자인 암논도 죽고, 압살롬을 제거했으니 자기에게 기회가 오리라고 생각했을 것이다.

은 무책임한 왕이 되고 만다. 아마도 다윗은 압살롬의 죽음 자체를 슬퍼한 것이라기보다는 아들들의 죽음이 모두 자기 잘못으로 인하여 일어난 비극이라고 생각했기 때문에 그처럼 슬퍼했을 것이다.

제4장 하나님 앞에 가장 큰 사람

예루살렘 귀환 중에 만난 사람들 ›› 9

사무엘하 19장 11절-20장 26절

반란은 진압되고 이스라엘 백성들의 마음은 다시 다윗에게로 돌아왔다. 다윗은 예루살렘으로의 귀환을 서둘렀다. 그가 예루살렘으로 돌아가는 길에 많은 사람을 만난다. 정권이 흔들렸다가 제 자리로 돌아온 것처럼 사람들의 마음도 그만큼 흔들렸다. 그 속에서 진실과 거짓을 가려내기란 참으로 어려웠을 것이다.

예루살렘으로 귀환하는 길에 맨 먼저 길갈까지 나와 맞아준 사람은 시바와 시므이였다. 시바는 사울의 손자 므비보셋(Mephibosheth)의 하인이다. 그는 다윗이 감람 산을 막 넘어가려고 할 때 굉장한 음식을 가지고 급하게 쫓아왔던 사람이다. 나귀 두 마리에다 빵 200개, 건포도 뭉치 100덩이, 여름 과일 100개(아마도 무화과 말린 것이리라) 그리고 포도주 한 가죽부대를 싣고 왔던 사람이다. 모든 사람들이 다윗을 떠나는 때인데, 그처럼 굉장한 음식을 가져다 주었으니 얼마나 반가웠겠는가?

다윗은 매우 감격한 나머지 물었다.

"무엇 때문에 이 많은 것을 가져 왔느냐?"

"임금님과 가족이 피난을 가시는데 광야에 나가면 먹을 것이 없을 것입니다. 광야에서 시장하실 때 드시라고 조금이지만 가져왔습니다."

이야기를 들으면서 주변을 돌아보았지만 므비보셋은 보이지 않았다. 자기 생각에는 다른 사람은 몰라도 므비보셋만은 왔으리라고 기대했는데, 그가 보이지 않았던 것이다. 그래서 다윗은 물었다.

"네가 섬기는 주인 므비보셋은 지금 어디 있느냐?"

"예루살렘에 머물러 있습니다. 이제야 이스라엘 사람들이 자기 할아버지의 나라를 자기에게 되돌려 줄 거라고 생각하고 있습니다."

배반감을 느낀 다윗은 "므비보셋의 재산을 네가 모두 가져라"라고 므비보셋의 모든 재산을 그에게 주었다. 그래서 자기 주인의 모든 재산을 차지한 사람이다. 그런 그가 다윗을 환영하려고 온 것이다.

시바와 같이 온 사람은 베냐민 사람 시므이(삼하 16:11)였다. 그는 사울의 친척 되는 게라의 아들이다. 그런데도 베냐민 사람 천 명을 거느리고 시바와 함께 나룻배로 건너서 다윗에게로 왔다. 시므이는 다윗이 압살롬을 피해 갈 때, 돌을 던지며 그를 저주한 사람이었다.

> "영영 가거라! 이 피비린내 나는 살인자야! 이 불한당 같은 자야! 네가 사울의 집안 사람을 다 죽이고, 그의 나라를 차지하였으나, 이제는 주님께서 그 피값을 모두 너에게 갚으신다"(삼하 16:7-8).

그 시므이가 가장 먼저 환영을 나온 것이다. 그는 용서를 빌며 너절한 핑계를 늘어놓았다. 다윗의 부하들은 즉시 그를 죽여야 한다고 주장했다. 주님의 기름 부음을 받은 왕을 저주했다는 이유에서이다. 그러나 다윗은 왜 이런 때에 살인을 해서 적을 만들려고 하느냐며 반대하고, 시므이에게 죽임을 당하지 않으리라고 약속한다(삼하 19:23).

다윗이 예루살렘에 도착했을 때, 므비보셋이 왕을 맞으러 나왔다. 시바가 왔을 때 다윗이 찾았던 사울의 손자이다. 또 므비보셋이 사울의 왕국을 세울 꿈을 꾸고 있다고 시바가 고해 바쳐서, 그의 전 재산을 시바에게 빼앗겼던 사람이다. 이야기는 흥미 있게 진행된다. 전에 시바에게 들은 말도 있고 해서 그에 대한 다윗의 말이 곱지 않았다. 다윗은 책망하듯 물었다.

"므비보셋은 어찌하여 나와 함께 떠나지 아니했는가?"

"높으신 임금님, 저는 다리를 절기 때문에 나귀를 타고 임금님과 함께 떠나려고 제가 탈 나귀에 안장을 얹으라고 저의 종에게 일렀으나 종이 그만 저를 속였습니다. 그리고는 저를 임금님께 모함까지 했습니다. 임금님은 천사와 같은 분이니 좋게 여기시는 대로 저를 처분하여 주시기 바랍니다."

므비보셋은 다윗이 자기에게 베풀어 준 은공에 대하여 다시 감사하였다. 다윗은 "그 말을 왜 여기서 다시 꺼내느냐?" 고 화를 내었다.106) 아마도 옛 이야기를 끄집어내서 자기의 마음을 돌이키려고 한 것으로 생각했을 것이다. 자기를 또 속여 재산을 찾으러 온

106) 사울의 집안에 살아 남은 자가 있는가 묻는 다윗의 말에 시바의 입에서 뜻밖에 요나단의 아들이 살아 있다는 정보를 듣는다(삼하 9:1-4). 그가 절뚝발이로서, 로드발 암미엘의 아들 마길의 집에 살고 있다고 한다. 그가 바로 요나단의 아들, 므비보셋이다. 로드발은 아마도 요단 강 동편 길르앗 땅 쪽에 있는 지역으로 생각한다. 그러니까 이스라엘의 외진 변두리에서 숨어 살아온 것이다. 그가 다윗 앞에 나왔을 때, 다윗은 "므비보셋이여!" 하고 부른다. 다윗은 이미 어려서부터 그를 알고 있었다. 다윗은 그에게 먼저 "두려워 말라" 고 말한다. 그가 므비보셋에게 베푼 사랑은 두 가지이다. 첫째, 그의 조부 사울의 밭을 다 그에게 도로 주겠다는 것이다. 상당히 많은 땅을 돌려주었다. 둘째, 이후로는 다윗의 친아들처럼 대우하겠다고 했다. 두 발이 다 성하지 못한 그를 자기 아들처럼 함께 상에서 먹자고 한다. 그리고 자기를 섬기던 종 시바를 다시 므비보셋에게 넘겨주어서 그를 섬기도록 했다. 다윗이 므비보셋에게 사랑을 베푼 이유는 은총 때문이라고 한다. 은총이란 단어가 세 번이나 나온다(삼하 9:1, 3, 7). 은총이란 단어는 헷세드란 단어이다. 자비, 인애, 사랑이라고 번역되었는데, 여기서는 은총이라고 번역했다. 헷세드란 원래 하나님의 변함없는 사랑을 의미하는데, 이 사랑에는 반드시 약속-계약이 동반되어야 한다. 그러니까 하나님은 사랑이시지만 아무나 사랑하시는 게 아니라 하나님의 계약에 든 사람만 사랑하시는데, 한 번 사랑하시면 끝까지 변함없이 사랑하신다는 그 사랑이다. 다윗은 여기서 요나단의 헷세드와 하나님의 헷세드를 기억하고 므비보셋에게 그 사랑을 베풀기로 결심하였다.

것으로 생각했는지도 모른다. 그래서 말한다. "나는 이렇게 결정하였다. 시바와 재산을 반절씩 나누도록 하라." 이 말을 들은 므비보셋은 대답한다. "임금님이 무사히 왕궁으로 돌아오시게 되었는데, 무엇을 더 바라겠습니까? 그 밭은 시바가 다 차지하도록 하시지요."

과연 누가 거짓말을 한 것인가? 시바인가, 므비보셋인가?

그러나 성경은 므비보셋 이야기를 하면서, 그가 어떤 모습으로 다윗을 찾아왔는지를 보여준다. "그는, 왕이 떠나간 날부터 평안하게 다시 돌아오는 날까지, 발도 씻지 않고, 수염도 깎지 않고, 옷도 빨아 입지 않았다"(삼하 19:24). 성경은 해석하거나 설명하지 않는다. 독자가 스스로 깨닫고 이해하도록 맡겨둔다. 누가 진실하다고 생각하는가? 여하튼 다윗은 므비보셋의 말에 어느 정도 수긍을 했던 것 같다. 그래서 재산을 시바와 반으로 나누도록 했을 것이다. 다윗은 아무도 자기를 돌보지 않고 외롭고 절망적일 때 먹을 것을 가지고 찾아와 준 시바의 그 사랑만 기억하고 있는 듯하다. 왜 므비보셋의 진심은 받아들여지지 않았는지? 왜 헷세드의 사랑을 이야기한 그가 지금은 그 헷세드를 베풀지 않는지 궁금하다.

길르앗 사람 바르실래도 로글림에서 왕이 요단 강을 건너는 일을 도우려고 내려왔다(삼하 19:31-40).[107] 바르실래(Barzillai)는 다윗이 그곳에 머무는 동안에 다윗의 군인들에게 모든 군비를 공급해

주어 압살롬의 군대와의 싸움에서 승리하도록 도운 사람이다(19:31).[108] 다윗에게는 생명의 은인이다. 그가 찾아왔으니 얼마나 반가웠겠는가? 다윗이 예루살렘으로 돌아가는 길이니 이제는 그에게 출세길이 훤히 열린 셈이다. 다윗도 예루살렘으로 같이 가자고 권했다. 그러나 바르실래는 완강하게 거부한다.

> "제 나이 여든입니다. 얼마나 산다고 예루살렘에 올라가겠습니까? 이 늙은 것이 임금님의 종이 되어서야 되겠습니까? 저는 임금님 강을 건너는 것을 도와주러 온 것뿐입니다. 부디 이 종을 돌아가게 하셔서, 고향 마을에 있는 제 아버지와 어머니의 무덤 곁에서 죽게 하여 주시기 바랍니다. 그리고 원하신다면 제 아들이나 데리고 가셔서 원하시는 대로 해주시면 감사하겠습니다."(필자가 각색한 것임)

그리고는 다윗과 입맞추고 고향으로 돌아갔다. 감동적인 이야기이다.

마지막으로 다뤄지는 사람은 세바이다(삼하 20:1-22). 그는 베냐

---

107) 성경의 순서는 므비보셋이 먼저 나오고(삼하 19:24-30), 바르실래가 뒤에 나온다(삼하 19:31-40). 그런데 므비보셋은 예루살렘에서 왕을 맞았고, 바르실래는 그보다 앞서 요단을 건너는 일을 도우러 왔다. 이처럼 므비보셋의 이야기를 먼저 쓴 것은 내레이터 마음에 시바와 연결시켜 므비보셋의 변명을 먼저 해야 할 필요를 느꼈을 것이다.

108) 바르실래라는 사람은 이스라엘과 원수의 나라인 암몬에 속한 사람이다. 그가 압살롬과 대치 상태에서 위험을 마다하지 않고 왜 다윗을 도왔는지는 알 수 없다. 이유는 하나님께 있을 것이다.

민 사람으로 다윗에 대항하여 반란을 일으켰는데, 이스라엘 지파 가운데, 아벨 지역과 벳마아가 지역 그리고 베림 지역에 이르러 많은 사람들이 그를 따랐다. 그러나 마지막에는 그 사람들에 의하여 성 안에서 목이 잘리었다. 요압이 그의 머리를 받고 나팔을 부니 모든 군인들이 다 자기 성읍으로 돌아간다. 요압의 나팔은 다윗을 반대하여 일으킨 모든 반란이 평정되고 평화가 왔다는 신호이다.

제4장 하나님 앞에 가장 큰 사람

나의 힘이 되신 여호와여! 〉〉 10

사무엘하 22장

유대 왕 다윗은 특별한 사람이었다. 죽음의 골짜기를 수없이 헤매며 산 사람이다. 그가 얼마나 죽음의 고비를 많이 넘겼는가는 그가 시편에서 사용하는 단어들을 보면 알 수 있다. 반석, 요새, 바위, 방패, 산성, 피난처란 단어들이다. 반석(셀라, סלע)이란 큰 바위나 암벽 또는 바위 언덕 등을 말한다. 때로는 험한 암벽으로 둘러싸인 땅을 말하기도 한다. 요새(메추다, מצודה)는 높은 언덕 혹은 산꼭대기를 의미한다. 사막조차도 그에게 허용되지 않았기 때문에 그가 나무나 풀 한 포기 없는 사막 가운데 있는 산꼭대기를 헤매며 산 것을 보여주는 단어들이다.

그런데 다윗이 하나님을 체험한 곳은 바로 이러한 곳이었다. 방패와 산성과 바위가 바로 하나님이었다고 고백한다. 그의 고백을 들어보자.

> "죽음의 물결이 나를 에워싸고, 파멸의 파도가 나를 덮쳤으며, 스올의 줄이 나를 동여 묶고, 죽음의 덫이 나를 낚았다. 내가 고통 가운데서 주께 부르짖고, 나의 하나님을 바라보면서 부르짖었더니 주님께서 그의 성전에서 나의 간구를 들으셨다"(삼하 22: 5-7, 새번역).

다윗에게 부러운 것이 있다. 하나님께서 그에게 이루어주신 구원을 쉬지 않고 찬양하는 자세이다.

> "나의 찬양을 받으실 주님, 내가 주님께 부르짖었더니, 주님께서 나를 원수들에게서 건져 주셨습니다"(삼하 22:4).

17절부터 세 가지 그림으로 하나님을 찬양한다.

첫 번째 그림은, 자기가 깊은 바다 속에 잠겨 있었는데 하나님께서 하늘에서 내려오셔서 자기를 그 깊은 바다 속에서 건져 주셨다고 고백한다(삼하 22:17). 두 번째 그림은 아주 강력한 힘을 가지고 있어서 자기가 도저히 상대할 수 없는 원수에게 잡혀 있었는데 하나님께서 자기를 거기서 건지시고 구출해 주셨다고 고백한다(삼하 22:18). 셋째 그림은, 짐승이 올무에 걸려 우리 속에 갇혀 있듯이 자기가 갇혀 있었는데 하나님께서 자기를 건져 주셨다는 고백이다(삼하 22:20).

이 세 경우는 다른 사람들은 상상할 수 없는 위급한 상황이다. 첫 번째의 고통은 성장과정에서 얻은 다윗의 심중에 도사리고 있던 잠재적 상태를 가리킨 것으로 해석된다. 두 번째 고통은 사울의 손에서 건지신 일을 가리킨다. 그리고 세 번째는 짐승이 올무에 걸렸던 것처럼 밧세바 사건으로 그 자신이 올무에 걸려 있는 것 같았다는 것이다. 그러나 그런 곳에서 여호와 하나님이 자기를 건져 주셨다고 찬양한다. 사무엘하 22장의 다윗의 노래는 시편 18편과 똑같은 내용이다. 이 시편을 여기에 기록한 것은 이 시편이 바로 다윗의 일생을 요약해서 노래한 것이기 때문일 것이다.

그런데 사무엘하 22장 말씀에서 우리는 이상한 내용을 만난다.

하나님께서는 자기가 의롭고 깨끗하였기 때문에 자기를 건지시고 축복해 주셨다고 한다. 자기는 하나님이 원하시는 일만 했지 절대로 악한 길로 걸어가지 않았다고 한다(22절). 자기는 하나님의 말씀을 자기 앞에 두고 그 말씀만 따라서 살았기 때문에 하나님이 자기를 이처럼 축복해 주셨다고 한다(23절). 그러면서 하나님은 자비한 자에게는 자비를 나타내시고, 완전한 자에게는 주의 완전하심을 보이신다고 말한다(26절). 한 영어 성경에는 이렇게 되어 있다. "You are always loyal(hesed) to your loyal(hesed) people, and you are faithful to the faithful"(삼하 22:26).[109]

이런 고백이 나오면 우리는 기가 죽는다. 그렇다면 나 같은 것은 하나님의 도우심을 얻을 가능성이 없다고 생각하기 쉽다. 그러나 우리는 여기서 두 가지를 생각할 수 있다.

1) 하나님은 사람을 축복하실 때 먼저 경건한 마음을 주시고 그대로 살게 하신 다음에 축복해 주신다는 사실이다. 그것도 내 힘으로 안 되고 하나님께서 그런 마음을 주셔서 먼저 살게 하시는 것부터가 은혜이다.

2) 여기에 나오는 loyal(충성)이나 faithful(신실한)이란 단어는 완성이 없는 단어이다. 그렇기 때문에 이런 단어들은 완성을 말하기보다는 최선을 다하여 충성하고 최선을 다하여 신실하게 살려고 노력하는 것을 말한다. 우리들이 그처럼 살려고 노력할 때 하나님께서는 그 모습 자체를 기뻐하셔서 우리를 축복하신다는 사실이다.

이 시의 첫 부분에서 다윗은 하나님이 자기를 보호해 주신 것을 찬양하고, 그래서 하나님을 바위요, 방패요, 피난처요, 산성이라고 찬양한다. 두 번째 부분에서는 하나님께서 어려움에서 자기를 건져 주셨다고 찬양한다. 여기까지에서 하나님은 우리의 방어를 책임져 주시는 분으로 나타난다. 하나님은 소극적인 하나님처럼 보인다. 그러나 다윗은 이제부터 적극적으로 우리를 도우셔서 승리하게 하시는 하나님을 찬양한다.

109) '완전한 자에게는 주의 완전하심을 보이신다' 는 구절에서 완전하다는 것은 하나님의 율법에 완전하다는 말이다. 그리할 때 하나님께서 그 말씀대로 완전하게 대해 주신다는 뜻이다.

1) 주님은 어둠을 밝혀주시는 등불, 2) 암사슴같이 빠르게 달려서 적군을 이길 수 있게 하시는 분, 3) 높은 성벽도 뛰어 넘을 수 있도록 해 주시는 하나님, 4) 암사슴 발같이 만들어 주셔서 높은 곳에 안전하게 서게 해 주시고, 5) 전투 훈련을 시키셔서 놋쇠로 된 강한 활을 당기게 해 주시는 하나님이시다. 그리하여 마침내 자기를 넓은 곳에 세워 주시고, 높여 주셨다고 한다(삼하 22:29-39).

제4장 하나님 앞에 가장 큰 사람

악한 감동 ›› 11

사무엘하 24장 1-17절

다윗 왕은 모든 주변 나라들을 통일했고, 다윗 왕국을 넘볼 나라는 없다. 영토는 동서남북으로 넓게 퍼져 있으며, 모든 백성들은 다윗의 말에 절대복종한다. 나라는 태평하고 국민들은 평안을 노래하며 살게 되었다. 그러던 어느날 그는 요압을 불러서 한 지시를 내린다. "단에서부터 브엘세바까지 온 나라를 다니며 인구 조사를 하라." 요압은 이 일에 반대한다.

> "임금님의 주 하나님이 이 백성을, 지금보다 백 배나 더 불어나게 하여 주셔서, 높으신 임금님께서 친히 그것을 보게 되시기를 바랍니다.

그러나 높으신 임금님께서, 어찌하여 감히 이런 일을 하시고자 합니까?"(삼하 24:3, 새번역)

그러나 이 말로도 다윗을 설득할 수 없었다. 결국 아홉 달 스무하루 만에 인구 조사를 마쳤고, 칼을 뺄 수 있는 용사가 이스라엘에 80만이고, 유다에는 50만이 된다고 보고한다.

이 보고서를 손에 들고 자신감과 흥분에 휩싸였던 다윗이 조용한 시간에 다시 이 일을 생각하게 되었다. 그때야 비로소 다윗은 자기가 하나님께 악한 행동을 한 것을 깨닫게 된다. 그리하여 엎드려 고백한다.

"내가 이 일을 행함으로 큰 죄를 범하였나이다 여호와여 이제 간구하옵나니 종의 죄를 사하여 주옵소서 내가 심히 미련하게 행하였나이다"(삼하 24:10).

브르그만 교수는 드라마틱한 신학적인 나열을 간단하게 정리했다.

"내가 큰 죄를 범하였나이다"(24:10)

"내가 심히 미련하게 행하였나이다"(24:10)

"여호와께서는 긍휼이 크시니"(24:14)

"여호와께서…… 뉘우치사"(24:16)

"나는 범죄하였고"(24:17)

여호와께서 천사를 들어 예루살렘을 멸하려 하셨고, 바로 그 순간 다윗은 하나님께 자신이 범죄했다고 고백한다. 다윗이 회개를 했지만 그러나 자기 잘못에 대한 진노는 피할 길이 없었다. 결국 하나님께서는 선견자 갓을 시켜 세 가지 중 하나를 다윗에게 선택하라고 하신다. 첫째는 온 땅에 칠 년 기근이 있게 하든지, 둘째는 왕이 대적에게 쫓겨 석 달을 지나든지, 아니면 왕의 땅에 3일 동안 온역이 일어나든지. 다윗은 3일간의 온역을 선택하였다. 하나님께 맞고 싶은 것이다. 온역으로 죽은 사람이 7만이나 되자 다윗은 다시 엎드려 기도한다. 백성을 치는 천사들을 보고 주님께 아뢴다. "양 무리는 무슨 잘못을 했습니까? 청컨대 주의 손으로 나와 내 아비의 집을 치소서."

인구 조사를 해야 한다는 것이 하나님의 음성으로 들려왔기 때문에 이것의 진위를 가릴 수가 없다. 이것은 하나님께서 이스라엘을 치시려고 악한 감동을 주셨기 때문이라고 성경은 말한다. 감동시켰다는 말은 '꾀었다', '부추겼다', '선동하였다' 는 뜻인데, 정말 하나님께서 다윗과 이스라엘을 치시려고 악한 감동을 주신 것일까? 어떤 학자들은 다윗이 범죄하도록 하나님께서 사단에게 허락하셨을 것이라고 말하기도 한다.

다윗이 왜 시험에 들었는가? 하나님께서 자기를 지금까지 지켜주셨고 높여 주셨고 축복해 주셨는데, 이제 모든 일이 이루어지니까 자기가 높아지고 싶은 욕망이 생겼기 때문이다. 자기 욕망을 이루어 보고 싶었던 것이다. 이제까지 다윗이 가진 모든 것은 하나님께서 선물로 주셔서 누린 것인데, 이제 다윗은 자꾸만 자기 야망을 실현하려는 유혹에 시달린다.

다윗이 마침내 은 오십 세겔로 타작 마당과 소를 사고 하나님께 제사를 드릴 때 하나님께서 그 재앙을 그치게 하셨다.

제4장 하나님 앞에 가장 큰 사람

솔로몬의 지혜로운 출발 〉〉 12

열왕기상 1-5장

다윗도 나이 많아 이불을 덮어도 따뜻하지 않은 나이가 되었다. 사람들은 어느 날 갑자기 그런 날이 자기에게도 있다는 것을 깨닫는 날이 온다. 그때는 모든 것이 허무하고 주변에 사람이 있으나 외롭기만 한 때이다. 바로 그런 때에 그 아들 중 또 한 명이 자기가 왕이 되겠다고 아버지를 배반하고 일어났다. 그 아들이 아도니야(Adonijah)이다. 아도니야는 용모가 빼어난 데다 순종한 아들이어서 어려서부터 "왜 이런 일을 하였느냐?" 고 아버지로부터 책망을 들어본 적이 없는 아들이다. 그런데 아버지가 살아 있는데 왜 자기가 왕이 되겠다고 선언하고 나섰는지 이해가 되지 않는다. 더욱

이 평생 다윗을 섬겼던 요압과 제사장 아비아달이 이 일을 지지하고 나섰으니 일은 더욱 심각하게 벌어지고 말았다.

요압은 스루야(Zeruiah)의 아들로, 스루야는 다윗의 누이이므로(삼하 2:18) 요압은 다윗의 생질이다. 그는 어려울 때마다 다윗 곁에서 그를 도왔던 사람이다. 그러나 그는 시기도 많았고 기회에 강한 사람이었으며 때로는 충동적인 사람이었다. 이전에 이스보셋을 도와서 왕으로 세우려 했던 아브넬이 후에 다윗에게 돌아왔을 때, 다윗이 그를 용서하고 돌려보냈는데도 다시 그를 불러들여 살해하고 만다. 요압이 자기 동생 아사헬을 죽인 것에 대한 복수로 그를 죽인 것이다(삼하 3:22-30). 그러나 사실 아브넬을 죽인 것은 동생에 대한 원한만은 아닐 것이고, 자기 자리를 견고하게 하려는 정치적인 속셈이 있었다. 그가 살해된 후에 다윗이 그의 무덤에까지 가서 그를 위해 슬피 우는 모습을 보면 다윗이 그를 얼마나 인정했는가를 보여준다. 후에 솔로몬은 요압이 아브넬을 죽인 이유를 "그가 자기보다 의롭고 선한 두 사람을 쳤음이니"(왕상 2:32)라고 한 것을 보면, 아브넬을 죽인 것이 꼭 복수심에만 의한 것은 아님을 추측할 수 있다.

나단은 다윗 곁에서 하나님의 말씀을 들려주는 선지자로 유명했던 것처럼 솔로몬을 왕으로 세우는 일에도 앞장선다. 그리하여 밧세바를 다윗에게 보내어 다윗이 솔로몬을 왕으로 세우겠다고 약속한 것을 기억해 달라고 간청하게 하고, 자기도 밧세바를 뒤따라가 밧세바의 말에 증언자가 되어 준다. 성경에는 다윗이 솔로몬을 왕으로 세우겠다고 약속하는 장면은 나오지 않는다. 단지 역대상 22장 8-10절에, 하나님께서 다윗에게 솔로몬을 왕으로 세우라고 하셨던 말씀을 전해주고 있다. 그렇다면 나단이 솔로몬을 다윗의 후계자로 세우는 일에 적극적으로 앞장서고 나선 이유는 무엇일까? 그가 솔로몬에게 왕위를 넘겨준다고 약속했던 현장에서 그 말을 들었던 사람이었기 때문일 것이다.

마침내 다윗의 명령으로 나단과 여호야다의 아들 브나야와 그렛 사람과 블렛 사람이 솔로몬을 다윗 왕의 노새에 태우고 기혼샘으로 가서 솔로몬에게 기름을 붓고 양각 나팔을 불고 모든 백성이 '솔로몬 왕' 만세를 부른다. 솔로몬이 법적으로 다윗의 계승자가 된 것이다. 솔로몬을 왕으로 세우는 소리를 들은 아도니야를 지지한 사람들은 당황하여 다 흩어지고, 아도니야는 성소로 달려가서 제단 뿔을 잡는다. 제단의 뿔은 번제단 네 귀퉁이에 만들어 놓은 뿔 같은 장식을 말하는데, 당시에 이 뿔을 잡는 자는 죽이지 못한다는 법이 있었기 때문이다. 다윗의 아들 중에 자기 스스로 왕이 되겠다고 나선 자들은 다 죽고 말았다. 성경은 철저하게 왕은 하나님께서 선택하고 세우신다는 것을 보여주고 있다.

모든 사람에게 공평한 것은 죽음이라는 것이다. 다윗에게도 죽음의 순간이 다가왔다. 그도 드디어 자기의 후계자 솔로몬을 불러 유언을 한다.

"네 하나님 여호와의 명령을 지켜 그 길로 행하여 그 법률과 계명과 율례와 증거를 모세의 율법에 기록된 대로 지키라(Walk in his ways, and keep his decrees and commands, his laws and requirements). 그리하면 네가 무엇을 하든지 어디로 가든지 형통할지라 여호와께서 내 일에 대하여 말씀하시기를 만일 네 자손들이 그 길을 삼가 마음을 다하고 성품을 다하여 진실히 내 앞에서 행하면 이스라엘 왕위에 오를 사람이 네게서 끊어지지 아니하리라 하신 말씀을 확실히 이루게 하시리라"(왕하 2:3-4).

그리고 요압과 시므이를 살려두지 말 것과 길르앗 바실래의 아들들에게 선을 베풀 것을 유언한다. 바실래의 아들들에게 베푸는 다윗의 호의는 그가 압살롬을 피하여 도망할 때에 저희가 다윗을 돌보아 주었기 때문이다.

드디어 다윗이 죽은 후, 아버지의 유언대로 솔로몬은 숙청작업을 벌인다. 아비아달을 추방하고, 요압을 제거한다. 스스로 왕이 되고자 했던 아도니야는 어리석게도 말년에 다윗을 돌보았던 수넴 여인 아비삭을 자기에게 주기를 간청한 죄로 인하여 솔로몬의 분노를 사서 죽임을 당한다. 이제 모든 것이 평정되고 솔로몬의 왕국은 견고해졌다(왕상 2:46하).

제4장 하나님 앞에 가장 큰 사람

사울과 다윗 ›› 13

열왕기와 역대기를 읽으면서 필자는 다윗에게 특별한 관심을 가지게 되었다.

그리고 사울의 실패의 원인은 무엇이고, 다윗이 그처럼 하나님의 사랑을 받게 된 이유가 무엇인가에 많은 관심을 쏟았다. 거기서 재미있는 결론에 도달하게 되었다.

사울 왕은 이스라엘의 첫 왕이고, 다윗은 사울에 이어 왕이 된 두 번째 왕이다. 그렇지만 두 사람은 아주 많은 점에서 차이를보인다.

사울은 왕이 될 때도 화려하게 등장한다. 키도 크고 잘생긴 남자였다. 온 이스라엘 백성들의 환대를 받으며 화려하게 왕으로 정치 무대에 등장한 사람이다. 그런데 그처럼 화려하게 출발한 사람이 점점 작아지다가 마지막엔 아들들과 함께 전쟁터에서 비참한 죽음을 맞이했다.

다윗은 그와는 정반대다. 키도 크지 않고 다른 사람의 눈에 그리 띄지 않았던 사람이었다. 또 그가 왕이 되기까지 숱한 고난을 겪어야 했다. 그리고 왕이 되어서도 한번에 온 이스라엘의 왕이 된 것이 아니라, 유대 나라 남쪽 헤브론에서 왕이 되어서도 7년이란 세월을 거기서 보내야 했던, 수난이 많았던 왕이다. 처음엔 별로 눈에 띄지 않는 왕이었다. 그러나 그는 점점 창대하게 되었다. 말년에 그의 실수로 고난을 겪기는 했지만 그의 말년에 왕국은 가장 넓은 영토를 자랑하게 되었고, 그 나라를 아들에게 넘기게 되었다.

이 두 사람의 마지막은 매우 다르다.

사울은 하나님께 버림을 받았다. 그 결과 아들들과 함께 전쟁에서 비참하게 죽음을 당했다.

다윗은 하나님의 사랑을 받으며 하나님의 은혜 안에 모든 일이 점점 형통하였다. "만군의 여호와께서 함께 계시니 다윗이 점점 강성하여 가니라"(삼하 5:10).

왜 사울은 말년에 하나님의 버림을 받았고, 다윗은 점점 강성하여 갔는가?

그 이유를 역대상 10장 13-14절에 기록하였다.

> "사울이 죽은 것은 여호와께 범죄하였기 때문이라 그가 여호와의 말씀을 지키지 아니하고 또 신접한 자에게 가르치기를 청하고 여호와께 묻지 아니하였으므로 여호와께서 그를 죽이시고 그 나라를 이새의 아들 다윗에게 넘겨 주셨더라."

말씀을 지키지 아니하고, 여호와께 묻지 않고 신접한 자에게 가르침을 받기를 원한 것 때문에 그를 죽이셨다고 하였다. 그렇다면 왜 그가 하나님의 말씀을 지키지 아니하고, 여호와께 묻지 않고 신접한 여인에게 가야 했을까?

여기서 사울과 다윗이 갈라진다.

사람이 어떤 직책을 맡았다면 거기에는 직책(자리, 지위)과 동시에 반드시 해야 할 책임이 따른다.

어떤 직책을 맡은 사람이 그 지위와 책임, 이 둘 중 어느 것을 강조하느냐에 따라서 그 사람이 달라진다.

사울은 왕이 되었을 때, 그는 책임보다는 자기가 왕이란 점을 강조하였다. 왕이란 점을 강조하다 보니, 점점 자기를 높이게 되고 그러다 보니 하나님의 말씀이 들려오지 않게 되었다. 그리고 자기가 해서는 안 되는 일도 하게 되었다.

사무엘이 오지 않는다고 제사를 자기가 드렸다. 사무엘이 와서 "망령되이 행하였도다"(삼상 13:13)라며 잘못됐다고 책망하자, 그의 대답은 급해서 그랬다고 둘러댔다.

그 다음부터는 하나님의 명령을 제쳐 놓고 제 마음대로 모든 일을 처리하기 시작하였다.

그때 사무엘이 사울을 책망하면서 이렇게 말한다.

"왕이 스스로 작게 여길 그 때에 이스라엘 지파의 머리가 되지 아니하셨나이까 여호와께서 왕에게 기름을 부어 이스라엘 왕을 삼으시고 또 여호와께서 왕을 길로 보내시며 이르시기를 가서 죄인 아말렉 사람을 진멸하되 다 없어지기까지 치라 하셨거늘"(삼상 15:17-18).

하나님께서 마침내 그를 버리신 것이다. 급하게 되니 그때야 자기가 하나님께 잘못한 죄 때문에 자기에게 말씀하시지 않음을 알고 신접한 여인에게 간 것이다.

다윗의 경우는 왕의 신분보다는 자기의 책임을 더욱 강조한 왕이었다. 다시 말하면 자기를 높여준 하나님을 어떻게 하면 기쁘시게 할 것인가를 늘 생각하며 살았다.

법궤 옮겨오는 문제를 늘 심각하게 생각하였고, 법궤가 옮겨올 때 왕으로서는 할 수 없는 행동을 한다. 평안할 때 성전을 지을 계획을 세웠다. 다윗에 대한 기록을 보면, 왕의 권위를 세우기 위하여 어떤 일을 했다는 기록이 없다.

왕의 신분을 강조한 사울은 점점 하나님과 멀어졌다. 왕으로서 권위를 세울수록 하나님으로부터 멀어졌다. 반면 자기의 책임을 강조한 다윗은 그 일을 이루기 위하여 점점 하나님께 가까이 갈 수밖에 없었다.

시편에 나오는 다윗의 기도 중에 가장 많이 나오는 문구가 무엇인가? '내가 여호와를 앙망합니다', '여호와를 의지합니다', '여호와는 내 피난처이십니다' 등 하나님을 찾는 마음의 표현들이다.

"만군의 여호와께서 함께 계시니 다윗이 점점 강성하여 가니라."

다윗 한 사람 때문에 나라가 강성하여졌다. 다윗이 강성하여 가는 것은 곧 나라가 강성하여 가는 것이다. 지도자의 책임은 아무리 강조해도 부족하다. 이스라엘의 역사는 곧 '하나님 앞에 서서 살아가는 지도자들의 역사'라고 해도 과언이 아니다. 지도자는 자기 마음대로 무엇이든 할 수 있는 권위가 부여된 직책이 아니라, 하나님 앞에서 그의 말씀에 따라 하나님의 백성들을 인도해 가는 직책이란 사실을 우리는 지금까지 찾아보았다. 주님도 제자들에게 "사랑하느냐?"라고 물으신 후에 "내 양을 먹이라", "내 양을 치라"고 하셨다. 곧 주님을 사랑하는 것은 주님의 양을 잘 먹이는 것이고, 주님의 양을 잘 치는 것이다. 여기서 강조되는 단어는 예수 그리스도이다. 지도자들도, 백성들도 하나님 앞에서 살아갈 때만이 비로소 이 땅에 진정한 평화가 이루어질 것이다.

참 고 문 헌

The Literary Guide to the Bible, ed. Robert Alter & Frank Kermode, Belknap Harvard, 1999.

Bruggman, Walter: *Genesis, Interpretation*, John Knox press.1986.

Creach, Jerome F.D.: *Joshua, Interpretation*, John Knox Press, 2003

G.F. Moore, *Judges, International Critical Commentary*, (Edinburgh: T. &T. Clark, 1895) C.F. Burney, The Book of Judges (London: Rivingstons, 1918)

R.G. Boling, *Judges, Anchor Bible*, (New York: Doubleday, 1975).

J.A. Soggin, *Judges, Old Testament Library* (London: SCM, 1981), 한국신학연구소 출판.

마이클 윌코크(Michael Wilcock), 《사사기 강해》, 정옥배 역, BST 시리즈 (IVP, 1997).

1) J. Clinton McCann Jr., *Judges*, Interpretation commentary, Westminster/John

2) Schneider. T., *Judges*, Berit Olam: Studies in Hebrew Narrative and Poetry, Collegeville, The Liturgical press, 2000.

3) Murray, D. F., '*Narrarative Sturucture and Technique in the Deborah and Baracak Story*,' Vetus Testamentum Supplement 30(1979), 155-181.

Eerdmans, Bible Dictionary, Eerdmans, 1987.

Harris, Archer, Waltke, Teheological Wordbook of the Old TestamentI,II, Moody Press,1980

Brueggmann, Walter. First and Second Samuel, Interpetation, Jphn Knox, 1990

스톨츠 프리츠, 《사무엘 상 · 하》, 국제성서주석, 한국신학연구소, 1991.

보스, 아워드 F, 《구약연구입문》, 차학순 역, 엠마오, 1988.

Holman Quick Source, Bible Atlas, Holman Reference, 2000.

김지찬, 《요단강에서 바벨론 물가까지》, 생명의 말씀사, 2002.

류형기, 《성서주해 I》, 성서주해 출판부.

Smith, Samuel, ICC. T &T Clark, 1969

Moore,George, Judges, ICCC, T &T Clark, 19c

Sakenfeld, Katharine Doob, Ruth, Interpretation(John Knox Press, 1999)

Bush, Frederic W.Jr. Ruth, Esther. Word Bibilcal

Commentary(Waco:Word books, 1996)

Nielsen, Kirsten. Ruth: A commentary. The Old Testament Library(Louisville: Westminster/John Knox press, 1997)

Sakenfeld, Katharine Doob, Ruth, Interpretation(John Knox Press, 1999)

Bush, Frederic W.Jr. Ruth, Esther. Word Bibilcal Commentary(Waco:Word books, 1996)

Nielsen, Kirsten. Ruth: A commentary. The Old Testament Library(Louisville: Westminster/John Knox press, 1997)

판권
소유

내러티브로 풀어가는 성경 이야기(2)

사사들과 다윗 왕국 시대

-사사기, 룻기, 사무엘상 · 하-

2009년 10월 10일 인쇄
2009년 10월 20일 발행

지은이 | 이연길
발행인 | 이형규
발행처 | 쿰란출판사

주소 | 서울 종로구 이화동 184-3
TEL | 02-745-1007, 745-1301~2, 747-1212, 743-1300
영업부 | 02-747-1004, FAX / 02-745-8490
본사평생전화번호 | 0502-756-1004
홈페이지 | http://www.qumran.co.kr
E-mail | qumran@hitel.net
qumran@paran.com
한글인터넷주소 | 쿰란, 쿰란출판사

등록 | 제1-670호(1988.2.27)

책임교열 | 김영미 · 동경익

값 12,000원

ISBN 978-89-5922-801-0 93230